DER ILLUSTRIERTE RATGEBER
Tarot
★★★★★

Der illustrierte Ratgeber
Tarot

✶✶✶✶✶

✶✶✶✶✶

RACHEL POLLACK

KÖNEMANN

*Für Claire Longtin North – eine begeisterte Tarotanhängerin
und eine Frau von wunderbarem geistigen Reichtum.*

Originalausgabe © 1999: Element Books Limited
Shaftesbury, Dorset SP7 8BP, England

Originaltitel: The Complete Illustrated Guide to Tarot

Redaktion MIRANDA SPICER, CARO NESS, CLARE ARMSTRONG
Gestaltung und Layout SARAH HOWERD, JANE LANAWAY
Bildrecherche VANESSA FLETCHER
Illustrationen der Kapiteleinleitungen LIZ COOKE
Andere Illustrationen PAUL COLLICUTT, COLLEEN WAUGH
Fotografien GUY RYECART

© 2001 für diese deutsche Ausgabe:
Könemann Verlagsgesellschaft mbH
Bonner Str. 126, D-50968 Köln

Übersetzung aus dem Englischen:
Astrid Ogbeiwi (für Kölner Grafik Büro)
Redaktion und Satz: Kölner Grafik Büro

Projektkoordination: Sylvia Hecken
Herstellung: Ursula Schümer

Druck und Bindung: Stige, Società Torinese/
Industrie Grafiche Editoriali S.p.A., San Mauro (Turin)

Printed in Italy

ISBN 3-8290-7509-X

10 9 8 7 6 5 4 3 2 1

Alle Rechte vorbehalten.

Dieses Buch kann keine professionelle diagnostische oder
medizinische Hilfe bei Krankheiten oder allgemeinen
Problemen ersetzen. Die Ausführung der ausgesprochenen
Empfehlungen erfolgt nach eigener Einschätzung und auf
eigene Gefahr.

*Besonderer Dank geht an
Carly Evans, Simon Fuller, Lucy Lott, Pauline Mc Laughlin,
Claire Packman und Clare Phillips,
die Fotos zur Verfügung stellten.*

DANKSAGUNG DER AUTORIN
Tief verpflichtet bin ich den vielen hervorragenden Autoren aus Vergangenheit und Gegenwart, die über das Tarot geschrieben haben, insbesondere Mary K. Greer, Gail Fairfield und Robert V. O'Neil. Etwaige Unkorrektheiten in der Darstellung ihrer Theorien sind einzig mein Fehler. Ärmer wäre dieses Buch auch ohne die Ideen und Anregungen der Männer und Frauen der Gruppe Tarot-L. Ich danke ihnen für ihre Kenntnisse und ihre einfühlsame Phantasie, besonders aber für ihre raschen Antworten auf meine Fragen. Danken möchte ich auch Hollis Melton und den Frauen aus der Mittwochsgruppe für den Mut, den sie mir immer wieder zugesprochen und das Gefühl einer Gemeinschaft der Tarot-Leserinnen, das sie mir geschenkt haben. Mein besonderer Dank geht an Fara Shaw Kelsey, die mich an ihrem reichen Wissen teilhaben ließ und mich immer wieder ermutigte.

DER VERLAG DANKT FOLGENDEN INSTITUTIONEN
FÜR DIE FREUNDLICHE ÜBERLASSUNG VON
BILDERN:
Archiv für Kunst und Geschichte, London, S. 26 o. r., 28 u. l., 55 o. (Bibliothèque de L'arsenal), 58 o. & u. l. (Biblioteca Estense, Modena), 61 u. l. (Freud Museum), 81 u. (India House Office), 98O, 102 u. l., 106 u. l., 121 o. r., 124 u. l., 128 o. l., 129 o. r., 142 o., 152 u., 184 o.
AKG/Herbert Kraft: S. 9 o. r.
AKG London/Erich Lessing: S. 31 o. (Judaicasammlung Max Berger, Wien), 61 o. (Delphi Museum), 92 o. (Museum Pomorskie, Danzig), 96 o. & u. (Judaicasammlung Max Berger, Wien), 140 o. (Uffizien), 152 o.
Briedgeman Art Library, London: S. 1 (V&A), 2 (Warburg Instistute), 9 o., 20 u. l., 21 u. r., 25 u. r. (Phillips), 34 u., 38 u. (Warburg Institute), 61 o. r., 90 u. l., 100 u. l. (Nivagaards Malerisamlung, Niva), 122 L (Uffizien), 128 o. r., 132 L, 142 o. l.
Cameron Collection: S. 75
Mary Evans Picture Library: S. 29L, 35R.
e.t.archive: S. 22 u. l., 89R (Tate Gallery), 104 u. l., 107 u. r., 108 u. l., 135.
Fortean Picture Library: S. 38 o.
Sonia Halliday: S. 18 u. l.
Images Colour Library: S. 8 o. l., 34 o., 60 o., 130, 134, 165 o. r.
The Image Bank: S. 43 u., 66 u. l. & o. l., 83 o., 103 o. r., 109 o. r., 111 o. r., 158 u. l. & u. r., 162 o. & M. l.
The Kobal Collection: S. 9 u. l., 85 R
The Stock Market: S. 30 o., 54 L & o., 55 R, 56 o. r., 76 u. l., 77 u., 91 u., 112 M. l., 158 R, 175 u. r.
Trip/Mender: S. 131 u. l..

INHALT

EINFÜHRUNG
WAS IST TAROT?	7
Divination	8
Aufbau des Tarot	10
Entfaltung der Kleinen Arkana	12
Das moderne Tarot	14

TEIL EINS
URSPRÜNGE UND GESCHICHTE	17
Mythen des Alten Ägypten	18
Historisches Wissen	24
Häresie	28
Die Kabbala	30
Die okkulte Tradition	32

TEIL ZWEI
SYMBOLIK UND STRUKTUR	41
Die Folge der Großen Arkana	42
Pfade im Baum des Lebens	46
Die Zahlenwerte der Karten	50
Die Hofkarten	52
Die Farben und ihre Elemente	54
Tarot und Astrologie	56
Die Welt der Symbole	60
Der Garten des Tarot	62
Das Bestiarium des Tarot	64
Wie oben so unten	66

TEIL DREI
DIE KARTEN	69
Reise durch die Großen Arkana	70
Die Kleinen Arkana	94
Die Hofkarten	116

TEIL VIER
DEUTUNGEN	127
Theorien der Deutung	128
Häufig gestellte Fragen	132
Deuter und Fragende	134
Vorbereitungen	136
Einfache Systeme	138
Drei-Karten-Bilder	140
Der Lauf der Uhr	144
Das Keltische Kreuz	146
Ein Beziehungsbild	150
Die Heilige Suche	152
Das Körperbild	154
Ihr persönliches Kartenbild	156
Traumarbeit	158

TEIL FÜNF
MÖGLICHKEITEN DES TAROT	161
Bekanntschaft schließen mit den Karten	162
Tarotspiele	164
Persönlichkeits-, Wesens- und Jahreskarten	166
Ihr persönliches Deck	168
Tarot, Musik und Geschichten	170
Seelenfragen	174
Umgang mit einer Karte	176
Meditation mit dem Tarot	178
Magie und Tarot	182
Schlusswort – Ein Leben in den Karten	184

Glossar	186
Literatur	188
Register	189
Bildquellen	192

EINFÜHRUNG
WAS IST TAROT?

★★★★★

Seit ihrer Entdeckung vor 600 Jahren erfüllen die 78 Karten des Tarot viele Funktionen. Sie waren das Kartenspiel des italienischen Adels, sind heute noch Kunstwerke, Allegorien ethischer und philosophischer Lehren, Inspiration zu Romanen und Filmen, Schlüssel zu magischer und esoterischer Weisheit, Tor zur Meditation und vieles mehr. Am bekanntesten aber ist das Tarot als Mittel der Weissagung, des Bemühens um übernatürliche Kenntnis von Vergangenheit, Gegenwart und Zukunft. Alle Kulturen entwickelten verschiedene Methoden der Divination (Weissagung).

OBEN Der Narr: Die sorgfältige Interpretation der allegorischen Bilder des Tarot kann uns helfen, uns selbst besser kennen zu lernen.

Auch das Kartenlegen, die Zukunftsdeutung aus den Karten, ist bereits mehrere hundert Jahre alt. Allgemein verbreitet ist der Einsatz von Tarotkarten zur Prophezeiung aber erst seit Ende des 18. Jahrhunderts. Heute deuten wir das Tarot, um uns selbst besser kennen zu lernen und vielleicht sogar einen Blick in die Zukunft werfen zu können

WAS IST TAROT?

DIVINATION

RECHTS Eine geschnitzte Schüssel, wie sie in Afrika bei Weissagungsritualen verwendet wird.

OBEN Das *I Ging* enthüllt seit Tausenden von Jahren den Lauf der Dinge und das Schicksal der Menschen.

UNTEN Die Chinesen befassten sich eingehend mit der spirituellen Bedeutung der Divination.

DIE DIVINATION (Weissagung) mit ihren vielen Methoden gehört zu den ältesten Beschäftigungen der Menschheit. Nahezu jede Kultur hat Methoden entwickelt, wonach durch die Verwendung eines symbolischen Systems die Geheimnisse hinter den gewöhnlichen Informationsquellen erschlossen werden sollen. Man studierte Flug und Stimmen der Vögel oder öffnete ihren Leib und untersuchte die Eingeweide. Im alten China drückte man heiße Eisenstäbe auf Schildkrötenpanzer und studierte die dadurch entstandenen Sprünge. Und in Europa werden noch heute die Muster von Teeblättern oder Kaffeesatz aus Tassen gedeutet.

Unsere moderne Welt lehnt die Weissagung meist als irrational ab und drängt sie in gesellschaftliche Randbereiche. Unter Tarotleserinnen stellt man sich seltsam gewandete Frauen vor, die in einer Jahrmarktsbude die Zukunft deuten. In anderen Gesellschaften aber steht die Divination in einer kulturellen oder religiösen Tradition. Im antiken Griechenland nahmen die Menschen weite Reisen auf sich, um das Orakel in Delphi zu befragen. Die Griechen nannten diesen Ort den „Nabel der Welt". Stephen Karcher, Übersetzer des chinesischen *I Ging (Das Buch der Wandlungen)*, schrieb, in China sei das *I Ging* der Mittelpunkt aller Spiritualität. In vielen Teilen Afrikas ist ein unter der Bezeichnung „Ifa" bekanntes Weissagungssystem nach wie vor die wichtigste Offenbarung der Orisha (Götter) im Alltag.

Der Begriff Divination stammt ab vom lateinischen *divinatio* – der Ahnung vom Heiligen in den irdischen Phänomenen. Ganz gleich welcher Methode wir uns bedienen: Beim Weissagen versuchen wir, die göttliche Weisheit zu erkennen, die unser Leben bestimmt. Insbesondere die umfangreicheren Divinationssysteme spiegeln fast immer ein religiöses oder philosophisches Konzept wider. Tarot kann man auch als Gesellschaftsspiel betreiben, doch auch hier werden sinnvolle Zusammenhänge und Erkenntnisse durch die Kartensymbole beschrieben.

Man versteht das Tarot, weil es aus Bildern statt Worten besteht. Zwar wurden Hunderte von Büchern zum Tarot geschrieben, aber das Tarot ist nach wie vor in erster Linie eine Bilderwelt – ein rätselhaftes Füllhorn voll von Interpretationsmöglichkeiten.

Den größten Wahrheiten haben die Menschen seit jeher in Bildern Ausduck verliehen. Die Anfänge der europäischen Kunst vor 30.000 Jahren liegen in den ausdrucksvollen Höhlenzeichnungen (oft Stiere und andere Tiere), die in Frankreich und Spanien entdeckt wurden. Der genaue Zweck dieser Ur-Kunstwerke ist unbekannt. Theorien über ihre Bedeutung vermuten meist Magie- oder Initiationsrituale. Es ist aber auch denkbar, dass die weit verbreiteten Höhlenzeichnungen zur Schicksalsdeutung dienten.

EIN EUROPÄISCHES SYSTEM

Die meisten Kulturen haben Divinationssysteme entwickelt. Gemeinsam ist ihnen, dass darin religiöse Vorstellungen zum Ausdruck gebracht werden. Ihre Form ist jedoch individuell verschieden. Die „Hexagramme" des *I Ging* zum Beispiel sind geprägt von den Vorstellungen der chinesischen Kultur, in den „Lobpreisgedichten" des Ifa zeigt sich hingegen die afrikanische Sicht der Welt.

Das Tarot ist das europäischste aller Weissagungssysteme. In seiner Bilderwelt gibt es Päpste und Jongleure, Eremiten und Narren, Könige und Königinnen mit ihren Rittern und Pagen. Einige Darstellungen wie etwa das Jüngste Gericht sind religiös geprägt: Erzengel Gabriel bläst die Fanfare zur Auferweckung der Toten. Der Teufel persönlich tritt auf, aber auch der puttenhafte Cupido – eben im Begriff, seinen Pfeil auf einen ahnungslosen jungen Mann abzuschießen.

OBEN Aus uralten europäischen Höhlenzeichnungen könnte eine Bildersprache entstanden sein.

Andere Karten stellen allegorische Szenen dar. Ihre Bedeutung war den gebildeten Schichten früher geläufig, verschließt sich uns heute aber weitgehend. Selbst die Karte Der Tod, die in Filmszenen immer so gern gezeigt wird, drückt Allegorisches aus. Sie zeigt den Tod als Skelett, als den Schnitter, der Könige wie Bauern niedermäht und uns so daran erinnert, dass wir alle sterben müssen, egal was wir im Leben darstellen. Mit der Zeit wurden diese festen Sinnbilder immer seltener, die Auslegung der Karten wurde symbolischer. Esoterische Vorstellungen setzten sich durch. Die Karten werden heute als Geschichte gedeutet, als Reise der Seele von der Geburt über die verschiedenen Prüfungen und Herausforderungen bis zum Tod und vielleicht zur Auferstehung. Darin verwoben sind Anklänge an Initiationen und mystische Erleuchtung.

OBEN Der Tod verschont weder König noch Bettler.

LINKS In dem Film *Satanische Spiele* erschrickt Simone Signoret vor dem fürchterlichen Schicksal, das sie aus ihren Tarotkarten liest.

Aufbau des Tarot

TRADITIONELL BESTEHT ein Tarotdeck aus 78 Karten, die in zwei Gruppen unterteilt werden: die Trümpfe und die Farben, auch die Großen und die Kleinen Arkana genannt. Lateinisch *arcanus* bedeutet „geheim".

Die Großen Arkana oder die Trümpfe mit ihren allegorischen Bildern und Bezeichnungen wie „Der Magier", „Der Gehängte" oder „Der Teufel" gibt es so nur im Tarot. Das Wort „Trumpf" kommt vom italienischen *trionfo* für Triumph, denn im Tarot herrschen oder triumphieren diese Karten über die gewöhnlichen Karten der vier Farben.

UNTEN Das moderne Tarot der Elemente stellt den Wind in stilisierten Bildern und Symbolen dar.

Diese 22 Karten (von 0 bis 21) sind es, die im Lauf der Zeit zu so vielen verschiedenen Theorien und Spekulationen führten. Zeigten die Tarotspiele der Renaissance dramatische oder elegante Gestalten, beschränken sich viele moderne Decks auf extrem stilisierte Figuren oder spiegeln eine ganz eigene Symbolik wider.

RECHTS Völlig anders stilisiert steht diese Gestalt aus der Renaissance für Mysterium und Eleganz.

Doch trotz der Bildervielfalt erwiesen sich die Bezeichnungen der Karten und die wesentlichen Elemente der Illustration über die Jahrhunderte hinweg als erstaunlich konstant. Tatsächlich gibt es eine klassische Standardversion der Großen Arkana, das französische Tarot de Marseille, dessen Abbildungen bis ins 16. Jahrhundert zurückreichen. Alle späteren okkulten Tarots entwickelten ihre Bilder und symbolischen Vorstellungen auf der Grundlage dieses berühmten Spiels. Der moderne Okkultismus ging von Frankreich aus, und den französischen Okkultisten erschien es nur natürlich, mit dem Deck zu arbeiten, das sie für das „Original" hielten. Und doch erscheint das Tarot de Marseille so ganz anders als die ältesten bekannten Tarotspiele, die aus dem Italien des 15. Jahrhunderts stammen. Betrachten wir zum Beispiel die Karte Die Sonne: Tiefe symbolische Bedeutung hat die Marseiller Abbildung zweier Kinder, die sich in einem Garten an der Hand halten. Ganz anders hingegen die Abbildung der Sonne im ältesten bekannten Tarotspiel, dem Visconti-Sforza-Tarot (siehe gegenüberliegende Seite), das aus dem Jahr 1475 stammt: ein geflügeltes Kind, eine Putte, fliegt über eine Landschaft, einen glühenden Kopf über sich haltend.

Den Karten der Großen Arkana wurde vor allem wegen ihrer eindeutig allegorischen Bilder so viel Aufmerksamkeit zuteil. Noch bis vor kurzem widmeten die meisten Deutungsbücher zum Tarot dem größten Teil des Spiels, den 56 Karten der Kleinen Arkana, höchstens ein Nebenkapitel. Die Kleinen Arkana tragen die vier Farben, die wir von Spielkarten kennen. In Spanien und einigen anderen Ländern tragen diese Spielkarten tatsächlich dieselben Zeichen wie die Tarotkarten: Stäbe, Kelche, Schwerter oder Münzen (auch Scheiben oder Pentakel). In den angelsächsischen Ländern wurde aus den Stäben Kreuz, aus den Kelchen Herz, aus den Schwertern Pik und aus den Münzen Karo.

Jede Farbe hat fast dieselben Karten wie bei Bridge- oder Pokerspielen: Vom Ass bis zur 10, dazu eine Anzahl Hofkarten. Wo andere Spiele jedoch drei Hofkarten haben – Bube, Dame, König –, besitzt das Tarot vier: Knappe (auch Page oder Bube), Ritter, Dame, König.

Wie die Trumpfkarten zu Beginn allegorische Belehrungen darstellten, könnten, so wird vermutet, die vier Embleme der Farben für die vier gesellschaftlichen Stände des mittelalterlichen Europa gestanden haben. Die Stäbe stellen so die Bauern dar, die in Feld und Wald arbeiten. Die Kelche stehen für den Klerus, weil in der Heiligen Messe Kelche verwendet werden. Die Schwerter sind eindeutiges Symbol des Adels, während die Münzen ebenso klar die Händler bezeichnen (doch jede Farbe besitzt auch in sich herrschende Hofkarten).

Tarot-Experten waren lange der Meinung, die modernen Spielkarten leiteten sich aus den Tarotkarten ab. Die Ritter seien entfallen und die Trümpfe verschwunden, bis auf den Narren, der zum Joker wurde. So trügen gewöhnliche Spielkarten immer noch ihr Geheimnis in sich. Historische Forschungen lassen jedoch vermuten, dass beides, Tarot- und Spielkarten, etwa zeitgleich nebeneinander entstanden sind.

So geht der Joker in einem normalen Kartenspiel nicht direkt auf den Narren aus dem Tarot zurück. Tatsächlich wurde er im 19. Jahrhundert von einigen Mitgliedern eines New Yorker Pokerclubs erfunden, um das Spiel spannender zu gestalten. Und doch zeigt diese Geschichte die Macht allegorischer Symbole. Das Bild des Hofnarren, das diese Herren für die Karte wählten, deckt sich nicht ganz mit dem klassischen Narren aus dem Tarot, der gewöhnlich als Wandergeselle, Vagabund oder schöner junger Mann dargestellt wird. Mit dem Begriff „Narr" wurden jedoch oft Spaßmacher bezeichnet, und im Mittelalter spielte „der weise Narr" häufig die Rolle einer menschlichen Jokerkarte, wenn sich die Menge einen Narrenkönig wählte, der über ihre ausgelassenen Festspiele herrschte.

LNKS Dieser Joker aus einem konventionellen Kartenspiel steht für die Freiheit, wie sie auch der wesentlich ältere Narr aus dem Tarot symbolisiert.

LINKS Beide Darstellungen der Sonne und ihrer Kraft zeigen Kinder.

Entfaltung der Kleinen Arkana

DEN TRÜMPFEN schenkt man so viel Aufmerksamkeit wegen ihrer Rätselhaftigkeit. Die Farben hingegen wurden wegen ihrer Eindeutigkeit lange überhaupt nicht beachtet. Bis ins 20. Jahrhundert hinein (und auch noch in vielen neuen Spielen), zeigten fast alle Tarots auf den sogenannten „Zahlenkarten" (vom Ass bis zur 10 in jeder Farbe) nur schematische Darstellungen. Auf der 4 der Schwerter waren also zum Beispiel vier Schwerter in freier oder geometrischer Anordnung zu sehen, bei der 8 der Kelche befanden sich acht Kelche auf der Karte usw. Die Darstellungen waren zwar meist feiner ausgearbeitet als auf normalen Spielkarten, enthielten aber keinerlei Andeutungen zur Symbolik. Die Karten luden nicht gerade zu esoterischer Deutung ein. Der Deuter brauchte sich nur ein paar einfache Formeln zu merken. Das änderte sich im 20. Jahrhundert. Der Hermetische Orden des Golden Dawn (siehe S. 36–37) eröffnete neue Wege durch etwas feiner ausgearbeitete Abbildungen und besondere Namen für die Zahlenkarten wie etwa „Herr des materiellen Erfolgs". Zwei Mitglieder jedoch gingen bei den Zahlenkarten noch weiter. 1909 veröffentlichte das Londoner Verlagshaus Rider ein Tarot, das von Arthur Edward Waite und Pamela Colman Smith entworfen worden war. Waite konzentrierte sich auf bestimmte Änderungen bei den Großen Arkana. Letztendlich jedoch liegt die größte Bedeutung des Riderspiels in Pamela Colman Smiths Kleinen Arkana. Erstmalig erschien auf jeder Karte ein eigenes Bild.

In seinem Buch zum Tarot verwendete Waite für die Zahlenkarten traditionelle Deutungsformeln. Der Karte 6 der Schwerter gab er zum Beispiel folgende Bedeutung: „Reise auf dem Wasser, Route, Weg, Gesandter, Beauftragter, Mittler." Mit der Zeit wurde das Riderspiel zum meistverkauften Tarot überhaupt, und den Bildern der Kleinen Arkana wurde immer mehr Aufmerksamkeit zuteil. Die 6 der Schwerter könnte eine Reise verstorbener Seelen über den Fluss Styx aus der griechischen Mythologie bedeuten oder für eine Familie stehen, die ihre Geheimnisse über Generationen hinweg mit sich trägt. Durch die Abbildungen auf jeder Karte erschloss das Riderspiel die Kleinen Arkana für eine tiefere Interpretation. Eine beträchtliche Anzahl moderner Spiele orientierten ihre Kleinen Arkana an den Originalzeichnungen von Pamela Smith.

Die Zahlenkarten lassen sich heute besser deuten als früher, problematisch sind aber nach wie vor die Hofkarten die vielen Deu-

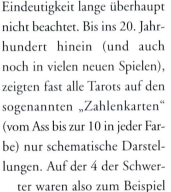

OBEN Diese Marseiller Zahlenkarte entzieht sich symbolischer Deutung.

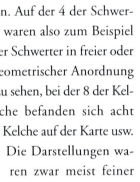

UNTEN Die 6 der Schwerter aus dem Golden Dawn eröffnet Möglichkeiten symbolischer Deutung.

GANZ UNTEN Die 6 der Schwerter aus dem Universal Waite Tarot erzählt eine traumähnliche Geschichte.

tern Schwierigkeiten bereiten. Stellen sie Menschen im Leben des Fragenden dar? Oder den Fragenden selbst? Stehen sie für bestimmte Eigenschaften oder für die rein körperliche Präsenz? Ein Grund für diese Fragen liegt darin, dass die Hofkarten so statisch sind. Was lässt sich sagen über Könige und Königinnen, die auf ihrem Thron sitzen? Nach traditioneller Auffassung stehen sie tatsächlich für Menschen, aber zur korrekten Deutung sind weitere Karten erforderlich.

Damit diese Karten lebendiger und bedeutungsvoller werden, wurden ihre Abbildungen, ja selbst ihre Bezeichnungen, in modernen Decks geändert. Der Golden Dawn veränderte die Titel zu König, Königin, Prinz und Prinzessin, mit der romantischen Vorstellung, dass der König auftritt, um die

Königin zu umwerben. Gemeinsam zeugen sie Prinz und Prinzessin. Der esoterische Orden des Golden Dawn dramatisierte die Abbildungen auch, um ihren symbolischen Wert zu erhöhen. So hält zum Beispiel die Königin der Schwerter einen abgeschlagenen Kopf wie die alttestamentarische Judith das Haupt des Holofernes.

Andere Decks, etwa der Voyager Tarot, gestalteten die Hofkarten als Darstellungen verschiedener Stadien im Leben des Menschen. Im Voyager Tarot gibt es den Weisen, die Frau, den Mann und das Kind. Es fällt auf, dass in diesem Spiel wie im Golden Dawn die Anzahl der männlichen und weiblichen Bilder ausgeglichen ist, im Gegensatz zur klassischen Folge Knappe, Ritter, Königin und König. Andere Decks waren noch radikaler und schaffen die Hofkarten ganz ab. Im Shining Woman Tarot werden die Karten durch Ort, Wissenden, Gabe und Sprecher ersetzt – um den spirituellen Fortschritt im Leben darzustellen.

Andere Spiele griffen für die Hofkarten auf die Mythologie zurück. Der Tarocco Mitologico besetzt die traditionellen Rollen mit Gestalten aus dem Klassischen Griechenland. Der Haindl Tarot ersetzt den Königshof durch „Haus und Hof" einer Familie mit Mutter, Vater, Tochter und Sohn. Die Abbildungen jedoch zeigen bei jeder Farbe Götter und Göttinnen verschiedener Kulturen – ein Versuch, die Welt in vier religiösen Traditionen darzustellen.

LINKS Diese Karte aus dem Golden Dawn verblüfft durch scheinbare Brutalität. Eine Darstellung des Sieges über das Ego?

OBEN Die Karte „Gift of Birds" (Gabe der Vögel) aus dem Shining Woman Tarot lehrt uns den Ausdruck leidenschaftlicher Lebensfreude.

LINKS Verschiedene religiöse Überlieferungen, wie etwa die der amerikanischen Ursprungsbevölkerung, sind im Haindl Tarot dargestellt.

Das moderne Tarot

DAS MODERNE TAROT hat sich zu einem Thema entwickelt, das viele Variationen zulässt. Esoterische Tarots sind beliebter denn je, die Decks gespickt mit Symbolik. Versuchten frühere okkulte Spiele, ihre Bedeutung zu verschlüsseln *(occultus* heißt verborgen). So überladen moderne esoterische Spiele ihre Karten oft geradezu mit einer schwindelerregenden Häufung von Symbolen: von der Alchemie über hebräische Buchstaben bis hin zur Astrologie und dem *I Ging*. In seinem üppig illustrierten Spiel La Scala d'Oro versuchte der italienische Künstler Giorgio Tavaglione, eine ganze Reihe verschiedener Lehren zusammenzuführen. Wo okkulte Traditionen eine Blütezeit erleben, erschließt das Tarot neue Wege. Manche Spiele sind in erster Linie Kunstwerke wie etwa der Tarot Universal Dali (von Salvador Dali), dessen Kartenbilder meist Collagen sind, bildliche Zitate aus der Kunstgeschichte.

Zu den ungewöhnlichsten Tarotumsetzungen gehört der prächtige Skulpturengarten von Niki de Saint Phalle, deren bemalte, mit Keramik und Spiegeln besetzte Statuen die Bäume ihrer toskanischen Umgebung hoch überragen. Andere Decks versuchen, europäisches Denken mit anderen Kulturen in Einklang zu bringen. Die Karten des Native American Tarot, eines der ersten derartigen Werke, illustrieren sehr lebendig Mythologie und Gesellschaftsstruktur der amerikanischen Ursprungsbevölkerung. Ein anderes Spiel aus den 1970er-Jahren, das Maya Xultun Tarot, zeichnet seine Figuren im Stil präkolumbischer Kunst. Seither kennt man japanische und chinesische Tarots, ein Tarot nach einem mittelalterlichen finnischen Epos, Wikinger-Tarots, Zigeuner-Tarots, Russische Tarots und viele mehr.

Manche Decks wollen in erster Linie Kulturgeschichte oder Legenden eines Volkes illustrieren. Andere möchten durch das Tarot eine spirituelle Lehre lebendiger gestalten. So veranschaulicht das klassische Tarot das westliche hermetische System der Selbstentfaltung. In den farbenprächtigen Illustrationen des Tarot der Orisha hingegen treten die Götter und Göttinnen der westafrikanischen Religionen in Erscheinung. Der Begleittext zum Spiel erläutert nicht nur die Bedeutung der Karten, sondern gewährt auch Einblicke in afrikanische Religiosität und ihre Rituale.

Die Popularität des Tarot führte zur Gestaltung von Decks, die andere Weissagesysteme illustrieren. So besitzt zwar das *I Ging* genauso wie die germanischen Runen jeweils eigene Bilderfolgen, aber für beide gibt es verschiedene Kartenspiele, die sie in tarotähnliche Darstellungen übertragen. Die Ru-

RECHTS Der Ukiyoe Tarot fußt auf dem japanischen Malstil „der fließenden Welt" aus dem 18. Jahrhundert.

OBEN Der überwältigende Tarot La Scala d'Oro des italienischen Malers Giorgio Tavaglione.

DAS MODERNE TAROT

ne Beorc wird etwa mit dem Buchstaben B und symbolisch durch eine Birke bezeichnet. Die Rune selbst ist nur ein Buchstabe, der in einen Stein oder ein Stück Holz geritzt wird. Die Karte Beorc zeigt Buchstaben und Baum so, dass die symbolische Bedeutung der Karte veranschaulicht wird.

Interessant ist auch die Beziehung zwischen Frauen und dem Tarot. Traditionell wurde das Tarot meist von Frauen gedeutet. Zum Teil, weil das Kartenlesen Fähigkeiten verlangt, die gemeinhin als typisch weiblich gelten: Intuition, Empfänglichkeit für das Übersinnliche, Sensibilität und Mitgefühl. Diese Tradition und die Stellung des Tarot außerhalb der rational geprägten westlichen Kultur, machte die Karten für Feministinnen besonders attraktiv, die der Kraft weiblicher Spiritualität Ausdruck verleihen wollten. Anfang und Mitte der 1980er-Jahre erschienen mehrere Spiele, die von Frauen für Frauen gestaltet worden waren.

Einige waren nicht rechteckig, sondern rund, was an die weibliche Form und an den Vollmond erinnern sollte, dessen Verehrung viele Frauen als wesentlichen Teil des Wicca- oder Hexenkultes wieder aufgenommen hatten. Die Tarotspiele für Frauen stellten Göttinnen und weibliche Spiritualität dar, die Verbundenheit mit der Natur, die sexuellen und gesellschaftlichen Beziehungen der Frauen aller Altersstufen, Kulturen und Körperformen. Das Motherpiece Round Tarot von Karen Vogel und Vicki Noble gehört zu den beliebtesten neuen „weiblichen" Decks.

Versuchten die Tarotzeichner einst noch, das „einzig wahre Tarot" zu schaffen, entwerfen Designer wie auch Maler heute oft eine ganze Reihe von Spielen und Bilderserien. Die italienische Künstlerin Elisabetta Cassari hat Decks geschaffen, deren Motive vom Mittelalter bis ins Weltraumzeitalter reichen. Der Maler und Kunsthistoriker Brian Williams hat eine Reihe von Spielen entworfen, die die Vielseitigkeit des Tarot deutlich machen. Greifen die Darstellungen in Williams' Renaissance Tarot auf Kunst und Mythologie der Antike zurück, so ist sein Pomo Tarot (Kurzwort für „postmodern") eine Satire auf die heutige Kultur, und seine Farben heißen folgerichtig Guns (Gewehre), Bottles (Flaschen), Money (Geld) und Televisions (Fernseher).

LINKS Der Idiot aus dem Pomo Tarot verbindet das Bild eines abgehalfterten Popstars mit dem klassischen Symbol des Narren.

OBEN Diese 7 der Kelche zeigt den präkolumbischen Stil der Karten des Maya Xultun Tarot.

LINKS Die Hohepriesterin des Motherpiece Round Tarot verkörpert die erdverbundene Kraft weiblicher Spiritualität.

TEIL EINS
URSPRÜNGE UND GESCHICHTE
★★★★★

Legenden über die Ursprünge des Tarot gibt es viele, wunderbare und höchst unterschiedliche. Ägypten etwa galt wegen seiner geheimen Initiationskammern tief im Innern der Pyramiden lange als Ursprung alles Mystischen und Magischen. Oder Atlantis, wo Magier ihr Wissen bewahrten, ehe der Kontinent in den vernichtenden Fluten versank und für immer für die Menschheit verloren war. Geschichten über weise Frauen, die ihre Jahrtausende alten Lehren vor dem Feuer der Inquisition schützten. Über Rabbis, tief versunken in ekstatischen Trancevisionen vom Baum des Lebens und Zigeuner, Meister der Wahrsagerei. Auch marokkanische Weise oder der Heilige Gral wurden schon als der wahre Ursprung des Tarot bezeichnet. Und doch gibt es Menschen, die behaupten, das Tarot sei „nur ein Spiel", ein bloßer Zeitvertreib zum höfischen Vergnügen des europäischen Hochadels. Aber woher kommt dieses mysteriöse Tarot wirklich? Und woher rührt sein übernatürlicher Ruf?

OBEN Die Hohepriesterin aus dem Egipcios Kier Tarot erinnert an das Mysterium der altägyptischen Göttin Isis.

URSPRÜNGE UND GESCHICHTE

Mythen des Alten Ägypten

✶✶✶✶✶✶✶✶✶✶✶✶✶✶✶✶

DIE OKKULTE TRADITION im Tarot reicht erst 200 Jahre zurück. In dieser kurzen Zeit sind um die Karten eine ganze Reihe Legenden entstanden. Teilweise ist das auf die Tatsache zurückzuführen, dass der genaue Ursprung des Tarot vor seinem Auftauchen als Kartenspiel unbekannt ist. Teilweise wohl auch darauf, dass es uns einfach Vergnügen macht, aus der Phantasie eine wundersame Geschichte zu spinnen. Und schließlich sicher auch auf das Bedürfnis nach einer Rechtfertigung für die Behauptung, die Karten enthielten das Geheimnis des Lebens oder gar die Kraft, die Zukunft vorherzusagen. Unsere emotionale Logik sagt uns, dass etwas so Mächtiges nicht erst vor ein paar hundert Jahren als simples Kartenspiel entstanden sein kann. Inzwischen gehört es zur Tradition des Tarot, ihm einen mysteriösen Ursprung anzudichten.

Viele glauben, das Tarot stamme aus Ägypten. Das behaupteten die ersten Okkultisten, und diese Vorstellung setzte sich durch. In der westlichen Phantasie nahm Ägypten schon immer eine besondere Stellung ein. Für die Griechen der Antike und die Hebräer, die beiden wichtigsten Quellen europäischer Kultur, galt Ägypten als Ort großer Weisheit, Mystik und Magie. Darüber hinaus betrachteten die Hebräer Ägypten als einen Ort der Unterdrückung. Die uralte Kultur Ägyptens erschien voller Geheimnisse und Kraft. Vor der Entdeckung des „Rosetta Stone", durch den die Hieroglyphen entziffert werden konnten, glaubte man, diese Kraft liege in der Bilderschrift. Und da auch das Tarot mit Bildern arbeitet, erschien es nur natürlich, eine Verbindung zwischen beiden anzunehmen.

Zwei große Legenden verbinden das Tarot mit Ägypten. Beide sind vollständig erfunden. Die erste stammt von Antoine Court de Gébelin, dem ersten Okkultisten, der sich mit dem Tarot beschäftigte. Er beschrieb die Karten als Weisheitsbuch, geschaffen von Magiern im alten Ägypten, um ihre Schüler im Geheimen unterweisen zu können, ohne Uneingeweihten Einblick zu gewähren. Der zweiten Legende zufolge ist das Tarot eine Bilderserie, die Schülern im alten Ägypten während einer Initiation die unmittelbare Gottesanschauung vermittelte. In einem Tempel sollen sich in einer Geheimkammer zwei Reihen mit je 11 lebensgroßen Bildern, der Anzahl der großen Arkana, befunden haben. Nach entsprechender Vorbereitung durch Unterweisungen, Meditation und Fasten betritt der Schüler die

UNTEN Der Sonnengott Ra reist in seinem Boot durch die Unterwelt. Beeinflussten ägyptische Vorstellungen von Tod und Wiedergeburt die Bilderwelt des Tarot?

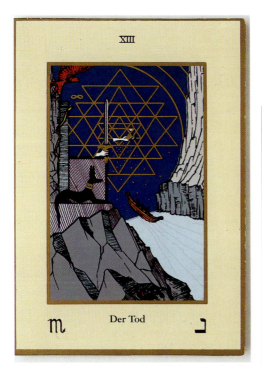

Kammer. Er schreitet die Bildpaare ab, die sich seiner Vorstellungskraft unmittelbar einprägen. Am Ende ist seine Transformation vollzogen. Das Problematische ist bei beiden Geschichten, dass es keinerlei Indizien für ihren Wahrheitsgehalt gibt.

Court de Gébelin entwickelte seine Theorie von einem geheimen ägyptischen Weisheitsbuch, als er in einem Pariser Salon Tarotspielern zusah. Die Legende vom Geheimtempel entstammt dem Werk von Paul Christian, einem französischen Trappistenmönch, Übersetzer, Historiker und Astrologen des 19. Jahrhunderts. Er behauptete, seine Geschichte sei die Übersetzung einer Schrift des bedeutenden Neuplatonikers Iamblichus aus dem 4. Jahrhundert. Angeblich Iamblichus zitierend beschreibt Christian, wie der Initiat über eine Leiter mit 78 Stufen in die Kammer der 22 Bilder hinabsteigt. Jedes Bild enthülle Wahrheiten aus der göttlichen, geistigen und physischen Welt.

Die Großen Arkana umfassen 22, das gesamte Tarot 78 Karten. Christian erwähnt in seiner „Übersetzung" des Iamblichus das Tarot geschickterweise an keiner Stelle. Wer aber etwas über das Tarot und seine okkulte Geschichte weiß, stutzt beim Lesen: „78 Sprossen, 22 Bilder – das ist das Tarot!" Unwillkürlich nimmt man an, eine wichtige Verbindung und damit den ägyptischen Ursprung des Tarot „entdeckt" zu haben.

Paul Christians Geschichte wurde zum Kern der Legenden um den Ursprung des Tarot. Einige Autoren, die wissen, dass Christian alles nur erfunden hat, schildern die Erzählung als Mythos, der aber einen Kern Wahrheit besitzt. Es gab sogar Menschen, die versuchten, den fiktiven ägyptischen Tempel „nachzubauen" und dafür lebensgroße Darstellungen aus Tarots im ägyptischen Stil in einem langen, schmalen Saal aufhängten.

Weil sich der Mythos vom ägyptischen Ursprung des Tarot als so langlebig erwies, entstanden viele Tarotspiele im ägyptischen Stil, einige sogar bereits im 18. und 19. Jahrhundert. Es gibt moderne Spiele, die authentischere Motive aus der ägyptischen Mythologie enthalten.

LINKS Die Karte Der Tod aus dem Kashmir Tarot zeigt eine Nachtfahrt ähnlich der des Gottes Ra durch die Dunkelheit.

UNTEN Die Karte Der Herrscher aus dem Papus Tarot stellt den ägyptischen Gott Horus im Art-déco-Stil dar.

UNTEN LINKS Der Teufel im Tarot of Transition verschlingt als Ungeheuer alle, die eines Lebens nach dem Tode unwürdig sind.

Fahrende und andere Völker

OBEN RECHTS Der Ritter der Stäbe aus dem von den Roma inspirierten Zigeuner-Tarot.

RECHTS Die Karte Die Herrscherin aus dem Tarot von Barbara Walker zeigt die magische Kraft des emotionalen Lebens der Frauen.

UNTEN Erst auf Verlangen ihrer Kunden nahmen die Roma das Tarot mit in ihre Wahrsagemethoden auf.

DIE VORSTELLUNG, das Tarot könne von den fahrenden Völkern, Sinti oder Roma, abstammen, geht ebenfalls zum Teil auf die ägyptischen Legenden zurück. So ist das englische Wort „Gipsy" eine Verballhornung von „Ägypter", weil man glaubte, die abwertend als „Zigeuner" titulierten Völker stammten von dort.

Tatsächlich jedoch stammen sie sowohl nach historischen Belegen als auch laut eigenem Mythos ursprünglich aus Indien. Auf ihren Wanderungen durchqueren sie zwar Nordafrika, kommen aber nicht von dort.

Viele Theorien gehen davon aus, dass die Roma von jeher aus Tarotkarten wahrsagen. Das geradezu klassische Bild einer Tarot-Deuterin ist das einer „Zigeunerin mit Schultertuch und Münzen". Wie die Experten Ronald Decker, Thierry DePaulis und Michael Dummett in ihrem Buch *A Wicked Pack of Cards: The Origin of the Occult Tarot* ausführen, verwenden die Roma aber erst seit jüngerer Zeit Tarotkarten, genau genommen seit sie feststellten, dass ihre Kunden derlei von ihnen erwarten.

Wie der Ägypten-Mythos zur Herstellung vieler ägyptisch inspirierter Spiele führte, so entstanden durch die Roma-Legenden verschiedene „Zigeuner-Tarots". Auch hier ging es in den frühesten Ausgaben lediglich darum, eine Verbindung zu schaffen, ohne dass versucht worden wäre, die Roma-Kultur wirklich zu verstehen oder auch nur darzustellen. Nur wenige moderne Spiele verwenden authentisches Bildmaterial fahrender Völker.

Die Geschichte vom ägyptischen Ursprung des Tarot hat in der Tarotmythologie immer noch einen bedeutenden Platz. Aber es gibt noch viele andere Theorien. Eine neuere vergleicht die Großen Arkana mit den exakten Mondphasen, die chaldäische Astrologen bereits vor Jahrtausenden studierten.

MYTHEN DES ALTEN ÄGYPTEN

LINKS Hekate, die antike Hexengöttin. Wissen und Glauben heidnischer weiser Frauen könnten in das Tarot eingeflossen sein.

Frauen im Umfeld des Wicca-Kultes definieren die Karten als Relikte verschlüsselter Weisheit aus einem matriarchalen Zeitalter des Friedens, der Harmonie und der Weisheit. Als patriarchale Invasoren diese antike Welt überrannten, wussten die weisen Frauen, dass sie ihre Schulen und Bibliotheken nicht würden erhalten können und dass die Eroberer jeden offenen Versuch, ihre Weisheit zu bewahren, zunichte machen würden. Daher beschlossen sie, ihr Wissen in fremdem Gewand zu erhalten. Sie wählten eine Weise, die geheim, doch zugleich allen zugänglich war, die sie erkennen konnten. Und so erfanden sie das Tarot – für die Unwissenden ein Spiel, aber eine Offenbarung für die wenigen, die es zu deuten wissen.

Hier finden sich Parallelen zu Antoine Court de Gébelins Phantasie, die ägyptischen Meister hätten ihr uraltes Wissen in einem Kartenspiel versiegelt. Die jüngere Theorie ersetzt lediglich die männlichen Magier durch matriarchale Priesterinnen.

Diesem Muster folgen gleich mehrere Theorien; es wurde sogar behauptet, das Tarot stamme aus Atlantis. Bei den ersten Anzeichen der Zerstörung auf dem Kontinent war dem dortigen Rat der Weisen klar, dass ihr Wissen nicht vollständig zu erhalten war. Sie verdichteten Magie und Erkenntnis in einer Folge von 22 Bildern. Nicht nur die einzelnen Bilder, schon ihre Zahl und ihr Aufbau sollten die verborgenen Geheimnisse der Schöpfung offenbaren. Den Unwissenden wären die Bilder ein einfaches Kartenspiel. Die Möglichkeit, damit um Geld zu spielen, sicherte ihren Fortbestand. Den Weisen aber würden die Bilder mit ihrer Symbolik die Schatzkammern von Atlantis öffnen.

UNTEN Tara, die Muttergöttin der Hindus, hat 21 Aspekte. Wie die 21 Trümpfe im Tarot stehen auch die Taras für Wege zur spirituellen Erleuchtung.

TANTRA UND TAROT

In ihrem Buch *Die Geheimnisse des Tarot: Mythen, Geschichte und Symbolik* entwickelte die feministische Forscherin Barbara Walker die Theorie, die Großen Arkana mit der Karte Der Narr und den Karten 1–21 hätten sich aus der alten indischen Lehre des Tantra entwickelt. Die 21 nummerierten Trümpfe stellten die „Taras" dar, die Aspekte der Muttergöttin. Der Name „Tarot" könne von dieser Bezeichnung „Tara" herrühren, spekuliert Walker. Man könnte Walker unterstellen, sie mache es sich leicht, wenn sie den Narren von den anderen Karten separiert, um auf die Zahl 21 zu kommen. Tatsächlich jedoch betrachten viele Tarot-Deuter ganz unabhängig von ihrer Haltung den Narren als Symbol des Menschen, der alle Erfahrungen machen muss, die auf den übrigen Karten dargestellt sind. Nicht wenige Werke über das Tarot bezeichnen die Karten (oder zumindest die Großen Arkana) als „die Reise des Narren".

URSPRÜNGE UND GESCHICHTE

Marokkanische Weise und der Heilige Gral

✶✶✶✶✶✶✶✶✶✶✶✶✶✶✶

DER LEGENDE NACH gab es im Jahr 1200 in der marokkanischen Stadt Fez eine große Magierversammlung. Ein neues Zeitalter brach an, und die Magier wussten, ihre alten Lehren würden nicht überleben. Ihr Wissen würde unterdrückt und verlöre sich schließlich in den vielen Sprachen und Kulturen der Welt. Jede Schule könnte vielleicht einen Teil der Wahrheit erfassen, da ihnen aber das Erkenntnissystem als Ganzes fehlte, würde alles eher verfälscht statt bewahrt. So schufen die Magier das Tarot, eine Folge wortloser Bilder, die Sprach- und Kulturgrenzen überwinden könnten (auch wenn die Bilder das europäische Gesellschaftssystem widerspiegeln). Auch hier würde seine Popularität als Spiel es für alle erhalten, die seine wahre Natur erkennen könnten. Ende der 50er-Jahre beauftragte Roland Berill, der Gründer von „Mensa", einer Organisation für Menschen mit hohem I. Q., den britischen Künstler Michael Hobdell mit der Gestaltung des „Royal Fez Moroccan Tarot". Zwar wird versucht eine marokkanische Szenerie zu schaffen, aber die Bilder leiten sich direkt aus dem Rider Tarot ab.

RECHTS Das Moroccan Tarot übernimmt die Szenen des Rider Tarot; Kleidung und Hintergrund erinnern aber an das mittelalterliche Fez.

OBEN Die Legende vom Heiligen Gral war Ausgangspunkt für einen Mythos zum Ursprung des Tarot.

Ein anderer Mythos rankt sich um die Kleinen statt um die Großen Arkana. Im Mittelalter entstand ein Sagenzyklus um den Heiligen Gral, den Kelch, den Christus beim letzten Abendmahl verwendete. Als ein Römer Christus am Kreuz verwundete, fing Joseph von Arimathäa in diesem Kelch sein Blut auf. Den Kelch und den Speer des Soldaten brachte Joseph nach England. Diese beiden Gegenstände, der Kelch und der Speer, entsprechen den Kelchen und Stäben der Kleinen Arkana.

Nehmen wir die Schwerter der Ritter hinzu, die den Gral suchten, fehlen nur noch die Münzen oder Scheiben, und die vier Farben sind komplett. In der Gralssage gerät ein Ritter in eine Einöde, wo er auf einen verletzten, ohnmächtigen König trifft. Während der Ritter noch Wache bei ihm hält, kommt ein Zug von Frauen auf den König zu. Sie tragen den heiligen Gral und die zugehörigen Reliquien auf einer Scheibe – und die Kleinen Arkana sind vollständig.

In einigen Tarots aus dem frühen 15. Jahrhundert zeigt das Ass der Kelche eine Lanze, die aufrecht in einem Becher oder Kelch steckt. Eine Taube mit einer Hostie im Schnabel fliegt auf den Kelch zu. Lanze und Kelch sind Darstellungen von Speer und Gral, und einer mittelalterlichen Legende zufolge stieß am Karfreitag der Heilige Geist in Gestalt einer Taube vom Himmel herab und legte eine geweihte Hostie in den Gral.

MYTHEN DES ALTEN ÄGYPTEN

Die Gralssage mag älter sein als das Christentum und der Gralskelch mag auch als Nachfahre des Kessels der Göttin, der stets von Nahrung überquillt, gelten können. Zu Beginn dieses Jahrhunderts beschrieb Jesse L. Weston in ihrem Buch *From Ritual to Romance* die Gralslegenden als Relikte uralter Initiationsriten. Das Tarot war für sie eine Aufzeichnung dieser Riten in symbolischer Form. Stellen die Kleinen Arkana die Gralsreliquien dar, so stehen die Großen Arkana für die Stufen der Initiation. Tatsächlich gibt es zumindest in etlichen Varianten der Gralslegende eine Reihe von Bildern aus dem Tarot. Die Mutter des Gralsritters Parsifal kleidet ihn wie einen Toren (oder Narren!), als er sich in die Welt aufmacht, weil sie befürchtet, seine Unschuld und Naivität könnten ihn in Gefahr bringen. In einer anderen Version stirbt ein Maurenherrscher kopfüber hängend wie der Gehängte – die Tarotkarte, die dem Tod vorangeht.

Das berühmte Versepos „Das wüste Land" von T. S. Eliot (1922) fußt auf den Vorstellungen in Jesse Westons Buch. Eliot fügte in sein Gedicht sogar eine Tarot-Deuterin ein, die facettenreiche Madame Sosostris, „die weiseste Frau Europas mit einem gefährlichen Satz Karten".

Mehrere moderne Tarotspiele griffen in ihren Bildern auf Gralslegenden zurück. Das Haindl Tarot zeigt den Narren als „Parsifal", der seine vollkommene Unschuld verliert, als er einen Schwan tötet. Er muss den symbolischen Weg durch die 21 Karten gehen, um seine Schuld zu sühnen. Für den Künstler Hermann Haindl symbolisiert Parsifals Sünde Umweltzerstörung und Völkervernichtung. Das Arthurian Tarot von Caitlìn Matthews, gemalt von Miranda Gray, stellt die Gralsmythen und ihren keltischen Ursprung direkter dar.

OBEN Der Ritter der Kelche erinnert an Camelots Ritter auf der Suche nach dem Heiligen Gral.

RECHTS Parsifal, der einen Schwan tötet, symbolisiert im Haindl Tarot die Umweltzerstörung.

Der Narr

LINKS Das Arthurian Tarot haucht den zahlreichen Figuren und Handlungssträngen der Gralslegende Leben ein.

HISTORISCHES WISSEN

HISTORISCHE AUFZEICHNUNGEN verraten nur sehr wenig über die Herkunft der Karten. Man kennt nicht einmal den exakten Ursprung des Wortes „Tarot". Antoine Court de Gébelin behauptete, es käme vom ägyptischen Begriff *ta rho*, „der Königsweg". Trotz fehlender Indizien schenken viele dieser Deutung Glauben. Es gibt mehrere solcher Spiele mit der Phonetik des Wortes „Tarot". Doch stehen all diese Theorien auf wackligen Beinen, denn „Tarot" ist nicht der ursprüngliche Name, sondern nur eine französische Kurzform des italienischen *tarocchi*.

In Norditalien, nicht weit vom Fundort der ersten Tarot-Spiele, fließt der Fluss Taro. Der Historiker und Tarot-Autor Stuart Kaplan weist darauf hin, dass es in Burma ein Dorf Taro gibt und einen See Tarok Tso in Tibet. (In Österreich wurde *tarocchi* als *Tarock* bekannt.)

Soweit wir heute wissen, tauchte das Tarot (oder *tarocchi*) im 5. Jahrhundert zum ersten Mal auf. Sehr schnell erreichte es große Popularität. Das erste bekannte Spiel etwa, oder besser Fragmente eines Spiels (67 von 86 Karten, acht Karten mehr als im modernen Tarot, sind erhalten), stammt aus dem Jahr 1441 vom Hof des Herzogs von Mailand, Filippo Maria Visconti. Ein vollständigeres Spiel, bei dem nur vier Karten fehlen, ist uns als Hochzeitsgabe der Familien Visconti und Sforza aus dem Jahr 1450 erhalten geblieben.

Beide Spiele stammen wohl vom selben Künstler, Bonifacio Bembo, der für die Visconti noch weitere Tarots schuf. In beiden Spielen tragen die Karten weder Zahlen noch Titel. Aus anderen Dokumenten geht jedoch hervor, dass *tarocchi* aufgebaut waren wie moderne Tarotspiele (22 Trümpfe und 56 Zahlenkarten). Erhielten die Karten schon so bald nach ihrer Entstehung ihre endgültige Form? Es stellt sich die Frage, wie man ein so neues Spiel ohne Zahlenwerte auf den Trümpfen spielen konnte. Vielleicht stand einfach fest, welche Karte die andere ausstach, wie heute jeder weiß, dass im Poker der König mehr wert ist als die Dame. Dann aber hätten die Spieler sich den Wert von 22 Bildkarten merken müssen, obwohl das Spiel gerade erst erfunden worden war.

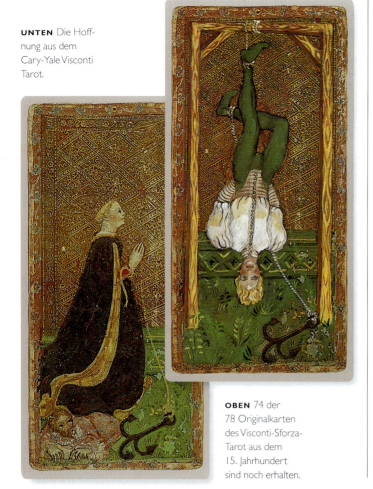

UNTEN Die Hoffnung aus dem Cary-Yale Visconti Tarot.

OBEN 74 der 78 Originalkarten des Visconti-Sforza-Tarot aus dem 15. Jahrhundert sind noch erhalten.

HISTORISCHES WISSEN

Die von Bembo gestalteten Karten beider Spiele sind elegant, detailreich und eindeutig allegorisch. Im älteren Spiel gibt es sogar die „drei religiösen Tugenden" Glaube, Liebe, Hoffnung neben den bekannteren Gestalten Kraft, Gerechtigkeit und Mäßigung.

Das Kartenspiel kam in der zweiten Hälfte des 14. Jahrhunderts nach Europa, wahrscheinlich aus der islamischen Welt. Vielleicht hatten die Kreuzritter es aus Palästina mitgebracht. Wir wissen auch von Spielkarten in Indien und China. Die islamischen Karten inspirierten jedoch mit den Farben Stäbe, Kelche, Schwerter und Münzen eindeutig die sehr ähnlichen europäischen Tarots. Der steigenden Beliebtheit der Karten folgten umgehend ihre Verbannung durch die Kirche und sogar gesetzliche Verbote. Viele Tarot-Deuter betrachten diese Angriffe als Hinweis darauf, dass das Tarot geheime ketzerische Hinweise, ja sogar magische Rituale enthält. Es ist tatsächlich so, dass im spirituell-esoterischen System, das sich mit der Zeit entwickelte, eine gewisse Häresie verborgen liegt. Noch dazu eine sehr subversive, denn sie lehrt uns, dass wir Erkenntnis und Erlösung durch eigenes Bemühen erreichen können, nicht durch die Hilfe von Priesterschaft oder Kirche. Wahr ist auch, dass die Karten in den ersten Angriffen als Teufelswerk bezeichnet wurden, ja sogar als „das Bilderbuch des Teufels", das die Menschen zur Sünde verführen soll. Doch die Indizien lassen vermuten, dass dieses „Donnergrollen", wie Barbara Walker meint, in erster Linie gegen die Karten als Spiel gerichtet war. Kartenspiele galten nun einmal als frivoler Zeitvertreib, der von Frömmigkeit und Pflichterfüllung abhält und zu Spielsucht führt. Einige sehen Tarot und Schach – als zwei Spiele, die eher mit dem Adel als mit dem einfachen Bürgertum in Verbindung gebracht werden – sogar ausdrücklich als vom üblichen Spiele-Bann ausgenommen.

LINKS Die ersten französischen Spielkarten aus dem 16. Jahrhundert zeigen noch frühislamischen Einfluss, zum Beispiel in den Münzen als Spielfarbe.

UNTEN Die Kirche verdammte Kartenspiele als Teufelswerk.

URSPRÜNGE UND GESCHICHTE

Historisch fundierte Theorien

✶✶✶✶✶✶✶✶✶✶✶✶✶✶✶✶

EINE DER BEDEUTENDSTEN Theorien über den Ursprung des Tarot stammt von der Historikerin Gertrude Moakley, die die Tarotkarten in ihrem Buch *The Tarot Cards* mit den Festwagen oder 257 „Triumphen" der großen Paraden während der Renaissance in Verbindung bringt. Die heutigen Fastnachts- und Karnevalsfeiern mit ihren Kostümen, Masken und lockeren Konventionen gehen auf diese *trionfi* unmittelbar vor der Fastenzeit zurück. Wie bereits erwähnt, entspricht die Figur des Narren dem Narrenkönig, der bei derlei Feiern im Mittelalter gewählt wurde. Bei den *trionfi* stellte ein Mann im Narrenkleid die Fastenzeit dar.

OBEN Diese Grafik des Mantegna Tarot zeigt die ethischen und religiösen Lehren in hoher Vollendung.

OBEN RECHTS Im Mittelalter verkörperte der Narrenkönig symbolisch die Anarchie und löste in der Fastnacht gesellschaftliche Spannungen.

Noch wichtiger ist nach Gertrude Moakleys Theorie, dass das Wort „Trumpf" für die 22 Karten der Großen Arkana wahrscheinlich vom italienischen *trionfo*, also Triumph, kommt. In dem bekannten Kartenspiel *tarocchi* triumphieren die Trümpfe oder *trionfi* buchstäblich über die geringer bewerteten Zahlenkarten der Kleinen Arkana. Zwei Varianten der Tarotbilder zeigen die symbolischen Eigenschaften der frühen Karten. Die Tarocchi de Mantegna, ein Spiel mit 50 Karten aus dem Jahr 1470, also nur 20 Jahre nach dem Visconti-Sforza-Tarot, ist zugleich Spiel und Lehre in Ethik, Kunst, Religion, Mythologie und Kosmologie. Der Name geht auf den Maler Andrea Mantegna zurück, der (fälschlicherweise) lange als Urheber des Spiels galt. Die 50 Karten sind in 5 Sequenzen unterteilt: „Stände und Würden des Menschen", „Die neun Musen und Apollo", „Die Freien Künste und Wissenschaften", „Die kosmischen Prinzipien" und „Die Firmamente des Universums". Die Karten werden mit Buchstaben bezeichnet, die niedrigsten mit E, die höchsten mit A. Innerhalb jeder Gruppe tragen die Karten Zahlenwerte, sodass sie insgesamt ein Spiel ergeben können. Als Spiel ermöglicht es so tiefgehende Deutungen. Die zweite Variante der Tarotbilder ist wesentlich später entstanden als die ersten bekannten Spiele. Aber ihre Wurzeln reichen 2000 Jahre zurück. Sie fußt auf der Alchemie, die im Europa des 17. Jahrhunderts ihre größte Blütezeit erlebte.

Die Alchemie beschreibt physikalische Prozesse der Verwandlung von „Basismetallen" wie Blei in Gold. Das genaue Studium dieser Prozesse und der Anweisungen dazu macht deutlich, dass die Alchemisten auch die eigene Verwandlung anstrebten. Der gewöhnliche, fehlbare Mensch sollte „verbrannt" werden, um sich mit dem Göttlichen zu vereinen und Unsterblichkeit zu erreichen. Um ihre Erkenntnisse und Symbole

HISTORISCHES WISSEN

LINKS Alchemistische Tarots wurden nach Bildern aus dem 17. Jahrhundert entworfen.

zu vermitteln, schufen die Alchemisten ebenso schöne wie rätselhafte Kunstwerke. Viele dieser Drucke ähneln den üblichen Bildern der Tarotkarten. So stark sogar, dass mindestens vier oder fünf moderne Künstler „Alchemistische Tarots" geschaffen haben, entweder als Reproduktionen von Gemälden aus dem 17. Jahrhundert oder mit eigenen Malereien nach alchemistischen Vorlagen.

Bedienten sich die alten Alchemisten des 17. Jahrhunderts der Bilder des beliebten Tarotspiels für ihre Symbolik? Oder schöpften beide ihre Symbolik aus einer gemeinsamen Quelle? Tatsächlich zeigt die Karte Der Einsiedler im Visconti-Sforza-Tarot des 15. Jahrhunderts einen Alchemisten in seinem Labor.

Die okkulte Tradition der Tarot-Deutung betont die Dualität in den Großen Arkana. Das Spiel beginnt mit dem Magier und der Päpstin, gefolgt von

Herrscherin und Herrscher, also mit zwei männlichen und zwei weiblichen Figuren. In vielen Schulen, auch in der Alchemie, symbolisieren Männliches und Weibliches so grundlegende Eigenschaften wie Licht und Dunkel, Verstand und Intuition, Geist und Materie. Im Gegensatz zum gewöhnlichen Menschen, für den diese Dinge entgegengesetzt und unvereinbar sind, versucht der Okkultist, sie in sich zu vereinen und die Begrenzungen des gewöhnlichen Daseins zu überwinden. Auf alchemistischen Drucken des 17. Jahrhunderts wird das vollkommene Wesen als „gekrönter Hermaphrodit" dargestellt. Auch in einigen Tarotspielen findet sich dieses Bild in der Tänzerin der Welt-Karte.

LINKS Wie das alchemistische „vollkommene Wesen" feiert die hermaphroditische Welttänzerin die Wunder des Lebens.

HÄRESIE

MANCHE BILDER des Tarot lassen eine Verbindung zu häretischen Strömungen vermuten. Schon seit den ersten Anfängen bekämpfte die orthodoxe Kirche den so genannten Gnostizismus. *Gnosis* bedeutet „Erkenntnis". So glaubten die gnostischen Christen, die Welt sei eine Illusion oder ein Gefängnis, das uns von unserer wahren Göttlichkeit trennt. Sind wir zur Erkenntnis unseres wahren Selbst gelangt, werfen wir die Illusion ab und befreien den reinen Geist in uns. Diese Vorstellungen wurden Teil der esoterischen Lehre des Tarot.

Möglicherweise hat die Lehre der Gnostiker die Tarotbilder von Anfang an beeinflusst. Die Anfänge des Gnostizismus liegen in biblischer Zeit, aber sein Einfluss hatte bis in die Renaissance hinein Bestand.

In den Jahrhunderten vor Beginn der Renaissance befahl die Kirche die Ausrottung ganzer Gemeinden, um die gnostische Sekte der Katharer (in Italien Paterener, in Frankreich Albigenser genannt) auszulöschen. Der erste, der einen albigensischen Ursprung des Tarot vermutete, war Edward Waite, der Schöpfer des Rider-Tarots. Das Eigenartige daran ist, dass Waite diese Idee als Satire auf die vielen weit hergeholten Theorien zum Ursprung des Tarot verstand. Sinngemäß sagte er: „Es gibt so viele verrückte Vorstellungen, warum also nicht die Albigenser?" Wie Robert O'Neill, Autor von *Tarot Symbolism*, betont, kann man bei Waite nie sicher sein, ob ein Witz wirklich nur ein Witz ist. Die Okkultisten jener Zeit verbargen ihre wahre Meinung oft hinter einer geschickten Tarnung. Vielleicht formulierte er die Idee nur deshalb so salopp, weil er wusste, dass er sie nicht ausreichend recherchiert hatte. Waite zitiert einen Gelehrten namens Harold Bayley, der in seinem Artikel *A New Light Cast on the Renaissance* behauptete, die Renaissance habe in Frankreich und mit den Albigensern begonnen. Waite schrieb, wäre Bayley das Tarot geläufig gewesen, hätte er gnostische Elemente in den Karten erkannt. Bayley selbst argumentierte weiter, seit dem 13. Jahrhundert hätten die Katharer und Albigenser die Zünfte der Papiermacher und Drucker infiltriert – die Berufsgruppen also, die Tarotspiele herstellten. Im Umfeld der

RECHTS Eliphas Lévi zeichnete dieses Bild des Baphometen, eines angeblichen Götzen, der von den Tempelrittern verehrt wurde.

UNTEN RECHTS Baphomet und der griechische Ziegengott Pan sind häufig die Vorlagen für den Teufel im Tarot.

OBEN Die Tempelritter aus Künstlersicht: Geheimorden, militärische und religiöse Macht zugleich.

HÄRESIE

Gnostiker-Theorie entwickelte sich die Vermutung, dass es nicht gewöhnliche Ritter waren, die die Karten nach Europa brachten, sondern die Tempelritter, ein Geheimorden von Kriegermönchen. 1118 zunächst als Kreuzritterorden gegründet, gewannen die Templer rasch an Reichtum und Einfluss – und beschäftigten sich wahrscheinlich mit Okkultismus, Magie und dem gnostischen Dualismus. Auf Druck König Philips IV. von Frankreich (der die Macht der Templer fürchtete) hin löste Papst Clemens V. den Orden 1311 auf, lange vor der Entstehung der ersten Tarotspiele. Doch die Templer brachten dualistische oder okkulte Vorstellungen nach Europa. Das häufigste Abbild des Teufels im Tarot, als ziegenköpfiger – und hermaphroditischer – Dämon, geht teilweise auf den Baphometen zurück, einen Götzen, den die Templer angeblich verehrten.

DIE PÄPSTIN

Eine bestimmte Trumpfkarte enthält eine besondere Häresie. Es ist die Päpstin (in modernen Spielen die Hohepriesterin). Während des gesamten Mittelalters und bis in die Moderne hinein (es gibt einige Romane darüber) hielt sich eine Legende, wonach einst eine Frau Papst war: Als junge Frau verkleidete sich die spätere Päpstin Johanna als Mann und wurde Priester. Mit der Zeit stieg sie zum Bischof auf, zum Kardinal und schließlich zum Papst. Sie nahm den Namen Johannes an. Stimmen, die von der Realität dieser Ereignisse überzeugt sind, behaupten, als nach dem Tod der Päpstin die Wahrheit entdeckt wurde, habe die Kirche alle historischen Aufzeichnungen vernichtet. Nach der Legende endete Johannas Regentschaft allerdings dramatischer. Sie verliebte sich in einen ihrer Priester und wurde von ihm schwanger. Zwar konnte sie die Schwangerschaft verbergen; bei einer Osterprozession setzen jedoch die Wehen ein und das Kind wurde geboren. Erbost über dieses Sakrileg, riss die Menge Johanna angeblich in Stücke. Vermutlich hat sich diese Geschichte nie ereignet. Aber die Vorstellung von einer Päpstin führt wieder zu den Gnostikern. Denn von der orthodoxen Kirche unterschieden sie sich unter anderem darin, dass sie Frauen zu Priesterinnen weihten. Ende des 13. Jahrhunderts gründete eine Frau namens Guglielma (auch Wilhelmine) von Böhmen die Sekte der Guglielmeter. Guglielma lehrte, Christus kehre im Jahr 1300 wieder und werde eine neue Welt schaffen, in der Frauen als Päpstinnen regieren würden. Vorbereitend wählten die Guglielmeter eine Päpstin. 1300 aber setzte die römische Kirche ihre Autorität durch. Die neue Päpstin Maria Visconti wurde auf dem Scheiterhaufen verbrannt. 150 Jahre später erscheint das Bild der Päpstin auf den *Tarocchikarten*, die ihre Nachfahren in Auftrag gegeben haben.

LINKS Welchen Ursprungs die Figur auch sein mag, das Bild einer Päpstin ist allemal eine Herausforderung für die männliche Autorität der Katholischen Kirche.

UNTEN Die Päpstin aus dem Visconti-Sforza-Tarot.

URSPRÜNGE UND GESCHICHTE

DIE KABBALA

* * * * * * * * * * * * * * * *

FÜR DIE BEHAUPTUNG, die Tarotkarten gingen auf die jüdische Geheimlehre Kabbala (hebräisch für mündliche oder geheime Überlieferung) zurück, gibt es keine historischen Belege. Und doch erscheinen die Verbindungen zwischen beiden so überzeugend, dass sich die symbolische Deutung in den wichtigsten Aspekten daran orientiert und auch Tarot-Deuter sich bei der Divination danach richten. Viele Deuter wissen nichts darüber. Sie lernen die Bedeutung der Karten aus einem Buch, ohne sich Gedanken über deren Ursprung zu machen. Sie stammen tatsächlich aus der Kabbala (oder *Qabala* in der nicht-jüdischen okkulten Schreibweise).

RECHTS Im Spanien des 15. Jahrhunderts erlebte die jüdische Kultur ihre Blütezeit.

UNTEN Diese Version des Baums des Lebens zeigt alle traditionellen Sephiroth, aber in einer lebendigen, dynamischen Form.

Nach der biblischen Periode mit ihren Visionen und Prophezeiungen orientierte sich die jüdische Mystik an dem auffallend kurzen Werk *Sefer Jezira* oder *Buch der Schöpfung*. In der Zeit zwischen 300 und 600 n. Chr. schuf der anonyme Autor eine lebendige, prägnante Meditationsreihe über das hebräische Alphabet. Es besteht aus 22 Buchstaben, die Großen Arkana bekanntlich aus 22 Trümpfen.

Bedeutendes geschah mehrere hundert Jahre später, zunächst in der französischen Provence (zur Zeit der Albigenser also) und dann zur großen Blütezeit der jüdischen Kultur im Spanien vor 1492, als König Ferdinand und Königin Isabella die Juden und Moslems aus Spanien und Portugal vertrieben. In dieser Zeit kristallisierten sich die Lehren der Kabbala heraus, besonders nach Erscheinen des Buches *Sohar*, *Das Buch des Lichtglanzes*.

Aus ihren Meditationen über die Schöpfung entwickelten die Kabbalisten die Vorstellung, Gott habe die Welt in Stufen erschaffen. Nicht eine Welt gibt es, sondern vier. Die „höchste" ist eine Welt des reinen Lichts in unmittelbarer Gottesnähe, die niedrigste unsere Alltagswelt. Das Tarot enthält vier Farben, jede mit eigenem Charakter. In jeder Welt durchlief die Schöpfung ei-

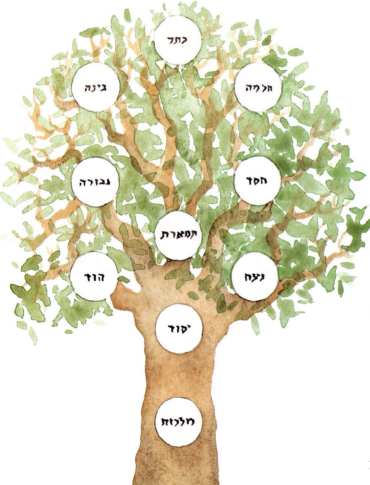

ne Reihe von „Emanationen" (oder Sphären), die *Sephiroth*.

Jede Welt enthält zehn solcher *Sephiroth*, von denen jede einen eigenen Charakter hat. Bezeichnungen und Eigenschaften der *Sephiroth* bleiben in jeder der vier Welten gleich. So ist *Kether* oder die Krone die höchste *Sephirah* in jeder Welt – jedes Mal aber mit einer anderen Energie, abhängig von der jeweiligen Welt. Auch die vier Farben des Tarotspiels enthalten jeweils dieselben Zahlen: vom Ass bis zur Zehn.

Neben den Meditationen über das Alphabet konzentrierte sich die jüdische Mystik immer auch auf den vierbuchstabigen Namen Gottes in der Bibel. Diese vier Buchstaben *(Yod-Heh-Vau-Heh)*, das Tetragrammaton, erscheinen in der Bibel ohne Vokale, sodass niemand weiß, wie sie richtig ausgesprochen werden. Juden und Kabbalisten zählen diesen Namen zu Gottes höchsten Geheimnissen. Dass das Tarot vier Farben hat, ist bekannt. Außer den Karten vom Ass bis zur Zehn enthält jede Farbe vier Hofkarten: Page, Ritter König und Königin.

Das *Sohar* und die anderen frühen Werke konzentrierten sich im Wesentlichen auf die *Sephiroth*. Als Meditationshilfe entstanden verschiedene schematische Darstellungen der zehn Emanationen, um deren Beziehungen untereinander zu veranschaulichen. Das berühmteste war ein vertikales Schema, der Baum des Lebens.

Durch den Baum des Lebens gelang es, die zehn *Sephiroth* mit den 22 Buchstaben (in den Begriffen des Tarot gesprochen: der Kleinen und der Großen Arkana) in Beziehung zu bringen. Nach Erscheinen des *Sohar* suchten Kabbalisten mehrerer Generationen 22 „Pfade" zwischen den *Sephirot*, einen Pfad für jeden Buchstaben. Es gibt viele Versionen dieser Verbindungen. Die Abbildung auf dieser Seite ist unter modernen Okkultisten und Schülern des kabbalistischen Tarot die bekannteste Darstellung.

Obwohl es viele Varianten des Baums des Lebens gibt, entstanden unter Tarotokkultisten heftige Dispute über die richtige Anordnung der Karten auf den 22 Pfaden. Die Zahlen der Pfade sind eindeutig, aber welche Karte gehört zu welchem Pfad? Die Lösung mag einfach erscheinen, aber schließlich tragen auch die Trümpfe Zahlenwerte, vom Magier als Eins bis zur Welt als Zweiundzwanzig. Was aber ist mit dem Narren, der Null? Stellen wir den Narren an den Anfang? Dann liegen alle anderen Karten falsch. Die Position des Narren ist immer problematisch, wenn eine Dogmatik des Tarot entwickelt werden soll.

Genau das ist die Besonderheit des Narren: Seine Aufgabe ist es, Zweideutigkeit zu stiften, das Tarot unfassbar zu machen.

LINKS Das geometrische Diagramm des Baums des Lebens erinnert weniger an einen wachsenden Baum, zeigt aber die 22 Pfade zwischen den zehn Sephiroth.

UNTEN Weite Teile der jüdischen Mystik fußen auf der Thora.

UNTEN Die Kabbalisten betrachteten die hebräischen Buchstaben als Lebewesen, die älter als unser Universum selbst sind.

URSPRÜNGE UND GESCHICHTE

Die okkulte Tradition

✶ ✶ ✶ ✶ ✶ ✶ ✶ ✶ ✶ ✶ ✶ ✶ ✶ ✶ ✶ ✶

WIE KONNTE EINE Verbindung zwischen den Meditationen mittelalterlicher jüdischer Mystiker und 78 Bildkarten entstehen, die zuweilen zur Wahrsagerei verwendet werden?

Manche Okkultisten behaupten unerschütterlich, die Meister der Kabbala selbst hätten das Tarot insgeheim als Bilderschlüssel zu ihren abstrakten Theorien geschaffen. Auf der anderen Seite gibt es Experten der Tarotgeschichte, die nachdrücklich darauf beharren, dass jegliche Verbindung zwischen Tarot und Kabbala der modernen Phantasie entspringt. Vielleicht waren kabbalistische Vorstellungen Bestandteil der Kultur, in der die allegorischen Bilder der Karten entstanden. Und doch fällt es schwer, alle Übereinstimmungen von der Hand zu weisen, besonders was die 22 Trümpfe und die 22 Buchstaben anbelangt.

RECHTS Antoine Court de Gébelin vermutete als Erster einen Zusammenhang zwischen dem Tarot und dem jüdischen Alphabet.

UNTEN Ein Faksimile aus der *Monde Primitif* des Court de Gébelin. Das Bild ist identisch mit der Tarotkarte Die Mäßigung.

Antoine Court de Gébelin, der den Ursprung des Tarot im Ägypten der Antike ansiedelte, war der Erste, der eine Verbindung zwischen dem hebräischen Alphabet und dem Tarot vermutete. De Gébelin war protestantischer Pastor und Freimaurer. Zwischen 1775 und 1789 veröffentlichte er ein neunbändiges Werk mit dem Titel *Le Monde Primitif, analysé et comparé avec le monde moderne*. Er beschrieb darin eine vergangene Epoche großer Weisheit. Der 1781 veröffentlichte Band VIII enthält seinen berühmten Aufsatz über das Tarot mit der Behauptung, die Karten seien eine verschlüsselte Version der berühmten ägyptischen Weisheitssammlung *Buch von Thot*.

An einer Stelle dieses Aufsatzes schreibt de Gébelin, die 22 Trümpfe entsprächen den 22 „Buchstaben des ägyptischen Alphabets, wie es auch die Hebräer und die Orientalen verwenden." Weder die Ägypter noch die „Orientalen" besitzen ein solches Alphabet, wohl aber die Juden. Comte de Mellet, Autor eines weiteren Aufsatzes in *Le Monde Primitif*, erklärte, wie die Ordnung der Trümpfe mit der Ordnung der hebräischen Buchstaben zu verbinden sei. Fast das gesamte umfangreiche Werk de Gébelins ist aus unserer Kulturgeschichte verschwunden. Nur seine Behauptungen über die Tarotkarten blieben erhalten und verselbstständigten sich. Zu ihrer Zeit lösten sie in Frankreich eine regelrechte Tarot-Welle aus. Das Kartenlegen als solches entstand aber nicht erst aufgrund der Behauptungen in *Le Monde Primitif*. In Frankreich herrschte bereits starkes Interesse daran. Aber die Vorstellung vom

DIE OKKULTE TRADITION

Spiel „Les Tarots" als geheimem ägyptischem Magie- und Mysterienbuch faszinierte die Menschen, und schon bald wurde das Tarot in weiten Kreisen zur Divination eingesetzt.

Schüler des berühmten Wahrsagers Etteila (eigentlich Jean Baptiste Aliette, seinen Nachnamen kehrte er aber aus numerologischen Gründen um) schufen nach seinen Angaben das Grand Etteila Tarot Egyptien. Die Bilder haben kaum etwas Ägyptisches an sich, wirken aber wunderbar mystisch und sind künstlerisch anspruchsvoller als viele spätere okkulte Tarotspiele. Das Spiel ist bis heute ein großer Erfolg.

Im Unterschied zu späteren Spielen mit Schwerpunkt auf einer geschlossenen Symbolik hatte Etteila seine Karten zum Wahrsagen entworfen. So finden sich darin Bilder für Deutende und Fragende, „La Questionnante" und „Le Questionnant" (beide tragen den Namen Etteila). Auf jeder Karte steht eine Deutung, etwa „Diese Karte kündigt die Ankunft eines Verwandten vom Land an, der oder die viel Gutes bewirken kann" (aus dem Begleitbuch zum Grand-Etteila-Spiel, bei Karte 22, „Le Roi de France").

Angeregt durch Etteilas Spiel und seinen Erfolg als hauptberuflicher Wahrsager entstanden eine Reihe weiterer Wahrsagekarten. Manche hatten sehr schlichte Bilder und Titel wie „Ein Brief" oder „Entdeckung"; andere waren eleganter, zeigten Salonszenen oder sogar mythologische Allegorien, wie etwa das Grand Jeu de Mlle. Lenormand der berühmten Kartenlegerin der napoleonischen Zeit. Marie Adelaïde Lenormand, nach eigenen Angaben die Vertraute von Napoleons Frau Joséphine, sagte angeblich Aufstieg und Fall des Kaisers voraus. Viele dieser Spiele (oder Reproduktionen) werden heute noch verlegt.

UNTEN Diese Karten aus dem Grand Etteila Tarot sind künstlerisch meisterlich illustriert.

URSPRÜNGE UND GESCHICHTE

Eliphas Lévi und der Golden Dawn

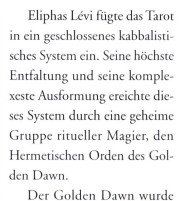

COURT DE GÉBELIN erwähnte das Tarot und das hebräische Alphabet eher nebenbei. Dass sich die Verbindung zur Kabbala durchgesetzt hat, ist einem anderen bemerkenswerten Franzosen zu verdanken, dem gelegentlich radikalpolitisch tätigen ehemaligen katholischen Geistlichen Alphonse Louis Constant. Constant versenkte sich so tief in das Studium der Kabbala, dass er den hebräischen Namen Eliphas Lévi annahm.

Lévi versuchte, die verschiedenen Strömungen westlicher Magie und okkulter Philosophie zu vereinen. Dazu griff er auf Vorstellungen aus der Renaissance und der Zeit davor zurück, und bediente sich ägyptischer wie hebräischer Ideen und Bilder. Er lehrte, dass man das Tarot nicht ohne die Kabbala, aber auch die Kabbala nicht ohne das Tarot verstehen könne. Beide, so dachte er, griffen auf das älteste Wissen des Menschen zurück und seien die Inspiration für alle großen Werke gewesen.

RECHTS Eliphas Lévi untersuchte die Verbindungen zwischen Tarot und Kabbala.

OBEN Die Künstlerin Moina Bergson Mathers, Mitglied des Orden des Golden Dawn.

OBEN Dr. Wynn Westcott, einer der Gründer des Ordens des Golden Dawn.

RECHTS Das Rosenkreuzersymbol des Ordens des Golden Dawn stellt den menschlichen Körper als den Übermittler esoterischen Wissens dar.

Eliphas Lévi fügte das Tarot in ein geschlossenes kabbalistisches System ein. Seine höchste Entfaltung und seine komplexeste Ausformung ereichte dieses System durch eine geheime Gruppe ritueller Magier, den Hermetischen Orden des Golden Dawn.

Der Golden Dawn wurde 1888 von einer kleinen Gruppe Freimaurer und Rosenkreuzer gegründet, hatte aber nur 15 Jahre Bestand. Doch sein Einfluss ist noch heute spürbar.

Von Anfang an umgab sich der Hermetische Orden des Golden Dawn mit Geheimnissen und Legenden. Die Mitglieder leisteten einen Eid, dass die geistige Welt sie strafen solle, sollten sie die Lehren des Golden Dawn je öffentlich bekannt machen. In dem Eid hieß es: „… Ich unterwerfe mich aus freiem Willen einem Strom der Kraft … wie ich mein Haupt unter dem Schwert des Hierus beuge …" An dieser Stelle senkte der Initiator ein Schwert mit der flachen Klinge auf den Nacken des Kandidaten.

Zum Teil schützte diese Geheimhaltung die Mitglieder vor Verfolgung. Heute noch ist das bloße Wort okkult (das einfach „verborgen" bedeutet) gefürchtet, weil es gemeinhin mit Schwarzer Magie oder Teufelsanbetung verbunden wird.

Aber es gab noch einen anderen Grund, warum der Golden Dawn seine Lehren geheim hielt. Der Orden war überzeugt, dass ein Mensch, der seine Lehren studierte, seine Rituale vollzog und den übersinnlichen Pfaden des Tarot folgte, einen Zustand gött-

DIE OKKULTE TRADITION

licher Erleuchtung erreichen – und auf dem Weg dahin große Macht erwerben würde. Die Geheimhaltung der Lehren des Golden Dawn sollte vor Missbrauch bewahren und gleichzeitig alle schützen, die sich nicht ausreichend auf die Kraft vorbereitet hatten, die in den Ritualen, Symbolen und magischen Formeln verborgen lag.

Der Orden des Golden Dawn wurde von drei Mitgliedern der *Societas Rosicruciana* in East Anglia im Osten Englands gegründet: Dr. William R. Woodman, Dr. Wynn Westcott und MacGregor Mathers.

Mathers behauptete, ein „Chiffrenmanuskript" gefunden zu haben, das, einmal entschlüsselt, die Gruppe zu einem mysteriösen „Fräulein Anna Sprengel" in Nürnberg führte. Angeblich begannen die drei eine Korrespondenz mit ihr, in deren Verlauf sie ihnen geheimes Wissen vermittelte und schließlich die Befugnis erteilte, in England eine „Loge" zu gründen.

Heute halten Kenner der Geschichte das Chiffrenmanuskript für eine Fälschung und Fräulein Anna Sprengel für frei erfunden.

KÜNSTLER UND DER GOLDEN DAWN

Dem Golden Dawn gehörten Dichter, Künstler, Revolutionäre und Wissenschaftler an. Das berühmteste Mitglied, der Dichter William Butler Yeats, sagte später, sein gesamtes Werk sei aus Studium und Praxis der Magie erwachsen.

Zu den Mitgliedern zählten auch Moina Bergson Mathers, Künstlerin und Schwester des Philosophen Henri Bergson, die Theaterregisseurin Annie Horniman und die irische Aktivistin und Vertraute von Yeats, Maud Gonne. Die Mitgliedschaft von Frauen zählte zu den revolutionärsten Aspekten des Ordens, denn Freimaurer- und Rosenkreuzerlogen standen nur Männern offen. Angesichts der großen Bedeutung der Frauen im Tarot des 20. Jahrhunderts wird deutlich, was diese Veränderung bewirkt hat.

OBEN Der Dichter W. B. Yeats, Mitglied des Golden Dawn.

RECHTS Der Golden Dawn öffnete seine magischen Rituale und Vorstellungen auch Frauen wie der irischen Aktivistin Maud Gonne.

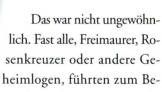

Das war nicht ungewöhnlich. Fast alle, Freimaurer, Rosenkreuzer oder andere Geheimlogen, führten zum Beweis der Verbindlichkeit ihrer Lehren angebliche Verbindungen zu Meistern der Antike an. Woodman, Westcott und Mathers aber entwickelten ihr Ausgangsmaterial weiter und schufen ein erstaunliches System von Ritualen, Philosophien, Zauberformeln und übereinstimmenden Riten und Symbolen.

LINKS Karten aus dem Golden Dawn Tarot in einer modernen Ausgabe des Decks, das zum ersten Mal die symbolische Weisheit des Tarot systematisierte.

URSPRÜNGE UND GESCHICHTE

Das Tarot des Golden Dawn

✷ ✷ ✷ ✷ ✷ ✷ ✷ ✷ ✷ ✷ ✷ ✷ ✷ ✷ ✷

DER GOLDEN DAWN schuf ein komplexes System von Ideen, Symbolen und vor allem Ritualen. Er war nicht in erster Linie eine intellektuelle Bewegung, sondern eine Methode, seine Mitglieder zu göttlicher Erkenntnis und Macht zu führen. Und doch blieb das Werk des Golden Dawn vor allem auf einem Gebiet erhalten: dem Tarot.

Wie Lévi betrachtete der Golden Dawn das Tarot als wesentlich zum Verständnis der

UNTEN Das erste Tarot des Golden Dawn wurde nicht veröffentlicht. Was wir heute verwenden sind Kopien anderer Kopien. Sie variieren vom Golden-Dawn-"Original" (links) bis zum New Golden Dawn (rechts).

UNTEN Initiierte mussten ihr Golden-Dawn-Spiel selbst abzeichnen.

Kabbala. Das Tarot, so lehrte er, sei die Essenz der kabbalistischen Gotteserkenntnis. Und wie Lévi hielt auch er sein Tarot für das einzig echte; die Veränderungen durch den Orden seien eher eine „Restaurierung", ganz so als hätte der Golden Dawn das längst verlorene „Originaltarot" wiederentdeckt.

Die Geschichte von der Entstehung des Spiels untermauert den Mythos vom gottgegebenen „korrigierten" Tarot. Angeblich zog sich MacGregor Mathers mit einem blanken Kartenspiel in einen verschlossenen Raum zurück, begab sich in Trance und erschien wenig später wieder mit einem vollständig bebilderten Tarot. Heute glaubt fast niemand mehr an diese Geschichte, nicht einmal die eifrigsten Anhänger des Ordens. Man nimmt an, dass Mathers die Bilder konzipierte und seine Frau Moina Bergson sie zeichnete.

Eine ganze Reihe von Spielen wurden von Männern konzipiert und von Frauen gezeichnet. Auch wenn der Golden Dawn Frauen in seinen Tempeln Zutritt gewährte, betrachtete er sie doch als Männern nicht ebenbürtig. Männer seien angeblich höherer Erkenntnis und abstrakten Wahrheiten näher, Frauen hingegen sensitiver und intuitiver. Auch heute noch benennen Tarotleser die Spiele nach demjenigen, der die Ideen dazu entwickelte und nicht nach der Zeichnerin oder dem Zeichner. So heißen die Rider-Karten meist Rider-Waite statt Rider-Smith, ein anderes Tarot Crowley-Tarot statt Harris-Tarot nach der Zeichnerin.

Da der Golden Dawn sein Spiel als das wahre Tarot betrachtete, wurde auch erwartet, dass jeder diese bestimme Bilderfolge verwendete. Veröffentlicht jedoch wurde das Deck nicht. Zu den Grundprinzipien des Ordens gehörte die eigene Erfahrung. Die Initiierten mussten das Spiel von Hand kopieren und selbst kolorieren – durften es aber nicht verändern. Die ersten Mitglieder kopierten Mathers' eigenes Spiel. Als der Orden

DIE OKKULTE TRADITION

GANZ LINKS Die Karte Die Liebenden aus dem Tarot de Marseille.

MITTE Die Karte Die Liebenden aus dem Golden Dawn ist von der griechischen Mythologie inspiriert.

LINKS Die Liebenden aus dem Universal Waite Tarot sind eher im biblischen Stil gehalten.

wuchs und die Gründungsmitglieder starben, kopierten neue Mitglieder die Spiele der älteren. Die jüngst veröffentlichten Versionen des Golden Dawn Tarot sind immer noch Kopien anderer Kopien.

Manche Bilder des Golden Dawn Tarot weichen stark von älteren Spielen und sogar von jüngeren, durch den Orden inspirierten ab. Da Golden-Dawn-Spiele erst in den 70er-Jahren veröffentlicht wurden, nahmen viele an, dass Decks wie das Rider Tarot Motive des Golden Dawn enthielten. Tatsächlich sehen die Bilder von Waite und Smith aber ganz anders aus als die von Mathers. Die Liebenden sind ein gutes Beispiel. Das Marseiller Spiel zeigt einen jungen Mann, der sich offensichtlich zwischen zwei Frauen entscheiden muss, während Amor eben einen Pfeil auf ihn abschießt. Die Liebenden des Waite Deck sind ein erwachsenes nacktes Paar, das von einem Engel gesegnet wird. Das Golden Dawn Tarot hingegen zeigt eine Szene aus der griechischen Mythologie: Perseus rettet Andromeda vor einem Drachen. Die Allegorie will erst entschlüsselt werden.

In seinem Buch *Der Tarot des Golden Dawn* erklärt Wang, Perseus symbolisiere „die befreiende Wirkung der Erleuchtung", der Felsen den Materialismus und der Drache die Angst. Andromeda stehe für den Menschen auf dem spirituellen Weg.

Der Golden Dawn integrierte die Kleinen Arkana stärker ins Spiel, indem er jeder Karte ein symbolisches Bild zuordnete. Noch wichtiger ist vielleicht, dass der Orden ein System zur Deutung jeder Karte entwickelte. Dieses System fußt in erster Linie auf den *Sephiroth* am Baum des Lebens und dem „Element", zu dem jede Farbe gehört. Das war eine große Hilfe bei der Deutung, denn es gab den scheinbar zufälligen Inhalten der 40 Zahlenkarten Struktur. Man muss wissen, dass alle Spiele, deren Kleine Arkana „Untertitel" haben – ein oder zwei Worte zum wesentlichen Aspekt der Karte –, sich am Golden Dawn orientieren.

UNTEN Die Kleinen Arkana des Golden Dawn wurden symbolischer gestaltet, in ein Deutungssystem eingefügt und mit Untertiteln versehen.

37

URSPRÜNGE UND GESCHICHTE

Berühmte Nachfolger des Golden Dawn

DREI VOM GOLDEN DAWN beeinflusste Decks gehören heute zu den bedeutendsten Tarots. An erster Stelle das Rider-Waite – wie bereits gezeigt löst sich dieses Spiel stark von seinem Ursprung, weil Waite eigene Ideen verwirklichen wollte, besonders bei den Großen Arkana. In seinem Entwurf finden sich Symbole, die direkt auf die Freimaurer zurückgehen. Auch musste er die dem Golden Dawn gegebene Verpflichtung zur Geheimhaltung beachten. Das Riderspiel erschien 1910, nur wenige Jahre nach der Auflösung des Hermetischen Ordens.

Der andere berühmte Schüler des Golden Dawn war Aleister Crowley. Crowley trat dem Orden bei und stieg schnell in hohe Ämter auf, verließ ihn dann aber und gründete seine eigene Gruppe. Um Aleister Crowley rankt sich eine Legende, die er selbst sorgfältig pflegte. Die Zeitungen seiner Zeit unterhielten ihre Leser gern mit schaurigen Geschichten über Crowley als Schwarzmagier, der sich dem Bösen und der Perversion verschrieben hätte. Sein Motto war: „Tu, was Du willst, sei das ganze Gesetz" eine markante Verdrehung der früheren okkulten Regel „Tu, was Du willst und schade niemandem." Aber trotz seines dramatischen Rufs war er auch ein engagierter Gelehrter, Lehrer und Kabbalist.

OBEN Aleister Crowley kultivierte seinen Ruf als Schwarzmagier.

Als Crowley beschloss, ein Tarotspiel zu gestalten, wandte er sich wegen der Zeichnungen an Lady Frieda Harris. In einem neueren Begleitbuch zum Tarot schreibt James Wassermann: „Crowley schrieb ihr, dass er nur durch ihr künstlerisches Genie so tief in den scheinbar unendlichen Prozess der Herstellung eines neuen Spiels eingetaucht sei. Sie zwang ihn, so schrieb er, jede Karte für sich als ein Meisterwerk wahrzunehmen." Durch die Verbindung dieser beiden starken Persönlichkeiten entstand ein Spiel, das in der Eleganz seiner Abbildungen ebenso bemerkenswert ist wie in der Komplexität seiner Ideen. Besonders bei den Hofkarten verlieh Lady Frieda Harris den gewöhnlich statischen Bildern sprühende Lebendigkeit.

Die Arbeit dauerte Jahre, verzögert durch Geldmangel und Lady Harris' Liebe zum Detail und behindert durch die Wirren des

OBEN Yin und Yang, Symbole aus der 2 der Münzen von Lady Frieda Harris.

RECHTS Das Originalbild der 2 der Münzen von Lady Frieda Harris. Bei den älteren Tarotspielen war die 2 der Münzen oft die Karte für die Signatur des Künstlers wie heute das Pik-Ass bei Spielkarten.

DIE OKKULTE TRADITION

Zweiten Weltkriegs. Zunächst erschienen die Bilder als Illustrationen zu Crowleys Buch über das Tarot *Das Buch Thot*, das 1944 in einer Auflage von nur 200 Stück veröffentlicht wurde. Den Namen, den er Antoine de Gébelins Werk entnommen hatte, wählte Crowley zum Zeichen seiner Achtung vor der Vergangenheit und seines speziellen Humors. Zum Zeitpunkt der Erstveröffentlichung des Spiels 1969 waren beide Schöpfer bereits tot. Crowley starb 1947, Lady Harris 1962.

Der Dritte in der Tradition des Golden Dawn war der ehemalige Varietékünstler Paul Foster Case. Eine schöne Geschichte über Cases erste Begegnung mit esoterischen Überlieferungen zeigt, wie sehr ein Zufall – oder vielleicht die innere Führung – unser Leben verändern kann. Eines Tages stand Case hinter der Bühne und wartete auf seinen Einsatz, als einer seiner Kollegen ihn fragte: „Sag mal Case, was meinst Du, woher die Spielkarten kommen?" Die Frage ließ ihn nicht mehr los, und er forschte nach. So entdeckte er das Tarot und über das Tarot die esoterische Welt.

Case schloss sich dem Okkultismus zu spät an, um noch Mitglied des Hermetischen Ordens zu werden. Aber er trat einer seiner Nachfolgegruppen bei und gründete schließlich seine eigene Organisation, The Builders of the Adytum (das Adytum ist das Allerheiligste eines Tempels), in der Welt des Tarot unter der Bezeichnung BOTA bekannt.

BOTA führte im okkulten Tarot etwas Neues ein. Man ging an die Öffentlichkeit. Anders als frühere Orden, denen Geheimhaltung wichtig war, sah BOTA sich immer in der Funktion des Lehrers. Das BOTA-Material ist allgemein zugänglich, wird aber streng kontrolliert. Es wird ein Fernkurs angeboten, bei dem die Schüler immer nur eine Lektion auf einmal erhalten und ihre Studien erst fortsetzen können, wenn sie sich diese Lektion vollständig erarbeitet haben.

Wegen der Gestaltung wandte sich Case an Jesse Burns Parke, dessen Zeichnungen deutlich an Smith angelehnt sind. Der Golden Dawn forderte seine Mitglieder auf, das Tarot von Hand selbst zu kopieren und so ein eigenes Spiel zu kreieren. BOTA fand eine einfachere Möglichkeit. Die Parke-Karten werden schwarz-weiß geliefert. Es gehört zur Ausbildung, die Farben nach einem streng vorgegebenen Schema selbst einzusetzen. Nach dem Weltbild von BOTA rufen alle physischen Eigenschaften exakt beschreibbare psychische Reaktionen hervor; würden also andere Farben verwendet als die vorgeschriebenen, ginge die sorgfältig berechnete Wirkung verloren.

OBEN Bei Crowleys Ritter der Scheiben geht die Energie vom Schild aus.

OBEN LINKS Die im Art-Déco-Stil gehaltene Königin der Stäbe von Harris strahlt die zornige Energie der Feuerkönigin aus.

UNTEN Die Königin der Kelche des BOTA-Tarot ist an Rider angelehnt, jedoch mit stärkerer Betonung von Fisch und Wasser.

TEIL ZWEI

Symbolik und Struktur

★★★★★

Wenn wir zum ersten Mal Tarotkarten betrachten, sehen wir zunächst schöne, lebendig gestaltete Bilder. Figuren in seltsamer Kleidung ziehen an uns vorüber – sie hinken in kalter Winternacht an einer mittelalterlichen Kirche vorbei oder fallen im Gewitter von einem einstürzenden Turm. Allein die äußere Gestaltung der Karten fasziniert uns. Zeigte aber jede Karte lediglich ein ansprechendes, ansonsten bedeutungsloses Motiv, hielte diese Faszination nicht lange an. Stattdessen entdecken wir auf den Karten immer wieder Neues und Interessantes. Denn die Bilder sind der Zugang zu einer lebendigen Welt, der Welt von Struktur und Symbolik, in der Gedanken mit Bildern verschmelzen und sich wieder lösen und uns so in immer tiefere Bewusstseinsebenen führen. Die symbolische Struktur des Tarot regt uns zum Nachdenken über die verborgene Schönheit der Welt an und ist zugleich der Grund, weshalb man in der Deutung des Tarot Wichtiges über das eigene Leben erfahren kann.

OBEN Die lebendigen Szenen der Tarotkarten enthalten ein exaktes Symbolvokabular.

Die Folge der Grossen Arkana

Zweiundzwanzig Karten, jede mit einem eigenen Charakter. Und doch ergeben sie zusammen eine Geschichte: die Reise des Unwissenden, genannt der Narr. Fast jede Narrenkarte zeigt einen Menschen in Bewegung. Ein Vagabund, der die Straße entlang wandert und von einer Katze gebissen wird; ein junger Ägypter, der einem Krokodil zu entkommen versucht. Im Gegensatz zu den anderen Menschen, denen er auf seiner Reise begegnet (die meist in einer Art Pose erstarrt sind) ist der Narr immer in Bewegung.

Sein Abenteuer beginnt geheimnisvoll mit einem Magier und einer Hohepriesterin, beide Wächter geheimer Mysterien. Danach wird es noch seltsamer; es kommen Einsiedler und Wagen, Engel und Teufel, ja der Tod selbst. Er schreitet durch die Dunkelheit ins immer hellere Licht, durch Sternenlicht zum Mond und zuletzt zur Sonne. Und am Ende? Der Narr, meist ein junger Mann, hat das Geschlecht gewechselt und ist jetzt eine tanzende junge Frau!

Wer die Trümpfe als Reise betrachtet, sucht meist eine Möglichkeit, die Geschichte in Abschnitte zu unterteilen. Eine naheliegende Möglichkeit besteht in der Unterteilung der Trümpfe in zwei „Akte". Im ersten Akt strebt unser Leben seinem Höhepunkt zu. Wir erleben Liebe und Erfolg. Ab einem bestimmten Zeitpunkt zeigen uns die körperlichen Veränderungen, dass sich das Leben nun auf den Tod zu bewegt. Jetzt richtet sich der Blick nach innen, wir denken über den wahren Wert der Dinge nach, während wir uns auf den Abschied von dieser Welt und den Übergang ins Ungewisse vorbereiten. Zwei Karten zeigen eine solche Wende, beide in der Mitte der Großen Arkana. Die erste, das Schicksals- oder Glücksrad, stellt die äußere Veränderung dar, wenn das Leben seinen Höhepunkt erreicht. Die zweite Karte ist Der Gehängte; er symbolisiert die in-

RECHTS Das japanisch inspirierte Ukiyoë Tarot deutet die hermaphroditische Vervollkommnung der Welttänzerin an.

UNTEN Die Haltung des Narren aus dem Universal Waite Tarot erinnert an den hebräischen Buchstaben Aleph.

RECHTS Der Narr erscheint immer mit einem Tier. In der Version Egipcios Kier weicht er einem Krokodil aus.

LINKS Eine Katze beißt den Narren des Wirth Tarot nach den Vorstellungen von Eliphas Lévi.

DIE FOLGE DER GROSSEN ARKANA

nere Veränderung, wenn der Mensch sich von den äußeren Errungenschaften ab und der eigenen, inneren Akzeptanz zuwendet. Problematisch an dieser Sicht erscheint, dass unmittelbar nach Dem Gehängten Der Tod und dann noch acht weitere Karten folgen. Das zeigt uns, dass Der Tod weder das Ende noch das Ziel der Reise des Narren bedeutet. So wird die Geschichte der mystischen Bedeutung der Karten nicht gerecht.

Statt die Großen Arkana in nur zwei Teile zu gliedern, können wir sie uns in drei Akten vorstellen. Diese Unterteilung ist besonders sinnvoll, wenn wir den Narren als den Helden der Geschichte herausnehmen, der die auf den übrigen Karten dargestellten Erfahrungen durchläuft. Auch seine Zahl Null deutet darauf hin, dass wir ihn außerhalb der Zahlenfolge sehen sollten – als ihr vorangestellt nämlich. Ohne den Narren sind es 21 Karten, eine Unterteilung in drei Gruppen zu je sieben Karten bietet sich an.

OBEN Diese lebendig gestalteten Karten Das Rad des Schicksals und Der Gehängte aus dem Tarot de Marseille bedeuten eine wichtige Veränderung unseres Weltbildes.

LINKS Vishnu, der Bewahrer-Gott im Hinduismus.

UNTEN In der Esoterik glaubt man, dass die sieben Noten der Tonleiter besondere Bedeutung und Kraft haben.

DIE ZAHLENSYMBOLIK

Den Zahlen Drei und Sieben kommt in der Symbolik große Bedeutung zu. Im Christentum denken wir an Vater, Sohn und Heiliger Geist, im Hinduismus an Brahma, Vishnu und Shiva (Schöpfer, Bewahrer und Zerstörer) oder mit Freud an Es, Ich und Über-Ich.

Die mächtigsten Symbole kommen aus der Natur. Wir alle stammen aus der Triade Mutter-Vater-Kind. Und es gibt noch mehr Dreier in unserer Welt. Frauen durchlaufen drei Stadien des Lebens: Kindheit, die Zeit der Fruchtbarkeit und dann die Menopause. Auch der Mond kennt drei Gestalten: zunehmend, voll und abnehmend. Der Menstruationszyklus, der ebenso lange dauert wie der Mondzyklus, stärkt die Verbindung zwischen den Frauen und dem Mond noch.

Auch das wiederholte Auftreten der Sieben in symbolischen Systemen kommt aus der Natur. Der Regenbogen hat sieben Farben. In der Antike

waren vor dem scheinbar unbeweglichen Hintergrund der Sterne sieben bewegliche Objekte am Himmel zu erkennen. Diese sieben „Planeten" waren Sonne, Mond, Merkur, Venus, Mars, Jupiter und Saturn. Nach ihnen und ihrer Bahn durch die Sternzeichen berechneten die Babylonier ihre Astrologie, die in etwas modifizierter Form auch heute noch angewandt wird.

Der griechische Philosoph Pythagoras entdeckte, dass man einen Faden, der in der Frequenz einer bestimmten Note schwingt, siebenmal halbieren kann, bevor man wieder zur selben Note, dann jedoch auf höherem Niveau, gelangt. Diese Noten sind die Tonleiter: c, d, e, f, g, a, h und wieder c.

Die wiederkehrende Note nennt man die „Oktave" der ersten.

SYMBOLIK UND STRUKTUR

Die verschiedenen Ebenen der Großen Arkana

★ ★ ★ ★ ★ ★ ★ ★ ★ ★ ★ ★ ★ ★ ★ ★

WERFEN WIR NUN einen Blick auf die Bedeutung der Drei und der Sieben in den Großen Arkana. Angenommen, die Karten liegen in drei Reihen zu je 7 Karten, darüber der Narr. Spontan erkennen wir drei Entwicklungsebenen – das Bewusste, das Unbewusste und das höhere Bewusstsein. Am Anfang steht jeweils eine dynamische Karte, Der Magier auf der ersten, Die Kraft auf der zweiten (bei den älteren Tarots die Gerechtigkeit) und Der Teufel auf der dritten Ebene. Auch am Ende steht ein kraftvolles Bild: der mächtige Wagen in der ersten Reihe, der Engel der Mäßigkeit in der zweiten und die Welt in der dritten.

Die Anordnung der Großen Arkana auf drei Ebenen ermöglicht das Spiel mit den Beziehungen der Karten untereinander. So

UNTEN Die Großen Arkana aus dem Tarot de Marseilles. Nach der Praxis des Golden Dawn erscheint Die Kraft an Position 8, Die Gerechtigkeit an 11.

Der Narr

Der Magier

Die Hohepriesterin

Die Herrscherin

Der Herrscher

Der Hierophant

Die Liebenden

Der Wagen

Die Kraft

Der Eremit

Das Rad des Schicksals

Die Gerechtigkeit

Der Gehängte

Der Tod

Die Mäßigkeit

Der Teufel

Der Turm

Der Stern

Der Mond

Die Sonne

Das Gericht

Die Welt

erkennen wir zum Beispiel „vertikale" Verbindungen unter den Karten an der gleichen Position. Die Gerechtigkeit steht unter dem Magier, Der Teufel wiederum unter der Gerechtigkeit; Die Gerechtigkeit kann man also als die Oktave des Magiers bezeichnen, den Teufel als Oktave der Gerechtigkeit. Im Waite Tarot tragen der Magier und die Frau auf Die Kraft ein Unendlichkeitszeichen (eine quer liegende 8), der Teufel ein umgekehrtes Pentagramm (einen Fünfstern) über dem Kopf. Mit derselben Geste wie der Magier hebt der Teufel die Hand; streckt der Magier jedoch den Zauberstab zum Himmel, so richtet der Teufel seine Fackel zu Boden.

Wie die Oktaven schaffen auch die Zahlen selbst Verbindungen zwischen den Karten. Auf zwei Arten zeigen die höheren Zahlen (10–21) Beziehungen zu den niedrigeren.

Die erste besteht zwischen der zweiten Ziffer der höheren Zahl und der entsprechenden niedrigeren Zahl. So hat Der Teufel die Nummer 15; die zweite Ziffer, 5, weist auf den Hierophanten hin. Legen wir die beiden Karten nebeneinander, erscheint der Teufel fast als eine Parodie des Hierophanten.

Die zweite Methode, Zahlen zueinander in Beziehung zu setzen besteht in der Bildung der Quersumme der höheren Zahl. Der Teufel ist 15, 1 + 5 = 6, die Karte Die Liebenden. Nebeneinander gelegt, sind auch hier wieder Ähnlichkeiten zwischen den beiden Karten zu erkennen. Adam und Eva der Liebenden werden zu den Dämonen des Teufels. Wo die Karte Die Liebenden für die Erfüllung durch die reife sexuelle Liebe steht, symbolisiert der Teufel durch die Ketten um den Hals seiner Objekte die ungesunde Obsession.

UNTEN Zwei Formen der Macht: die offene Kreativität des Magiers und die dunkle Energie des Teufels.

OBEN Kreuzt der Gehängte die Arme noch hinter dem Rücken, als verberge er seine Geheimnisse, hält die Welttänzerin sie weit geöffnet.

Auf besondere Weise sind zwei andere Karten verbunden: durch ihre Zahlen und ihre Abbildungen nämlich. Die 21 ist eine umgekehrte 12. Das Bild des Gehängten (Karte 12) ähnelt stark der umgedrehten Welttänzerin (Karte 21). Noch etwas fällt an der letzten Karte ins Auge. Die Zahl 21 enthält die 2 und die 1, die Hohepriesterin und den Magier. Die Tänzerin hält zwei Zauberstäbe, als habe sie in ihrem Tanz des Lebens diese Gegensätze vereint.

SYMBOLIK UND STRUKTUR

PFADE IM BAUM DES LEBENS

DIE MITTELALTERLICHEN Kabbalisten glaubten, Gott habe die Welt durch zehn Emanationen reiner Energie geschaffen. So entwickelten sie den Baum des Lebens als Symbol zur Darstellung der Beziehungen zwischen diesen zehn *Sephiroth*. Sobald dieses Diagramm geschaffen war, konnten sie damit experimentieren. Ihre Visionen haben unser Verständnis des Tarot mit geprägt.

Eine Methode sieht den Baum als eine Gruppe aus drei Dreiecken mit einer abschließenden Karte. Man könnte diese Sicht mit den drei Ebenen der Großen Arkana vergleichen. Das oberste Dreieck, das Gott am nächsten ist, steht für die drei letzten Karten, für das Reich des höheren Bewusstseins. Das zweite symbolisiert die Gruppe der mittleren Karten, das Unbewusste, und das dritte die Ebene des Bewusstseins (nur eine von mehreren Möglichkeiten). Die abschließende Karte, *Malkuth* oder Königreich, symbolisiert die Realität, kann aber auch für den Narren stehen, der sich auf seiner Reise den Herausforderungen der drei Ebenen stellen muss.

OBEN Der Kabbalist, dargestellt als weiser alter Magier. Er hält den letzten Pfad im Baum des Lebens, der durch seine Meditationen Gestalt angenommen hat.

Weiter unterteilten die Kabbalisten den Baum in drei senkrechte Säulen. Die rechte Säule nannten sie die Säule der Expansion oder des Erbarmens, die linke die der Kontraktion oder der Gerechtigkeit. Gäbe es einzig diese beiden Säulen, würde das Universum nicht weiterbestehen, denn sie zerren so stark in verschiedene Richtungen, dass es zerreißen würde. Die mittlere Säule der Liebe hält beide im Gleichgewicht.

Auch das Tarot kennt dieses Thema. Viele Karten zeigen Dualität oder Spannungen, oft hält dabei eine Figur in der Mitte die beiden Seiten zusammen. Bei den Liebenden segnet der Engel Mann und Frau; der starke Wille des Wagenlenkers hält die schwarze und die weiße Sphinx im Zaum usw. Ein symbolisches System verbindet die Trümpfe mit den *Sephiroth*. Das hebräische Alphabet hat 22 Buchstaben – so viele wie das Tarot Trümpfe. Kabbalisten entwickelten die Idee der 22 „Pfade" zwischen den *Sephiroth*. Ihren Verlauf kennen wir bereits; gegenüber sind die den Pfaden entsprechenden Karten eingezeichnet. Man kann dieses Diagramm vielfältig einsetzen. Jede Trumpfkarte lässt sich als Verbindung zwischen zwei *Sephiroth* sehen. Der Narr gehört zum Buchstaben Aleph, dem Pfad, der von der obersten *Sephirah*, *Kether* (Krone), zur zweiten, *Chokmah* (Weisheit), verläuft. Die Krone symbolisiert die Öffnung zum unendlichen Gott. *Chokmah* ist wie die griechische *gnosis* das Bewusstwerden der göttlichen Wahrheit. Die Reise des Narren kann so als der Pfad vom menschlichen Verständnis zum Wunder der Vollkommenheit verstanden werden.

Die Linie zwischen *Kether* und *Chokmah* führt nicht nur in eine Richtung. Auf diesem Pfad kann man „nach oben" zu *Kether* reisen, ebenso aber könnte der Narr sich „nach unten" zu der menschlicheren Eigenschaft *Chokmah* begeben. Deshalb scheint es auf der Waite-Karte, als falle der Narr eben von einer Klippe, deshalb wird der Narr zuweilen als Seele beschrieben, die einen Körper annimmt, um geboren zu werden und aus den Erfahrungen eines Lebens zu lernen.

PFADE IM BAUM DES LEBENS

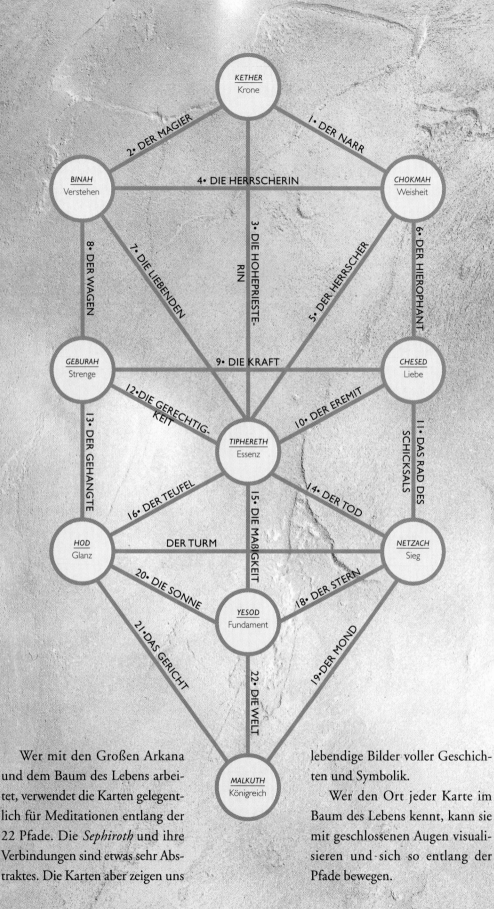

Wer mit den Großen Arkana und dem Baum des Lebens arbeitet, verwendet die Karten gelegentlich für Meditationen entlang der 22 Pfade. Die *Sephiroth* und ihre Verbindungen sind etwas sehr Abstraktes. Die Karten aber zeigen uns lebendige Bilder voller Geschichten und Symbolik.

Wer den Ort jeder Karte im Baum des Lebens kennt, kann sie mit geschlossenen Augen visualisieren und sich so entlang der Pfade bewegen.

Der Aufbau der Kleinen Arkana – Die vier Bäume

✶ ✶ ✶ ✶ ✶ ✶ ✶ ✶ ✶ ✶ ✶ ✶ ✶ ✶

RECHTS Die *Sephiroth* mit ihren hebräischen und deutschen Namen. Jede Farbe „überträgt" den Baum in eine eigene Energieform.

AM DEUTLICHSTEN ZEIGT SICH die Verbindung zwischen dem Baum des Lebens und dem Tarot in den Kleinen Arkana mit ihren Zahlenkarten Ass bis 10. Für die Kabbalisten gab es vier „Welten" und damit vier Bäume. Diese Bäume des Lebens entsprechen den vier Farben der Kleinen Arkana, wobei die Eigenschaften jeder Farbe die Qualitäten der Zahlen verdeutlichen.

Die Zahlen betrachten wir zunächst aus der Sicht der *Sephiroth*, dann nach der allgemeinen Numerologie abseits der Kabbala. Im Kasten unten sind die *Sephiroth* und ihre deutschen Namen kurz beschrieben.

Der Baum ist eine mystische Vision, und die verschiedenen *Sephiroth* bezeichnen hehre Prinzipien. In der Divination erweisen sich die *Sephiroth* nicht immer als brauchbar. Doch sie verleihen den Kleinen Arkana besondere Größe, die aus den Bildern allein nicht deutlich wird. Die *Sephiroth* erschließen für die Kleinen Arkana eine wahre Wunderwelt. Für eine lebensnähere Deutung können wir uns an ihren Zahlenwerten orientieren. Seit die Menschen zählen können, gilt das

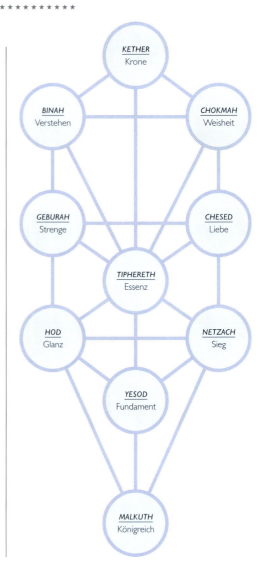

Der Baum der *Sephiroth*

KETHER – Krone. Was über allem steht. Einheit, Vollkommenheit.

CHOKMAH – Weisheit. Intuitives Wissen, Wahrheit.

BINAH – Verstehen. Die Weisheit der zweiten *Sephirah* wird um die Erfahrung ergänzt.

CHESED – Liebe. Die Liebe, die unser Leben lenkt, wenn wir in Übereinstimmung mit unseren Gefühlen handeln.

GEBURAH – Strenge. Die Fähigkeit, etwas zurückzuhalten, Entscheidungen zu treffen.

TIPHERETH – Schönheit, auch Harmonie. Die Mitte des Baums, die alles zusammenhält.

NETZACH – Sieg. Große Kraft und starke Persönlichkeit. Bewegung und Anmut.

HOD – Glanz. Die Erfüllung der Netzach-Kraft, sowie die Fähigkeit, dieser Kraft und Anmut auch eine entsprechende Gestalt zu verleihen.

YESOD – Fundament. Am Grunde der drei Dreiecke. Jesod reicht hinab ins Unbewusste. Man kann es als die Quelle der Bilder und Symbole der Mythen, der verschiedenen Meditationswelten, der Astralreisen, der Träume und des Tarot verstehen.

MALKUTH – Königreich. Diese *Sephirah* verbindet die drei Dreiecke mit der äußeren Welt. *Malkuth* ist die Realität der physischen Existenz.

Fortschreiten von der 1 zur 2 zur 3 bis zur 10 als Schlüssel zur Erkenntnis.

Die Macht der Zahlen wurzelt in der physischen Realität. Unser Zahlensystem fußt auf der Zehn, weil wir zehn Finger haben. Die ersten fünf Zahlen stehen für Aspekte des Körpers und unserer Umwelt. Wir haben einen Kopf, zwei Augen, zwei Arme, zwei Beine. 1 plus 2 ergibt 3: die Zahl der Fortpflanzung, Mutter, Vater und Kind. 4 steht für unsere Arme und Beine. Vier Richtungen verbinden uns mit der Welt: vorn, hinten, rechts und links. Die 5 fügt den vier Gliedmaßen den Kopf hinzu und schafft so den ganzen Menschen. Stehen wir mit gespreizten Beinen und seitlich ausgestreckten Armen, bilden wir den fünfzackigen Stern oder das Pentagramm. Dieser Stern erscheint im Kreis der Münzen.

Der fünfzackige Stern verbindet den Menschen mit dem Himmel. In der Antike studierte man den Lauf der Gestirne. Weil wir die Planeten aus unserer irdischen Perspektive sehen, erkennen wir ihre elliptische Bahn um die Sonne nicht. Stattdessen zeigen sich kompliziertere Muster, Schleifen etwa, auf denen die Planeten zeitweise rückläufig erscheinen. Das nennen wir die „scheinbare Bewegung". Über einen Zeitraum von fünf Jahren zeichnet die scheinbare Bewegung der Venus das Bild einer Blüte mit fünf Blütenblättern oder eines fünfzackigen Sterns. Mit gespreizten Beinen und ausgestreckten Armen sind wir ein Abbild der Venus.

Auch die Zahlen 6 bis 10 stellen unsere physische Realität dar, nur etwas subtiler. Als Verdopplung der 3 symbolisiert die 6 die Generationen. 7 und 8 stehen für Männliches und Weibliches, denn der männliche Körper hat sieben Öffnungen (die Nase als eine Öffnung gerechnet), der weibliche acht. Die 9 erinnert an die neun Monate der Schwangerschaft. Und die 10 deutet auf die zehn Finger, die unsere Ahnen das Zählen lehrten.

Die Tarot-Autorin Gail Fairfield entwickelte ein Zahlensystem nach der Geometrie bei den niedrigeren, nach Vorstellungen bei den höheren Zahlen. Die 1 steht für den Punkt, das einfachste Zeichen der Existenz. Die 2 symbolisiert die Verbindungslinie zwischen zwei Punkten. Mit der 3 erhalten wir eine Ebene, denn jetzt haben wir Länge und Breite. Die 4 schafft räumliche Körper. Der einfachste geometrische Körper hat vier dreieckige Seiten. Die 5 bringt die Zeit ins Spiel und damit den Verlust. Die 6 hebt die Zeit auf die Ebene der Zyklen und der Wiederkehr. Die 7 ermöglicht Imagination und Experiment. Die 8 führt uns zurück in die Realität, und die 9 interpretiert die verschiedenen Experimente. Als letzte Zahl der Sequenz schließt die 10 den Kreis und bildet zugleich den Übergang zu einem neuen Anfang.

OBEN Das Pentagramm, das berühmteste magische Zeichen, steht für den menschlichen Körper.

UNTEN Mit unseren zehn Fingern, insbesondere den Daumen, können wir Werkzeuge gebrauchen und unsere menschliche Umwelt gestalten.

SYMBOLIK UND STRUKTUR

Die Zahlenwerte der Karten

✶ ✶ ✶ ✶ ✶ ✶ ✶ ✶ ✶ ✶ ✶ ✶ ✶ ✶

Ass der Kelche

2 der Kelche

3 der Kelche

4 der Kelche

BETRACHTET MAN in Kenntnis all dieser Systeme die Karten und ihre Entwicklung seit Pamela Smith die Vorstellungen des Golden Dawn in konkrete Szenen übersetzte, so erkennt man verschiedene Themen, die zu den Zahlenkarten der Kleinen Arkana gehören. Die Asse stehen für Einzigartigkeit. Diese Karten besitzen Reinheit, sie repräsentieren die Grundeigenschaften der Farbe, „die Wurzel", wie der Orden des Golden Dawn es nannte. Die Asse sind ein Geschenk des Lebens, Augenblicke von besonderer Energie.

Die Zweien stehen für Dualität, Verbindung, Dialog. Die verschiedenen Zweien behandeln den Themenkreis Beziehung und Kommunikation. Die Asse inspirieren, aber die Zweien entwickeln diesen ersten Impuls fort und erweitern ihn.

Betrachten wir die einzelnen Karten eines Tarotspiels, fällt auf, dass die Darstellung auf einer bestimmten Farbenkarte der Eigenschaft der Zahl entgegengesetzt sein kann. So stehen die Kelche für Liebe, die Schwerter für Konflikt und Spannung. Im Waite Tarot entspricht die Abbildung auf der 2 der Kelche ihrer Zahl; sie zeigt zwei Menschen, die sich einander versprechen. Mit dem Bild einer Frau, die alle von sich fern hält, läuft die 2 der Schwerter dagegen ihrer Zahl zuwider. Grundthema bleibt die Kommunikation, aber hier sehen wir ihre strikte Ablehnung.

OBEN Zwar steht das Schwert oft für Konflikte, hier aber stößt das Ass durch die Welt der Sinne hin zu abstrakten Prinzipien.

OBEN Würde die Frau ihre Schwerter senken und ihre Augenbinde lösen, könnte sie die Liebe sehen, die ihr dargeboten wird.

Die Vereinigung der Eins mit der Zwei und die Idee des Kindes repräsentieren die Dreien und verkörpern so eine erste Erfüllung in den Farben. Der erste Impuls der Asse, den die Zwei fortentwickelt, etabliert sich in der Drei. Wieder beeinflusst die Farbe die Qualität der Zahl. Bei den Münzen, kann sie Meisterschaft im Beruf bedeuten, bei den Schwertern Trauer, bei den Stäben Erfolg, bei den Kelchen Harmonie.

Vier, die Zahl des ersten geometrischen Körpers, symbolisiert Struktur. Wir verwenden unsere Energie zum Aufbau von etwas, befinden uns an sicherem Ort, halten an dem fest, was wir haben, oder wehren uns gegen einengende Strukturen. Trotz der fünfstrahligen Form des menschlichen Körpers und seiner Verbindung zum Himmel zeigt uns die Fünf Verlust und Kampf. Zum Teil rührt das von der Vorstellung, dass die Fünf die Zeit ins Spiel bringt und damit auch ihre Begrenzungen wie Krankheit und Tod. Die Fünf als das Symbol des Körpers, so

DIE ZAHLENWERTE DER KARTEN

könnte man sagen, stellt uns in die physische Realität und erschließt uns damit alle Probleme, die das Leben mit sich bringt.

Die Sechsen haben Anteil an „Schönheit" und Fülle der *Tiphereth*, der zentralen *Sephiroth* im Baum des Lebens. Als der Beginn der zweiten Hälfte der Zahlenkarten ermöglichen sie den Neuanfang nach den Fünfen. Auch sie sprechen das Thema Kommunikation an, das Teilen von Macht und Reichtum. Ungleichheit zeigt sich in dieser Zahl, weil eine Person anderen überlegen ist.

Auch zur Deutung der Sieben schauen wir auf das kabbalistische Bild und finden das Thema „Sieg". Wir finden die männliche Energie der Zahl und das Thema, das Gail Fairfield erkannte: die Vorstellungskraft. Der Mensch sucht den Sieg über alle Herausforderungen durch Willenskraft oder planvolle Strategien und Phantasien.

In den Achten entdecken wir das Thema Bewegung, entweder zur Festigung oder zur Aufgabe des bereits Erreichten. Auch die Acht ist eine Zahl, deren Thema im Widerspruch zur Energie der Farbe stehen kann. Wieder zeigen die Schwerter das deutlichste Beispiel. Die Farbe steht für Probleme und Konflikt. Begegnen die Schwerter der Bewegung, entstehen Hindernisse, etwa das Gefühl, von anderen gelenkt zu sein und sich davon nicht befreien zu können.

Neun ist die letzte einziffrige Zahl. Sie kann für die Spannung vor dem Ende stehen. Etwas ist erreicht worden, aber es hat seinen Preis. Die verschiedenen Karten zeigen die Kompromisse, die wir mit dem Leben schließen, damit wir unseren Platz in der Welt finden können.

Die Zehnen schließen die Farben ab. Sie sind der vollkommene Ausdruck der Eigenschaften der Farbe; denn wie Malkuth etablieren sie uns in der realen Welt. Aber nicht alle Farben übersetzen Vollendung mit Glück. Bei den Stäben, die Verantwortung und Lasten auf sich nehmen, wird die Zehn zur Unterdrückung. Die Schwerter zeigen schärfsten Konflikt. Bei den Münzen, der Farbe des Geldes und der physischen Realität, entwickeln wir ein Gefühl der Sicherheit und des Wohlstands, aber es fehlt das Emotionale. Nur bei den Kelchen zeigt sich wirkliche Freude.

OBEN Die Farbe der Kelche von 1 bis 10. Die Karten sind aus dem Wheel of Change Tarot.

UNTEN Nach den Tarot-Spezialistinnen Ruth Ann Brawler und Wald Amberstone deutet die Anzahl der Schlingen, mit denen die Frau gefesselt ist, auf geheime Initiationsrituale der Freimaurer hin.

DIE HOFKARTEN

NUN KENNEN WIR zwar die Bedeutung der Zahlen auf den nummerierten Karten der einzelnen Farben, doch was ist mit ihren höfischen Begleitern? Wofür stehen die vier Könige, Königinnen, Ritter und Pagen?

Der Golden Dawn ordnete diese Karten auf kluge Weise. Wie wir gleich sehen werden, schöpfen die Farben ihre Eigenschaften aus den vier „Elementen" Feuer, Wasser, Luft und Erde. Man kann sie als Entwicklung verstehen: erst das Feuer, zuletzt die Erde. Diese vier Elemente wandte der Golden Dawn auf die vier Positionen der Hofkarten an. Im Ergebnis wurde jede Karte eine Mischung zweier Elemente. So sind etwa die Königinnen Wasser, ebenso die Kelche. Die Königin der Kelche ist Wasser von Wasser. Schwerter wiederum gehören zur Luft, die Königin der Schwerter ist also Wasser von Luft.

Leider ist diese Zuordnung nur mit der vom Golden Dawn abgewandelten Folge König, Königin, Prinz und Prinzessin wirklich sinnvoll. Die konventionelle Sequenz Page, Ritter, Königin und König lässt sich eher nach dem sozialen Status ihrer Figuren ordnen. Pagen sind jung, ihre einzige Verantwortung liegt darin, zu lernen und sich auf die Energien der Farben einzulassen. Bei einer Deutung können die Pagen wörtlich als Kinder oder Schüler gelesen werden. Sie können auch für eine Zeit des Lernens stehen oder für jemanden, der vor einem neuen Lebensabschnitt steht.

Ritter sind Figuren der Aktivität. Sie sind noch jung und wollen ihre Fähigkeiten erkunden und erproben. Sie können romantisch oder mutig sein. Zugleich sind sie dafür verantwortlich, anderen zu helfen, denn das ist die Aufgabe der Ritter. Dieser Charakter passt gut zu den aggressiveren Farben Schwerter und Stäbe, kann bei den eher introvertierten Kelchen oder den ruhigen Münzen aber für Aufruhr sorgen. König und Königin stehen beide für Reife. Die Köni-

UNTEN Der König der Stäbe oder Feuer von Feuer.

UNTEN Die Königin der Kelche oder Wasser von Wasser.

UNTEN Der Prinz der Schwerter oder Luft von Luft.

UNTEN Die Prinzessin der Münzen oder Erde von Erde.

KÖNIG DER STÄBE

KÖNIGIN DER KELCHE

PRINZ DER SCHWERTER

PRINZESSIN DER MÜNZEN

DIE HOFKARTEN

HOFKARTEN UND PERSÖNLICHKEIT

Viele Tarot-Deuter beschreiben die Interpretation der Hofkarten als ihre schwerste Aufgabe. Sie zeigen weder eine Handlung noch eine Situation, noch nicht einmal eine Idee, lediglich eine Figur. Wenn sie sich nicht nur auf reale Menschen aus unserer Umgebung beziehen, wie können wir sie verstehen? Vielleicht hilft ein Gedankenexperiment: Betrachten Sie die Bilder. Versuchen Sie, die Unterschiede zwischen den Rittern oder den Pagen zu beschreiben. Denken Sie dann an ihre Freunde und Verwandten.

Wer könnte zum König der Schwerter passen, wer zum Ritter der Kelche? Oder denken Sie an Rollen in Romanen oder Filmen. Welche literarische Figur könnte der Page der Kelche mit dem verträumten Blick sein? Welche Ihrer Lieblingsschauspielerinnen wäre die ideale Besetzung für die Königin der Münzen?

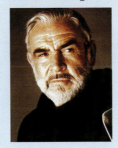

OBEN UND LINKS Gestalten Sie Ihre Hofkarten mit Bildern Ihrer Lieblingsschauspieler selber: Leonardo di Caprio wäre vielleicht Ihr Page der Kelche oder Glenn Close Ihre Königin der Münzen. Und wie wäre es mit Sean Connery oder Richard Gere als Rittern?

ginnen verkörpern den eher weiblichen Aspekt der Wertschätzung des Lebens – Verbundenheit mit der Familie, Freude an der Welt und ihren Wundern. Deshalb sind sie aber nicht passiv. Schon auf den ersten Blick zeigt sich ihre Stärke. Sie sind eher mit ihrer Umgebung und mit Beziehungen befasst. Die Könige hingegen herrschen. Als letzte Karte der Folge tragen sie die Verantwortung für die Gesellschaft. Sie müssen Entscheidungen treffen und handeln.

Manchen mag diese Struktur sexistisch erscheinen. Zweifellos entstanden die Hofkarten (wie andere Aspekte der traditionellen Tarotsymbolik auch) aus einem althergebrachten Rollenverständnis von Mann und Frau. Dessen Begrenztheit können wir aber überwinden, wenn wir erkennen, dass sich die Karten nicht in der Anwendung auf reale Personen erschöpfen. Bei der Deutung kann ein König für eine Frau stehen, wenn sie die Eigenschaften der Karte trägt. Oder ein Mann lebt das Bild der Königin der Stäbe, vielleicht durch seine ganze Lebensführung oder nur in einer bestimmten Situation.

Wir sollten wissen, dass diese Interpretationen nichts Starres, Unveränderliches sind. Anders als das astrologische Sonnenzeichen, das ein ganzes Leben lang gilt, sagt eine Hofkarte im Tarot etwas über einen Menschen in seiner momentanen Situation aus, nicht für alle Zeit. Die Karten sind wie die Rollen in einem Schauspiel. Das Stück dauert nicht ewig, und die Schauspieler können die Rollen wechseln und doch sie selbst bleiben.

UNTEN LINKS Erinnert Sie der Page der Kelche an jemanden aus Familie oder Freundeskreis?

UNTEN Welchen Präsidenten oder Premierminister könnte dieser König der Schwerter darstellen? Ist er umsichtig? Kalt? Aggressiv?

SYMBOLIK UND STRUKTUR

Die Farben und ihre Elemente

DIE POSITION EINER KARTE der Kleinen Arkana innerhalb ihrer Farbe, ihre Stellung unter den Hofkarten, erschließt ihre Bedeutung nur zur Hälfte. Die andere Hälfte erklärt die Farbe als solche. Wenn wir Zahlensymbolik und Energie der Farbe kennen, können wir theoretisch jede Karte der Kleinen Arkana deuten, auch ohne Bild.

RECHTS Wie dieser Wasserfall zeigt, ist das Element Wasser nicht immer lieblich oder sanft.

OBEN Ungebändigt zerstört das Feuer, kontrolliert schafft und transformiert es.

Tarot-Deuter verstehen die Farben in erster Linie über die vier natürlichen Elemente. Bis ins Mittelalter hinein glaubte man, alles Leben entspringe aus vier Grundzuständen: Feuer, Wasser, Luft und Erde. Heute zerlegt die Wissenschaft die Materie in wesentlich kleinere Bausteine wie Elektronen oder Neutronen. Doch die alten Symbole wirken noch immer und erleichtern uns das Verständnis verschiedener Lebenseinstellungen.

Die vier Elemente lassen sich auch in moderne wissenschaftliche Begriffe übersetzen, als die drei Zustände der Materie nämlich: fest, flüssig und gasförmig – das Feuer sorgt für die chemischen Reaktionen.

Der flüssige Zustand, Wasser, weckt fließende Gefühle, Veränderlichkeit, Vorstellungskraft und Liebe. Die Luft, der gasförmige Zustand, steht für den Verstand, denn unsere Gedanken können wir genauso wenig spüren oder sehen wie die Luft um uns. Wie der Wind ist auch der Geist in ständiger Bewegung, mal sanft, mal stürmisch. Der feste Zustand, die Erde, umfasst alles Reale und Physische, was wir berühren oder besitzen können, den Boden, auf dem wir Nahrungsmittel anbauen, alle Berufe und das Geld, das wir mit unserer Arbeit verdie-

Die Farben

Hier ein kurzer Überblick über die vier Farben. Die Stäbe symbolisieren Aktivität, Optimismus, Energie, Anfänge und Streitlust. Die Kelche stehen für Gefühle, Liebe, Phantasie, Passivität und Beziehungen. Die Schwerter bringen geistige Aktivität, Konflikt, Schmerz und Aggression. Die Münzen repräsentieren Arbeit, Beständigkeit, Sicherheit, Geld, Natur und Verantwortung. Diese Eigenschaften existieren nicht isoliert. Wollen wir im Leben etwas erreichen, müssen wir sie miteinander verbinden, wie wir sie auch bei Deutungen in Verbindung miteinander betrachten. Zu viel Stäbe-Feuer verpufft; man beginnt immer wieder etwas Neues, ohne den Entschluss, es auch zu Ende zu führen. Zu viel Kelche-Wasser empfindet alles im Leben so intensiv, dass der Mensch

Stäbe

Kelche

DIE FARBEN UND IHRE ELEMENTE

nen. Das Feuer sorgt mit seinen chemischen Reaktionen für Aktivität und Bewegung.

Wie immer sind sich auch hier die Tarot-Experten nicht einig, welche Farbe welchem Element zuzuordnen ist. Sollten die Stäbe zur Erde gehören, weil sie aus dem Boden wachsen? Oder sollten die Schwerter oder Münzen Feuer symbolisieren, weil sie in den Flammen hergestellt werden? Wie so oft folgt auch hier die Mehrheit der Golden-Dawn-Lehre, welche die Stäbe als zum Feuer gehörend verstand (weil sie aktiv sind) die Kelche zum Wasser, die Schwerter zur Luft, (weil das Schwert durch die Luft schneidet und symbolisch Illusionen zerstört) und die Münzen zur Erde (weil dieses Element die materielle Welt verkörpert und damit Geld und die Magie der Natur einschließt).

Man kann die Elemente und die Farben als Schöpfungsprozess verstehen. Das Feuer setzt ihn in Gang. Das Wasser nimmt den ersten Impuls auf – wir denken darüber nach, was wir tun wollen und malen uns die Möglichkeiten aus. Die Luft, das Element des Verstandes, plant und entwickelt das Element weiter. Die Erde, das Element physischer Aktivität, steht für das abgeschlossene Projekt.

Dieses System lässt sich auf vieles anwenden: vom Malen eines Bildes über die Zubereitung einer Mahlzeit bis zur kommerziellen Nutzung am Arbeisplatz.

LINKS Prinz Hamlets Luft-Fähigkeit, alle Seiten einer Sache zu erwägen, blockiert seine Feuer-Impulse, seine Wasser-Intuition und seine Erde-Kraft, einen Plan auszuführen.

OBEN Sowohl der detaillierte Bauplan eines Hauses als auch das Haus selbst verkörpern Erde-Eigenschaften.

Schwerter

nie etwas anpackt. So führt zu viel Schwerter-Luft auch dazu, dass der Betroffene ständig Bedenken trägt, jedes Für und Wider abwägt und nie handelt – der berühmte Konflikt des Hamlet bei Shakespeare. Und die Erde-Münzen verstricken sich in unendlichen Details oder lassen jede Kraft zur Veränderung vermissen. Die Farben sind auf interessante Weise miteinander verwoben. Stäbe und Schwerter sind die männlichen Farben, sowohl durch ihr phallisches Zeichen als auch durch ihre Eigenschaften Aktivität, Verstand und Aggression. Die Kelche und die Münzen stehen für die weiblichen Themen Liebe, Beziehungen, Heim, Ruhe und Natur. Zugleich sind die Farben Stäbe und Kelche von heiterem Naturell, während Schwerter und Münzen für die dunkleren Seiten Konflikt und Kampf stehen. Zusammen repräsentieren Kelche und Schwerter die Gefühle, während die Stäbe und die Münzen den Blick auf die äußere Welt lenken.

Münzen

SYMBOLIK UND STRUKTUR

Tarot und Astrologie

✶✶✶✶✶✶✶✶✶✶✶✶✶✶✶✶

DIE ASTROLOGIE ist mehr Menschen ein Begriff als jedes andere divinatorische System, und viele fragen sich, ob Astrologie und Tarot zusammenwirken können. Mit den Jahren wurden tatsächlich verschiedene Möglichkeiten entdeckt. Die erste Methode besteht darin, einzelnen Karten astrologische Bedeutung zuzuweisen. Tauchen diese Karten bei einer Deutung auf, kann der Deuter sie auch nach ihrer astrologischen Symbolik auslegen. Verbinden wir zum Beispiel den Magier mit dem Planeten Merkur (Merkur als römische Entsprechung des griechischen Gottes Hermes, des Magiergottes, auf den sich die Freimaurer beziehen), können wir die Karte auch unter dem Aspekt unserer Kenntnis des Merkur besprechen. Oder wir betrachten die Bedeutung des Merkur im Horoskop. Mit diesem System kann man auch tiefere Einblicke in die Astrologie gewinnen – wer die Karte Der Magier versteht, kann Konzept und mythische Bedeutung des Merkur deutlicher erfassen.

Diese Art der Interpretation ist auch bei Kartenkombinationen möglich. Die meisten Systeme verbinden bestimmte Karten mit Sternzeichen, andere mit Planeten. Erscheint der Magier mit dem Herrscher (Widder), dann geschieht Ähnliches wie beim Eintritt von Merkur in den Widder, oder der Deuter kann einen Blick auf das Horoskop des Fragenden und die Beziehungen zwischen seiner Sonne und dem Planeten werfen.

Die Zuordnung astrologischer Inhalte zu den Karten kann sich beim schwierigsten

RECHTS Die Eigenschaften, die man in der Antike den Planeten zuschrieb, bestimmen auch heute noch ihre astrologische Interpretation.

OBEN 34 Karten aus dem Zolar's Astrological Tarot tragen auf der Rückseite astrologische Symbole mit entsprechenden Wahrsagebedeutungen.

Teil des Tarot als hilfreich erweisen – bei der Bestimmung des Zeitpunktes, zu dem etwas geschehen kann. Beim Kartenlegen zeigen sich oft Entwicklungen, die wahrscheinlich eintreten werden, aber es ist nicht zu erkennen wann. Hinweise erhalten wir so bereits beim Legen. Fallen etwa Der Magier und Der Herrscher, wird die Veränderung sich voraussichtlich ereignen, wenn Merkur das nächste Mal in den Widder tritt. Da Merkur zu den schnellen Planeten gehört, kann das schon bald sein. Erscheint jedoch Das Gericht, wäre es beim Eintritt von Pluto in den Widder und dauerte noch wesentlich länger.

Das bekannteste System stammt ursprünglich vom Orden des Golden Dawn, wurde jedoch stark verändert. Als der Orden bestand, kannte man nur die sieben Planeten der Antike – Sonne, Mond, Merkur, Venus, Mars, Jupiter und Saturn. Diese sieben, plus die zwölf Sternzeichen, ergeben 19. Damit es wieder 22 sind, schrieb der Golden Dawn drei Karten die Elemente Feuer, Wasser und Luft zu, da die Erde ja im Zentrum des Systems steht. Einige Jahre nach Auflösung des Ordens aber entdeckten Astronomen drei weitere Planeten. Plötzlich fügten sich Astrologie und die Großen Arkana perfekt zusammen – die 22 Karten entsprechen zwölf Sternzeichen und zehn Planeten.

TAROT UND ASTROLOGIE

RECHTS UND UNTEN In seinem hier abgebildeten Thot Tarot entwickelte Aleister Crowley das astrologische Tarotsystem des Golden Dawn stark weiter.

Der Narr/Uranus — Ausgleich/Waage — Der Magier/Merkur — Der Gehängte/Neptun

Die Hohepriesterin/Mond — Tod/Skorpion — Die Kaiserin/Venus — Kunst/Schütze — Der Herrscher/Widder — Der Teufel/Steinbock

Der Hohepriester/Stier — Der Turm/Mars — Die Liebenden/Zwillinge — Der Stern/Wassermann — Der Wagen/Krebs — Lust/Löwe

Der Mond/Fische — Die Sonne/Sonne — Der Eremit/Jungfrau — Das Aeon/Pluto — Glück/Jupiter — Das Universum/Saturn

Die Astrologie und die Kleinen Arkana

BEREITS DURCH IHRE Vielzahl erlauben es die Karten der Kleinen Arkana, noch genauer auf die Verbindungen zur Astrologie einzugehen. Dazu gehört ein wenig Arithmetik. Es gibt 40 nummerierte Farbenkarten. Von diesen 40 kommt den Assen jeder Farbe besondere Bedeutung zu. Stehen die übrigen neun Karten für bestimmte Erfahrungen, so symbolisieren die Asse das Element selbst. Ohne die Asse bleiben noch 36 Karten. Der astrologische Zodiak wird als Kreis dargestellt und umfasst, wie jeder Kreis, 360 Grad. Bei 36 Karten ergibt das 10 Grad pro Karte.

Es gibt zwölf Sternzeichen. Sie sind nicht zufällig angeordnet, sondern gehören genauso zu den vier Elementen wie die Farbenkarten, je drei Sternzeichen zu einem Element. 9 (neun Karten jeder Farbe ohne das Ass) ist 3 x 3. Mit anderen Worten, jedes Zeichen bekommt drei Karten. A. T. Mann, der Schöpfer des Astrologischen Mandala Tarot, ordnet jeder Karte einen Planeten zu. Die Stäbe etwa gehören zum Feuer. Die drei Feuerzeichen sind Widder, Löwe und Schütze. Dem Widder werden die Karten 2 bis 4, dem Löwen 5 bis 7 und dem Schützen 8 bis 10 zugeordnet. Jeder Zahl wird dabei in unterschiedlicher Reihenfolge auch einer der Planeten Sonne, Mars oder Jupiter zugewiesen.

Schließlich kommen wir zu den Hofkarten. Dieses Mal nehmen wir die Pagen heraus, denn sie stehen für das Element in der realen Welt. Bleiben zwölf Karten, ebenso viele wie Sternzeichen im Zodiak. Wieder unterteilen wir sie nach Elementen, wobei den drei Feuerzeichen Herrscher, Herrscherin und Ritter die Stäbe zugeordnet werden, den drei Wasserzeichen die Kelche, den Luftzeichen die Schwerter und den Erdzeichen die Münzen. Man teilt die Zeichen jedes Elements in drei Gruppen – fest, kardinal und veränderlich. Die Herrscher verkörpern die festen, die Herrscherinnen die kardinalen und die Ritter die veränderlichen Zeichen.

Für die Arbeit mit dem Tarot brauchen wir uns diese Verbindungen nicht alle zu merken. Tatsächlich braucht man die Astrologie zur Deutung des Tarot überhaupt nicht. Für diejenigen aber, die bereits astrologische Kenntnisse besitzen, kann die Verbindung beider Systeme das Verständnis der Bedeutung der Tarotkarten vertiefen.

OBEN Merkur, der griechische Hermes, ist der Götterbote mit Flügeln an den Füßen.

OBEN Venus, mit Aphrodite gleichgesetzt, ist zugleich reinigende Kraft und die Göttin der Liebe.

RECHTS Im Astrologischen Tarot ist jeder Farbe ein Element und ein seelisches Attribut zugeordnet.

TAROT UND ASTROLOGIE

ASTROLOGISCHE ELEMENTE AUF DEN HOFKARTEN

Es existieren folgende Zuordnungen:

MÜNZEN
ERDE
- Page — das Element Erde
- Ritter — Jungfrau (veränderliche Erde)
- Herrscherin — Steinbock (kardinale Erde)
- Herrscher — Stier (feste Erde)

KELCHE
WASSER
- Page — das Element Wasser
- Ritter — Fische (veränderliches Wasser)
- Herrscherin — Krebs (kardinales Wasser)
- Herrscher — Skorpion (festes Wasser)

SCHWERTER
LUFT
- Page — das Element Luft
- Ritter — Zwillinge (veränderliche Luft)
- Herrscherin — Waage (kardinale Luft)
- Herrscher — Wassermann (feste Luft)

STÄBE
FEUER
- Page — das Element Feuer
- Ritter — Schütze (veränderliches Feuer)
- Herrscherin — Widder (kardinales Feuer)
- Herrscher — Löwe (festes Feuer)

UNTEN Diese Karten aus dem Elemental Tarot zeichnen die Eigenschaften der Figuren auf den Hofkarten in spielerisch angelegten Bildern

ASTROLOGISCHE ELEMENTE IN DEN ZAHLENKARTEN

Liste aller Karten

MÜNZEN
- Ass — das Element Erde
- Zwei — Saturn im Steinbock
- Drei — Venus im Steinbock
- Vier — Merkur im Steinbock
- Fünf — Venus im Stier
- Sechs — Merkur im Stier
- Sieben — Saturn im Stier
- Acht — Merkur in der Jungfrau
- Neun — Saturn in der Jungfrau
- Zehn — Venus in der Jungfrau

SCHWERTER
- Ass — das Element Luft
- Zwei — Venus in der Waage
- Drei — Uranus in der Waage
- Vier — Merkur in der Waage
- Fünf — Uranus im Wassermann
- Sechs — Merkur im Wassermann
- Sieben — Venus im Wassermann
- Acht — Merkur in den Zwillingen
- Neun — Venus in den Zwillingen
- Zehn — Uranus in den Zwillingen

KELCHE
- Ass — das Element Wasser
- Zwei — Mond im Krebs
- Drei — Pluto im Krebs
- Vier — Neptun im Krebs
- Fünf — Pluto im Skorpion
- Sechs — Neptun im Skorpion
- Sieben — Mond im Skorpion
- Acht — Neptun in den Fischen
- Neun — Mond in den Fischen
- Zehn — Pluto in den Fischen

STÄBE
- Ass — das Element Feuer
- Zwei — Mars im Widder
- Drei — Sonne im Widder
- Vier — Jupiter im Widder
- Fünf — Sonne im Löwen
- Sechs — Jupiter im Löwen
- Sieben — Mars im Löwen
- Acht — Jupiter im Schützen
- Neun — Mars im Schützen
- Zehn — Sonne im Schützen

Die Welt der Symbole

UNTEN Das Flügelpaar am Caduceus weist auf Hermes, die Schlangen stehen für die friedliche Vereinigung der Gegensätze

DAS TRADITIONELLE Tarot de Marseille zeigt auf zwei Karten Engel: Mäßigkeit und Gericht. Das Waite Tarot und seine Nachfolger fügen anstelle von Cupido bei den Liebenden einen dritten Engel ein. Sie sind Erzengel, die mächtigen Führer der himmlischen Heerscharen. Ihre Namen enden auf „-el", dem althebräischen Wort für „Gott".

Auch Cupido ist eine Art Engel. Neuere Darstellungen zeigen ihn als rundliches Kind mit Flügelchen. Denken wir aber an seine griechische Gestalt – Eros – erkennen wir seine Macht. Er vereitelt alle Versuche, unser Leben rein rational zu lenken.

Wie Cupido sind auch die Engel mit den Jahren verschwunden. Ursprünglich waren Engel sehr mächtige, ehrfurchtgebietende Gestalten. Achten Sie etwa auf die riesigen Flügel der Mäßigkeit aus dem Riderspiel, die so mächtig sind, dass sie das Bild sprengen.

Der Engel der Liebenden ist Raphael, einer höheren Intelligenz verpflichtet. Er gehört zum Element Luft. Der hebräische Name Raphael bedeutet „Gott heilt". Der Engel der Mäßigkeit ist Michael, der nach der christlichen Mythologie Gottes Heerscharen in der Schlacht gegen Luzifer befehligte und ihn in die Hölle warf. Michael ist der Erzengel des Feuers, der Herrscher über die Sonne. Mäßigkeit, die Kardinaltugend der Besonnenheit, bedeutet weder Schwäche noch Langeweile, sondern eine mächtige Kraft. Beim „Gericht" finden wir Gabriel, den bekanntesten Erzengel, der mit seiner Trompete die Toten zur Auferstehung aus den Gräbern ruft. Gabriel herrscht über das Wasser. Beim Gericht steigen wir aus tiefsten Erfahrungsebenen auf. Der Ruf der Trompete transformiert und erhebt uns.

Wie die Engel haben auch die mystischen Wesen im Tarot ihre bestimmte Bedeutung.

Herkules und der Löwe

Ältere Karten der Kraft (Visconti-Sforza) zeigen eine Szene aus der griechischen Mythologie: Herakles erschlägt den Nemeischen Löwen. In der Renaissance standen der Held und seine Keule für Stärke. Jüngere Decks (Rider-Waite) stellen stattdessen eine Frau dar, die dem Löwen sanft das Maul schließt.

Der Caduceus

Ein meist geflügelter Stab, um den sich (im Unterschied zum Aeskulapstab) zwei Schlangen winden. Nach dem Mythos trennte Hermes (der römische Merkur) mit seinem Heroldsstab zwei sich bekämpfende Schlangen. So wurde der Caduceus zum Symbol des Friedens, später auch für Handel, Verkehr und Wohlstand.

UNTEN Das Engel Tarot zeigt lebendige Darstellungen der Gestalten aus der christlichen Mythologie

DIE WELT DER SYMBOLE

DIE SPHINX

Die Sphinx symbolisiert die Rätsel und Gefahren des Lebens. Sie erscheint beim Wagen und beim Rad des Schicksals.

DEMETER UND PERSEPHONE

Hades, der Herr des Todes, raubte Persephone (Kore) und machte sie sich in der Unterwelt zur Braut. Die Trauer ihrer Mutter Demeter verwandelte die ganze Welt in Ödland, bis Zeus Hades befahl, Persephone herauszugeben. Da Persephone aber zwei Granatapfelkerne gegessen hatte, verfügte Zeus, dass sie ein Drittel des Jahres als Königin der Toten in der Unterwelt verbringen muss.

DIE HERRSCHERIN

Auf Demeter, die „Kornmutter", deuten die Pflanzen um den Thron der Herrscherin, während Aphrodite (Venus) im Symbol der Weiblichkeit angesprochen wird. Gemeinsam stehen die beiden Göttinnen für die verbundenen Erfahrungen Sexualität und Mutterschaft.

DIE HOHEPRIESTERIN

Persephone finden wir in der Hohepriesterin bei allen Decks, die Granatäpfel auf dieser Karte zeigen. Auch das Sternenmädchen erinnert an Persephone, denn der Name bedeutet „die im Dunkeln strahlt". Nach Court de Gébelin hielten auch ägyptische Motive Einzug in die Gestaltung des Tarot. Die Päpstin wandelte sich zur Hohepriesterin der Göttin Isis, zuweilen zur Göttin selbst.

JUSTITIA

Die Figur auf der Karte „Gerechtigkeit" mit Schwert und Waagschalen geht auf die römische Göttin zurück, die auch über Gerichtsportalen thront. In der Tarotversion jedoch trägt sie keine Augenbinde.

DAS RAD DES SCHICKSALS

Ursprünglich stand das sich drehende Rad für die Veränderungen, die das Leben und der Wechsel der Jahreszeiten mit sich bringen. Später kamen ägyptische Motive hinzu. Bei Waite und anderen steht die absteigende Schlange auf der linken Seite für Seth, in Ägyptens Spätzeit der Gott des Todes und der Zerstörung. Die aufsteigende schakalköpfige Figur rechts ist Anubis, der Führer der toten Seelen und Symbol der Wiedergeburt. Die vier geflügelten Gestalten in den Ecken gehen auf die vier „festen" Zeichen der babylonischen Mythologie zurück und symbolisieren zugleich die vier Evangelisten.

LINKS Ihre Flügel verbinden die mysteriöse Sphinx mit prähistorischen Vogelgöttinnen, die zu den ältesten Götterbildern der Menschheit gehören.

UNTEN Anubis, Sohn des Osiris und ägyptischer Gott von Tod und Wiedergeburt, begleitete die Seelen auf ihrer Reise.

LINKS Die Granatäpfel um die Hohepriesterin stehen für ihre Verbindung zu den Eleusinischen Mysterien, einem neuntägigen Fest im antiken Griechenland.

GANZ LINKS Die Herrscherin verkörpert Aphrodite und Demeter, Sexualität und Mütterlichkeit.

SYMBOLIK UND STRUKTUR

Der Garten des Tarot

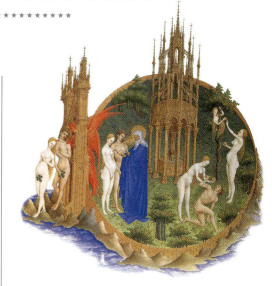

DIE STÄRKSTEN SYMBOLE kommen oft aus der Natur. Pflanzen und Tiere besitzen eine Direktheit des Ausdrucks, die uns Menschen bei unserem Lebenskampf in ihrer Reinheit und Aussagekraft tief berührt. Im Lauf der Jahrhunderte wurde die Natur in die Tarot-Symbolik integriert, sodass buchstäblich jede Blüte, jedes Wesen auch im Tarot zum Symbolträger wird.

RECHTS Wenn Erkenntnis uns von der Illusion materiellen Leidens befreit, dann führte die Schlange Eva und Adam über den Apfel vom Baum der Erkenntnis zur Erleuchtung.

PFLANZEN

Wie bereits erwähnt, steht der Granatapfel für Persephone, die das Mysterium von Leben und Tod symbolisiert, während reife Kornfelder (oder eine einzelne Garbe) an Persephones Mutter Demeter erinnern, die Göttin der Fruchtbarkeit, des Wohlstandes und des Wachstums. Der Granatapfel steht auch für die Fruchtbarkeit eines Mädchens, das an der Schwelle zur Frau steht. Der rote Saft der Frucht erinnert an die Menstruation. Nach der Phytomedizinerin Fara Shaw Kelsey enthält der Granatapfel „Phyto-Östrogene", Pflanzenstoffe, die dem weiblichen Geschlechtshormon Östrogen ähneln.

Bäume stehen für das Leben selbst, denn sie werden alt und mächtig und überdauern viele Menschenleben. In vielen Kulturen werden Bäume als Verkörperung der Göttin verehrt. Manche Bäume werfen im Winter die Blätter ab, andere scheinen gar abzusterben, nur um im Frühjahr mit der Sonne wieder ins Leben zurückzukehren. Andere Bäume hingegen bleiben auch in der dunklen Jahreszeit und unter Schnee grün. Wegen ihrer vielen Zweige können Bäume Erfahrungen und Bewusstseinsentwicklung symbolisieren.

OBEN Im Herbal Tarot ist die Hohepriesterin mit der Pfingstrose verbunden.

Im Tarot können die Bäume das kabbalistische Baumdiagramm oder die beiden Bäume Leben und Erkenntnis im Garten Eden verbildlichen. Die Gnostiker, die den Ursprung des Tarot beeinflusst haben könnten, kehrten die biblische Geschichte um. Sie behaupten, Eva habe Adam zur wahren Erkenntnis (*gnosis*) geführt, als sie ihm den Apfel reichte. Unsere Bestimmung sei es, uns mit dem Baum des Lebens zu verbinden. Es heißt auch, in vorbiblischer Zeit habe die Göttin in ihrem vollkommenen Garten gewohnt (mit ihrer Begleiterin, der Schlange) und allen, die ihre Prüfungen bestanden, den Apfel der Unsterblichkeit gereicht. Bei Waite verdammt der Engel die Liebenden nicht, sondern segnet sie sogar.

Auch der Apfel selbst hat eine besondere Bedeutung. Halbiert man einen Apfel quer statt längs, zeigt jede Hälfte einen vollkommenen fünfzackigen Stern. Das Pentagramm steht, wie erwähnt, für den Planeten (und die Göttin) Venus. Deshalb gibt Eva Adam einen Apfel, und deshalb werden Aphrodite und andere Göttinnen oft mit einem Apfel abgebildet. Bestimmte Blumen haben besondere Bedeutung. Für die meisten Menschen ist die Rose ein Symbol der Liebe. Im Tarot bedeuten Rosen Verlangen. Eine rote Rose meint Leidenschaft, eine weiße Reinheit. Wildrosen haben fünf Blütenblätter, wiederum ein Hinweis auf Venus, die Göttin der Liebe, die „auf Rosen gebettet" war.

Sonnenblumen stehen für die Kraft der Sonne. Da sie sich mit der Sonne drehen, deuten sie auf die Liebe zum Leben. Bei BOTA zeigt die Karte Die Sonne vier voll erblühte Sonnenblumen für die kabbalistischen Schöpfungswelten und eine fünfte Knospe für ungeahnte Möglichkeiten.

Lilien, die manchmal neben Rosen auftauchen, haben sechs Blütenblätter und bilden im Querschnitt einen sechszackigen Stern. Meist wird er als jüdischer „Davidsstern" verstanden, das ist aber bereits eine moderne Interpretation. Wesentlich älter ist die Bedeutung als Vereinigung weiblicher und männlicher Energie; denn das nach oben gerichtete Dreieck symbolisiert Feuer, das wichtigste männliche Element, das nach unten gerichtete Wasser, das urweibliche Element.

In manchen Tarotdecks findet sich die erlesene Lotusblume. Sie symbolisiert Vollkommenheit und friedvolle Kontemplation über die Wunder der Schöpfung. Sie erinnert an die geöffnete *yoni*, die heilige Vagina der Göttin. „Das Juwel im Lotus" meint die Vereinigung von Männlichem und Weiblichem, denn das Juwel symbolisiert den Phallus (den *lingam*) des Gottes.

In jüngerer Zeit wurden vermehrt Pflanzensymbole im Tarot verwendet. Die Autorin Mary K. Greer spürt der Kraft und Bedeutung bestimmter Karten mit Hilfe der Aromatherapie nach, und im Herbal Tarot wird jede Karte mit einer Pflanze verbunden.

OBEN Sonnenblumen beschwören das angenehme Leben und die Wärme des Sommers herauf.

OBEN Rosen sind Zeichen der Liebe und Bitte um Verzeihung.

LINKS Die Lilie steht für die Vereinigung von männlicher und weiblicher Energie.

UNTEN Im Apfel ist ein fünfzackiger Stern, Symbol des menschlichen Körpers und des Planeten Venus.

Das Bestiarium des Tarot

Eine Sphinx oder ein Mann mit Schakalskopf sind klar als Symbole zu erkennen. In der Welt des Tarot haben aber auch gewöhnliche Tiere Symbolcharakter. Im Mittelalter schufen Künstler Bücher, in denen sie die genaue Bedeutung von Figuren wie dem Löwen (einem Symbol für Christus) oder der Schlange (Satan) erklärten. Solche Überlieferungen wurden in den Bildern des Tarot häufig wieder aufgenommen; später kamen Bilder aus Ägypten, Indien und anderen Kulturen oder aus der Alchemie hinzu.

Schlangen

Schlangen haben für uns oft etwas Faszinierendes und zugleich Abstoßendes. Ihr flinkes Vorwärtsgleiten, ihre phallische und zugleich weiblich geschmeidige Gestalt, all das rührt tiefe Emotionen auf. Schlangen stehen für eine ganz ursprüngliche unbewusste Energie. Sie sind giftig, doch ihr Gift kann auch ekstatische Visionen hervorrufen. Schlangen bedeuten Weisheit. Nach christlicher Überlieferung ist die Schlange die Verkörperung von Satan. Das trifft die Wahrheit aber nur zum Teil. Für die Gnostiker ist die Schlange der heimliche Held der Geschichte um Adam und Eva. Auf der Mittelmeerinsel Kreta gibt es 3000 Jahre alte Darstellungen der Göttin mit Schlangen in der Hand oder um die Arme gewunden. Um wachsen zu können, müssen sich Schlangen in regelmäßigen Abständen häuten. Das macht sie zum Symbol der Wiedergeburt oder der Unsterblichkeit. Mehr noch: Eine Schlange, die sich in den Schwanz beißt, bedeutet Ewigkeit. Eine solche Schlange trägt der Waite-Magier als Gürtel, verschiedentlich taucht sie als Unendlichkeits-Acht auf der 2 der Münzen auf (Golden Dawn, Crowley).

Vögel erscheinen als das Gegenteil von Schlangen. Schlangen verschwinden in der Erde, Vögel erheben sich in die Lüfte. Schlangen zischen, Vögel singen. Schlangen stehen für Sexualität, Vögel für geistiges Erwachen. Und doch sind sie miteinander verbunden, wie man an Drachen und gefiederten Schlangen erkennt. Steigt unbewusste Energie vom Grund der Wirbelsäule bis zur Schädeldecke auf, so wandelt sie sich zum Blitz der Erleuchtung. In Indien nennt man diese Energie Kundalini. In ihrer schlafenden Form ist sie eine eingerollte Schlange am Grund der Wirbelsäule. Steigt sie auf bis zum dritten Auge und zum Kronenchakra, bricht sie als Vogel hervor. Auf manchen Tarotbildern sieht man den Baum des Lebens mit einer Schlange bei den Wurzeln und einem Vogel auf den obersten Zweigen. Der Blitz auf dem „Turm" kann als Kundalini gelten.

UNTEN Odin mit seinen Raben Gedanke und Gedächtnis im Hintergrund zeigt auf die prophetischen Runen und versinnbildlicht damit das Opfer des Gehängten

Vater der Kelche im Norden
König der Kelche

RECHTS Mit dem Gift der Kobra führen indische Mystiker angeblich Visionen herbei.

DAS BESTIARIUM DES TAROT

VÖGEL

Vögel symbolisieren Wahrheit, Kunst (wegen ihres Gesangs) und Prophetie. Decks, die sich auf nordische Mythologie beziehen (etwa das Norse Tarot und das Haindl Tarot) zeigen zwei Raben, Odins Boten Hugin und Munin, die Gedanke und Gedächtnis symbolisieren. Eulen bedeuten Weisheit und das Streben nach Erkenntnis. Der abgerichtete Falke auf der Hand der Frau auf der 9 der Münzen steht für den geschulten Geist. Bei Waite und BOTA erscheint auch auf dem „Stern" ein kleiner Vogel. Es ist ein Ibis, der Bote der ägyptischen Götter, dem Thoth geweiht, dem legendären Schöpfer des Tarot. Das zweite bekannte Luftwesen ist der Schmetterling. Weil er sein Leben als Raupe beginnt und dann im sargähnlichen Kokon zu sterben scheint, nur um als fliegende Schönheit hervorzukommen, bedeutet er Transformation.

DER FISCH

Ein Fisch steht für die Seele. Er schwimmt im Fluss der Gefühle und im großen Meer des Unbewussten. Der Fisch ist das Zeichen der Kelche (Wasser), begleitet vom Delphin, der Intelligenz mit Instinkt vereint. Die Tiere der Stäbe (Feuer) sind der Löwe und der Salamander, der angeblich im Feuer lebt. Zu den Tieren der Münzen (Erde) gehört das Kaninchen als Sinnbild der Fruchtbarkeit.

DER LÖWE, KÖNIG DER TIERE

Der Löwe steht für edlen Charakter, aber auch Leidenschaft, gerade auf der Karte Kraft, wo Verstand die wilde Energie zähmt.

DER ZIEGENBOCK

Er ist meist auf der Karte Der Teufel zu sehen und steht für Lust und Sinnlichkeit.

DER NARR

Fast immer erscheint er mit einem Tier, einem Hund, einer Katze oder einem Krokodil zu seinen Füßen. Sie stehen für unsere Tiernatur. Bei Waite ist sie freundlich. Auf älteren Decks ist sie eine Kraft, die uns so lange beißt und scheucht, bis wir sie überwinden können. Am einflussreichsten sind die animalischen Instinkte unter dem Einfluss des Mondes, deshalb sind auf dieser Karte Wölfe zu sehen. Hummer symbolisieren die tiefste Instinktebene – ein Gefühl, das wir nie völlig erfassen können.

LINKS Abgerichtete Vögel symbolisieren den geschulten Geist.

OBEN In der Alchemie und der Magie verkörpert der Löwe Leidenschaft.

OBEN Die anspruchslose Gefräßigkeit des Bocks macht ihn zum Symbol wahlloser Lust.

LINKS Das fahle Mondlicht weckt unsere tiefsten Instinkte.

SYMBOLIK UND STRUKTUR

WIE OBEN SO UNTEN

ESOTERIKERN ERSCHEINT die ganze Welt, von den Bahnen der Sternbilder und Planeten bis zu den Linien der menschlichen Hand als ein Bilderbuch der Symbole. Drei Schöpfungsformen stehen für drei Bewusstseinsebenen. Landschaften repräsentieren das Unbewusste oder den animalischen Instinkt. Gebäude und andere menschliche Schöpfungen stellen das Bewusstsein und seine Fähigkeit dar, die Natur umzuformen. Und die großen Himmelsfiguren symbolisieren das Höhere Bewusstsein ewiger Wahrheiten.

Aber diese Symbole sind nicht starr kategorisiert. Berge erheben sich aus der Erde und stoßen in den Himmel vor, daher stehen sie für die Suche nach der Wahrheit und die Fähigkeit des Verstandes, abstrakte Ideen zu erfassen. Auch Türme wachsen in den Himmel und stehen damit für menschliches Streben. Sind sie aber geschlossen, sodass man die Außenwelt nicht sehen kann, werden sie zum Gefängnis aus Stolz und Illusion.

Im Gegensatz zum festen Gefüge der Berge symbolisiert Wasser das formlose Erleben – Gefühle, Auflösung des Ego, Erlösung und Reinigung. Das alles hat auch eine sexuelle Komponente. So gilt die Erde insgesamt als weiblich, denn sie gebiert alles Leben, die Form der Berge aber erinnert an den Phallus. Wasser ist traditionell weiblich, Feuer männlich.

Der Regenbogen vereint Wasser und Licht und schafft Schönheit. In der Bibel ist er Sinnbild für Gottes Gnade, während die „Regenbogenbraut" der nordischen Mythologie die Erde mit der Welt der Götter verbindet.

OBEN Der Blitz zerstört den Turm der Illusion. Erleben wir das als Katastrophe oder Befreiung?

UNTEN Das Yoga kennt sieben Chakren im menschlichen Körper. Ihre Farben sind die des Regenbogens, aber nur, wenn der Mensch auf dem Kopf steht – wie der Gehängte.

Über all diese Natursymbole führt uns der Weg. Die Pfade in der Welt des Tarot stehen für Entwicklung und das Streben nach Weisheit. Manchmal führen sie von den Wassern des Unbewussten auf die Berge der Erkenntnis. Manchmal aber – wie beim Narren – gibt es keinen Pfad, nur den mutigen Sprung in eine neue Erfahrung.

Die letzten sieben Karten der Großen Arkana führen aus der Dunkelheit ins Licht. Den Anfang macht der Teufel mit der Unterdrückung. Im Turm schlägt der Blitz ein, und das Feuer der Wahrheit zerstört das graue Gefängnis. Die befreite Seele muss nun in die Welt zurück – die letzte Karte. Dazu durchschreitet sie die Stufen des Lichts. Der Stern steht für Vollkommenheit, aber das Reich dieser Karte ist weit entfernt von unseren Alltagserfahrungen. Der Narr reist wei-

WIE OBEN SO UNTEN

Außer der Psychologie des Ichs können Gebäude auch den Aufbau des Universums symbolisieren. Ein Schlüssel sagt uns, dass sich uns etwas erschließt, sei es nun unsere Psyche oder das Geheimnis des Lebens.

Okkultisten bezeichnen die Großen Arkana auch als Schlüssel, denn jede öffnet uns Wege zu einer besonderen Wahrheit.

LINKS Der Mond, reflexiv und intuitiv, erleuchtet den Berg der Erkenntnis.

ter über den Mond als Grenzland von Traum und Mythos. Taucht der Mond auf anderen Karten auf, wissen wir, dass wir es mit emotionalen Zuständen und intuitiver Weisheit zu tun haben. Es folgt die Sonne, Symbol von Vernunft und Bewusstsein. Das Gericht, die vorletzte Karte, zeigt den transformierten Narren, der am Wissen der Engel teilhat.

Menschliche Bauwerke und Artefakte symbolisieren Aspekte des Erlebens. Ein Haus steht für das Ich, die verschiedenen Räume für die vielen Teile unseres Lebens. Erweitert sich das Haus zum Schloss, kann das auf Sicherheit und Wohlstand, aber auch auf die Bürde von Besitz und Verantwortung deuten. Das Himmelsgewölbe steht für Naturverbundenheit und Forschergeist, das Sternenzelt für unsere Verbindung zum Himmel und den Einfluss der Sternzeichen.

Säulen

Ein Bauwerk verdient besondere Erwähnung: Das Säulenpaar, das auf vielen Karten erscheint, besonders bei der Hohepriesterin, dem Hierophanten und der Gerechtigkeit. Dieses alte Bild geht auf den Eingang zu Salomons Tempel in Jerusalem zurück. Die Säulen symbolisieren Dualität und die fundamentalen Paare des Lebens wie Licht und Dunkel, Männliches und Weibliches, Aktion und Ruhe.

Oft ist zwischen den Säulen ein Vorhang gespannt. Dieses Symbol erinnert an die Zeit, als man glaubte, Gott wohne im Innersten des Tempels, das niemand betreten dürfe. Bis heute verdeckt in Synagogen ein Vorhang die Arche mit der Thora. Im Tarot steht der Vorhang auch für Isis, die den Glanz ihres göttlichen Gesichts hinter einem Schleier verborgen haben soll. Der Vorhang oder Schleier wurde so zu einem Symbol für das Gefühl der Separation von den Geheimnissen der Schöpfung. Die Wunder hinter dem Schleier zu erkennen, ist das Ziel esoterischer Arbeit.

RECHTS Das B und das J auf der Hohepriesterin aus dem Universal Waite stehen für Boaz und Jakin, die Namen der Säulen am Eingang zu Salomos Tempel in Jerusalem.

TEIL DREI

DIE KARTEN

★★★★★

Kommen wir nun zu den Karten selbst. Wir haben uns bereits mit den vielen verschiedenen Decks, ihren Unterschieden und mit der komplexen Geschichte ihrer Symbolik beschäftigt. Was nach aller Analyse und Theorie bleibt, sind die Karten. Ein Bild sagt mehr als tausend Worte, heißt es. Ein Tarotbild mag sogar mehr sagen als tausend Seiten, denn mit der ständig wachsenden Zahl der Tarotbücher erreicht die Literatur tatsächlich diesen Umfang. Und immer noch faszinieren uns die Bilder.

OBEN Das Rad des Schicksals, Oswald-Wirth-Tarot.

Warum hängt der Gehängte verkehrt herum, und warum nur an einem Fuß? Was stellt der Turm dar, den ein Blitz aufgebrochen hat? Den Turm zu Babel? Und was feiern die Frauen auf der 3 der Kelche so ausgelassen? Ein Mondritual? Die Geburt eines Kindes? Warum schaut die Herrscherin auf ihrem Thron so ernst? Aus Sorge oder Wut? Ein Bekenntnis zur Wahrheit? Solche Fragen – und viele mehr – beschäftigen uns immer wieder von neuem. Denn nur so lernen wir das Tarot und seine Wunder wirklich kennen – indem wir stets zu den Karten selbst zurückkehren.

DIE KARTEN

Reise durch die Grossen Arkana

★★★★★★★★★★★★★★★

Ob als schöner Mann, der von einer Klippe springen will, oder als Vagabund, der die Welt durchwandert – unser Narr beginnt seine Seelenreise wie ein neugeborenes Kind. Er oder sie – denn der Narr steht auch für die innere Suche der Frauen – muss sich den Herausforderungen des Lebens stellen und lernen, etwas aus sich zu machen. Er beginnt mit zwei grundlegenden Begegnungen. Einerseits steht der Magier für einen realen Menschen, der durch Studium und Übung die Herrschaft über die verborgenen Kräfte der Natur erlangt hat. Die Hohepriesterin repräsentiert das Wissen um alle verborgenen Wunder der Schöpfung. Anders betrachtet verkörpern der Magier und die Hohepriesterin die Grundprinzipien des Seins: Licht und Dunkel, Aktivität und Ruhe, Männliches und Weibliches. Der Narr ist damit überfordert; er muss sich erst noch mit den Wechselfällen des Lebens auseinandersetzen.

Kinder erleben ihre Eltern als allmächtig, als Mittelpunkt eines verwirrenden Universums. Mutter und Vater, Göttin und Gott – die Herrscherin und der Herrscher. Nährend und lebensspendend einerseits; andererseits lehrend, ordnend und Struktur schaffend. (Im realen Leben haben natürlich beide Elternteile Anteil an diesen Prinzipien, sind einmal die Herrscherin, dann der Herrscher.) Wie die Rollen in der Familie symbolisieren auch in der Natur die Herrscherin die Fülle des Lebens und der Herrscher die aller Existenz zugrunde liegenden wissenschaftlichen und spirituellen Gesetze.

Als Heranwachsender muss der Narr die Regeln der Gesellschaft erlernen. Der Hohepriester steht für Bildung, besonders religiöse Bildung, denn das Tarot führt uns an die spirituellen Wunder heran. Aber wir können unser ganzes Leben lang studieren und verstehen doch nichts ohne die unmittelbare Erfahrung. Zum ersten Mal begegnen wir solcher Erfahrung in der Liebe. Über unsere Sexualität entdecken wir uns selbst, jenseits der Erwartungen unserer Eltern und der Doktrin unserer Lehrer und Priester. Und so wird der Narr erwachsen. Er nimmt sein Leben in die Hand, er lenkt den Wagen seiner Persönlichkeit zum Sieg über die Herausforderungen des Lebens. Die Welt blickt ihn an und sieht den Erfolg. Aber immer noch ist er ein Narr. Er kennt die Welt, aber kennt er

RECHTS Voller Begeisterung begibt sich der Narr in das Abenteuer Tarot.

UNTEN Der Magier gewährt dem Narren Einblicke in seine Möglichkeiten.

OBEN Durch die Herrscherin lernt der Narr Fülle, Leidenschaft, Wärme und Liebe kennen.

RECHTS Der gereifte Narr nimmt die Zügel des Wagens selbst in die Hand und stellt sich dem Leben.

REISE DURCH DIE GROSSEN ARKANA

auch sich selbst? Wieder bricht er auf zu einer Reise – einer Reise ins Innere.

Für diese Reise braucht er Kraft. Aber der Narr vertraut dem Leben und seinen Freuden, deshalb kommt die Kraft ganz von selbst. Der Narr zieht sich eine Zeit lang zurück und schaut nach innen. Durch eine Therapie entdeckt er Verborgenes oder studiert auf andere Weise die esoterischen Entdeckungen derer, die ihm vorangegangen sind. Dabei entsteht eine Vision – das Leben als großes Rad der Veränderung. Der Narr sieht Ereignisse und Aktivität. Er gewinnt ersten Einblick in die Mysterien, die dem Leben Gestalt geben.

Wie nutzt er nun dieses Wissen? Leugnet er es und versteckt sich? Oder akzeptiert er die Gerechtigkeit dessen, was er ist? Die Antwort kennen wir: Er ist ein Narr, und Narren stürzen sich ohne Zögern auf die Wahrheit wie auf ein neues Abenteuer.

Akzeptanz bedeutet Unterwerfung, dann Opfer, aber auch eine wunderbare Entdeckung. Aus vielen einzelnen Leben erwächst der Baum des Lebens. Der Narr verbindet sich diesem Baum und entdeckt, dass er alle seine Werte umkehren, dass er gehen und sterben lassen kann, was anderen so wichtig erscheint. Durch den Tod solcher alten Anteile entdeckt der Narr engelhafte Macht – und Gelassenheit.

Bis hierhin hat er sich den Herausforderungen des Lebens gestellt, dann alles aufgegeben und sterben lassen, um als Engel hervorzugehen. Nur ein Narr gibt solche Ausgeglichenheit und Vollkommenheit auf. Nur er steigt in die Niederungen des Lebens auf der Suche nach dem Teufel. Er betritt den dunklen Turm und zündet den Blitz der Erkenntnis.

Jetzt befindet er sich in einer Welt der Schönheit unter den Sternen. Aber er weiß, er muss wieder zurück. Durch die Mysterien des Mondes tritt er ins helle Licht der Sonne. Jetzt erfährt der Narr die Weisheit.

Wie durch einen Posaunenklang erwacht seine Seele, denn tief im Innern erkennt der Narr jetzt alles, was ihm zuvor intellektuell oder symbolisch erschien. Aus Unschuld wurde Weisheit.

LINKS Ohne die Auseinandersetzung mit der dunklen Energie des Teufels kann der Narr seine Reise nicht vollenden.

MITTE Der Blitz der Wahrheit fegt alles hinweg, was den Narren gefangen hielt.

UNTEN Am Ende seiner Reise tanzt der Narr und umarmt die Welt.

Der Aufbruch

OBEN Der Narr, Tarot de Marseille. Die Katze symbolisiert die Impulse, die uns antreiben.

OBEN Der Golden Dawn wies dem Narren den stummen Buchstaben Aleph zu: Nichts, Null.

MITTE Der Narr, Universal Waite Tarot. Der Narr ist immer unterwegs zu neuen Abenteuern.

RECHTS Der Narr, El Gran Tarot Esoterico. Eselsohren und Spotthut symbolisieren seine Unwissenheit.

Der Narr

Null. Nichts. Der Narr lässt sich einfach nicht festlegen. Sobald wir glauben, ihn vollständig verstanden zu haben, tanzt er davon und lacht – nicht verächtlich, sondern fröhlich. Der Narr bringt Leben ins Tarot. Ohne ihn wären die Karten im Spiel steife Figuren, erstarrt in formalen Posen. Der Narr reißt alle Masken ab, all die vermeintlichen Erkenntnisse und Errungenschaften. Glauben wir, den Magier oder den Stern verstanden zu haben? Haben wir uns alle Symbole gemerkt und uns meditativ in die Karten versenkt? Der Narr tanzt mit uns davon. Eine beliebige Zahl multipliziert mit Null – gibt Null. Glauben wir, das Leben zu verstehen? Der Narr drängt uns weiter.

In der Tradition des Golden Dawn erhält der Narr den Buchstaben Aleph. Über diesen Buchstaben stritten die Rabbis viele Generationen lang, welchen Teil der Zehn Gebote Gott allen Isrealiten direkt verkündet und welchen er nur Moses auf die Tafeln diktiert habe. Zuerst hieß es, Gott habe die ersten drei, die heiligen Gebote, allen Menschen, aber die sieben moralischen Gesetze nur Moses verkündet. Die nächste Generation sagte, Gott habe nur das erste Gebot, die Verkündung seiner Gegenwart zum Volk gesprochen: „Ich bin der Herr Dein Gott, der Dich aus Gefangenschaft befreit hat". Eine neue Generation behauptete, Gott habe nur das erste Wort gebraucht: „Ich bin", auf Hebräisch *Anokhi*. Schließlich kam ein Rabbi, der sich von allen alten Ideen frei machte und sagte, Gott habe einzig den ersten Buchstaben, Aleph, gebraucht, damit Israel ihn erkenne. Nur – Aleph ist ein stummer Buchstabe. Kein Ton. Nichts. Der Narr lässt uns Risiken eingehen, impulsiv handeln, wild sein. Er spricht das Kind in uns an, den Teil, der unseren Instinkten folgen und ohne Plan und sorgfältiges Abwägen handeln will.

Hat der Narr immer Recht? Wo diese Karte auftaucht, müssen die anderen sorgfältig gedeutet werden. Was geschieht, wenn wir unserem „närrischen Hang" folgen? Bei der umgekehrten Karte kann sich die Bedeutung mindestens zweifach verschieben. Entweder sie mahnt zur Vorsicht: Schau hin, bevor Du von der Klippe trittst! Oder sie sagt, dass wir rücksichtslos handeln. Was instinktiv wirken mag, ist in Wirklichkeit vielleicht Realitätsflucht.

REISE DURCH DIE GROSSEN ARKANA

GANZ LINKS Der Magier, Visconti-Sforza-Tarot. Dieses älteste bekannte Spiel stammt aus dem 15. Jahrhundert

LINKS Der Magier, Tarot de Marseilles. Die Gegenstände auf dem Tisch sind ähnlich wie bei Visconti Sforza.

DER MAGIER

Beim Magier bedeutet die Gestik mehr als alles andere. Ganz deutlich im Riderspiel, eher angedeutet im Tarot de Marseille, zeigt sie den Körper als einen Kanal der Kraft. Wie die Magier wissen auch Künstler und Schriftsteller, dass das Ego, das bewusste Ich in Wirklichkeit gar nichts schafft.

Ausbildung und alle Vorbereitungen dienen einzig dazu, dass man sich selbst nicht im Weg steht. Etwas fließt durch uns hindurch, das geschaffen werden will. Man erfährt Magie, indem man sich der Kraft des Lebens öffnet.

Der Stab zieht die Kraft vom „Himmel", aus den unbekannten Quellen der Schöpfung nach unten. Aber die Energie bleibt nicht im Körper, das führte zu nichts. Stattdessen lässt der Magier sie durch sich hindurch in die Realität fließen. Vielleicht kennen Sie das Gefühl, vor lauter Energie nicht stillsitzen zu können oder vor Aufregung zu zerspringen. Tun Sie nichts, geht das Gefühl vorbei – oder weicht der Unruhe. Setzen Sie die Energie aber um, hält sie an. Es ist wie bei einem Gärtner: All sein Wissen und seine Fähigkeiten sind unnütz, wenn er nichts anpflanzt. Auf seinem Tisch sehen wir die vier Farben der Kleinen Arkana. Sein Wissen und seine Fähigkeiten haben ihn zum Meister der Elemente gemacht. In einer Lesart kündigt der Magier eine Zeit der Kraft und Kreativität an. Genießen Sie diese schöne Zeit, aber nutzen Sie sie weise und geschickt.

Als Karte Eins steht der Magier für den Beginn eines Projekts, besonders in der kreativen Arbeit. Deutet der Narr auf den Sprung zur Aktivität hin, markiert der Magier den tatsächlichen Beginn. Eins, die archetypische männliche Zahl, kann männliche sexuelle Kraft bedeuten, stark und selbstsicher (wie alle anderen Karten im Spiel ist auch der Magier nicht auf ein Geschlecht begrenzt). Die Karte bedeutet auch Wille, da Verstand und Ausbildung sich auf ein Ziel konzentrieren.

Verkehrt herum gelegt, kann der Magier andeuten, dass Energien blockiert oder unterbrochen sind. Ein Projekt zerfällt, der Optimismus versiegt. Es fehlt an Konzentration. Dass die Karte erscheint, bedeutet dann, dass die Energie von etwas gehemmt oder ganz verleugnet wird.

In anderem Sinne kann der umgekehrte Magier auch für Machtmissbrauch stehen.

OBEN Die Magierin, Motherpeace Tarot. Dieses Tarot von 1980 zeigt die Magierin vor ungewöhnlichem kulturellem Hintergrund.

Zwei Frauen im Tarot

RECHTS Die Hohepriesterin trägt eine Krone, die auf die ägyptische Göttin Isis zurückgeht.

UNTEN In älteren Spielen heißt diese Karte „Die Päpstin", so zum Beispiel im Cary-Yale Visconti Tarot.

RECHTS Die Päpstin im Tarot de Marseille, in der Hand das Buch der Mysterien des Lebens.

GANZ RECHTS Die Hohepriesterin des Universal Waite Tarot. Ihre Schriftrolle symbolisiert verborgene Wahrheiten.

DIE HOHEPRIESTERIN

Auf seinem Weg von einer mächtigen Figur zur anderen begegnet der Narr dieser schweigenden Gestalt nach dem männlichen Magier und der sehr weiblichen Herrscherin. Die Hohepriesterin ist nicht geschlechtslos, aber sie repräsentiert einen bestimmten weiblichen Archetyp, die zurückgezogene Jungfrau. Die Griechen stellten mehrere ihrer mächtigsten Göttinnen als Jungfrau dar, besonders Athene und Artemis. Artemis (die römische Diana) war eine Mondgöttin, Symbol des Neuen oder „mädchenhaften" Mondes. Daher finden sich bei vielen Decks Darstellungen des Mondes auf der Karte der Hohepriesterin, so bei Waite die Mondsichel zu ihren Füßen. Auch ihre Isiskrone bezeichnet den Mond, nun in allen drei Phasen: der Kreis in der Mitte den Vollmond, die beiden Hörner den Mond.

Die Hohepriesterin bewacht den Schleier der Geheimnisse, alle inneren Mysterien des Lebens. Meist hält sie ein Buch oder eine Schriftrolle in der Hand, immer verschlossen, ein Symbol der großen Wahrheiten, die uns noch verborgen sind. Die Hohepriesterin verspricht, dass es diese Geheimnisse gibt und dass auch wir sie einst verstehen können. Zuweilen glauben wir, dass mit den verschleierten Mysterien Wissen gemeint ist, das geheime Meister bewahren. Der Blick zwischen Vorhang und Säulen der Hohepriesterin hindurch verrät jedoch, dass auch dahinter immer noch Wasser liegt. Das Ego kann nur überleben, indem es so tut, als existierten wir getrennt und isoliert von der Welt. Würden wir den Schleier des Bewusstseins der Hohepriesterin lüften, würden wir im Wunder des Lebens ertrinken. Wir können es nicht annehmen, aber die Hohepriesterin gestattet uns einen Blick darauf.

In der Deutung steht die Hohepriesterin für Stille und Zurückgezogenheit. Wir sollten nach innen blicken, eher inneren Frieden statt Antworten suchen. Die Karte ist verbunden mit dem Gefühl, eine große Wahrheit erkannt zu haben, ohne sie in Worte fassen zu können. So symbolisiert sie zugleich Intuition und Schweigen.

Umgekehrt kommt sie aus der Stille zurück. Sie wird gefühlvoller, leidenschaftlicher, stärker auf andere bezogen. Sie kann lang verschollene Geheimnisse enthüllen.

REISE DURCH DIE GROSSEN ARKANA

GANZ LINKS Die Herrscherin, Universal Waite Tarot. Durch diese Karte strömt der Fluss der Gefühle.

OBEN MITTE Die Herrscherin, Motherpeace Tarot. Eine Hommage an viele Göttinnen der Antike.

LINKS Die Herrscherin, Cary-Yale Visconti Tarot von Bonifacio Bembo.

MITTE Die Herrscherin, Tarot de Marseilles. Spätere Tarots interpretieren den Stuhl hinter ihr als Flügel.

UNTEN Die Kornmutter Demeter ist eine von mehreren mythologischen Gestalten, auf die sich die Herrscherin bezieht.

DIE HERRSCHERIN

Sie ist die Lieblingskarte vieler Menschen. Man liebt sie wegen ihre Wärme, ihrer Leidenschaftlichkeit, der Fülle und des Wohlstandes, die sie verspricht. Sie verkörpert weibliche Macht und Hingabe.

Die Herrscherin geht auf verschiedene Gestalten aus der Mythologie zurück, darunter die Kornmutter Demeter und die Liebesgöttin Aphrodite/Venus. Die westliche Kultur schuf eine künstliche Trennung zwischen Sexualität und Mutterschaft. Haben wir denn vergessen, wie Frauen Mütter werden? Die Herrscherin steht deshalb für alle großen Leidenschaften und eine Haltung zum Leben, die nichts verbirgt. Die Bedeutung der mythologischen „Großen Muttergöttin" reicht über die menschliche Geburt hinaus bis zur Fruchtbarkeit der ganzen Welt. Seit den ersten Höhlenzeichnungen verbinden die Menschen Wachstum und Fülle mit weiblicher sexueller Energie. Zu den ältesten Bildern der Menschheit gehören symbolische Darstellungen der Vulva. Und weil sie Fruchtbarkeit bedeutet, bedeutet sie Fülle auch auf anderen Gebieten – Wohlstand, Glück, Nahrung, Genuss.

Bei Männern und Frauen steht die Herrscherin in der Deutung für leidenschaftliche Lebenslust, eher für Gefühle und Empfindungen als für Verstand. Wie eine liebende Frau oder eine Mutter mit ihrem Baby gibt die Herrscherin sich ganz hin. Und sie verspricht Fülle und „Fruchtbarkeit", nicht nur sexuelle, sondern kreative Fruchtbarkeit und Produktivität. Aber es kommt auch auf die anderen Karten an. Wie beim Narren mag auch die Leidenschaft der Herrscherin in einer bestimmten Situation nicht angemessen sein: Wir können jemanden lieben, der uns misshandelt. In einer besonderen Bedeutung kann die Herrscherin eine reale Mutter sein: die Mutter des Fragenden oder die Fragende selbst.

Umgekehrt kann sie auf Unfruchtbarkeit oder Ablehnung der Mutter deuten. Positiver ausgelegt bedeutet sie den inneren Wandel eines Menschen von einer sehr leidenschaftlichen zu einer eher rationalen, wohlüberlegten Person.

DIE KARTEN

Zwei Männer im Tarot

★★★★★★★★★★★★★★★★★

OBEN MITTE
Der Herrscher, Tarot de Marseilles. Das angewinkelte Bein verbindet ihn mit dem Gehängten und der Welt.

MITTE Der Herrscher, Haindl Tarot. Hier symbolisiert der Herrscher die Vitalität eines jungen Mannes.

UNTEN MITTE
Der Herrscher Cary-Yale Visconti Tarot. Die strenge Autorität des Herrschers wirkt oft erschreckend.

DER HERRSCHER

So sehr sich viele von der mütterlichen Liebe der Herrscherin angezogen fühlen, so sehr stößt sie die patriarchalische Strenge des Herrschers ab. Das Waite Deck zeigt ihn mit ernstem Gesicht, in Rüstung, umgeben von Wüste. Ein Fluss durchzog den üppigen Garten der Herrscherin. Hier sehen wir nur einen schmalen Bach, der sich seinen Weg durch nackten Fels bahnt.

Andere Spiele versuchen, den Herrscher etwas freundlicher darzustellen. BOTA und das Alchemical Tarot zeigen ihn eher abstrakt und symbolisch als spirituellen Lehrer. Das Haindl Deck zeigt männliche Vitalität im jungen Herrscher, der vom Baum des Lebens vorwärts schreitet. Im Mittelpunkt der ersten Reihe von je sieben Karten wird der Herrscher zur Prüfung. Leidenschaft und Fülle nähren uns, aber zum Wachstum gehört auch die Auseinandersetzung mit gesellschaftlichen Regeln und den Naturgesetzen, die Fähigkeit zu rationalem Denken und zur langfristigen Planung.

Den Herrscher mögen wir genauso wenig wie andere Regeln, regelmäßige Arbeitszeiten oder Steuernachzahlun-

Der Herrscher

gen. Aber derlei Dinge gehören einfach zum Erwachsenwerden.

Im weiteren Sinne steht der Herrscher für Zivilisation. Vielleicht ist er weniger fröhlich als die Herrscherin, aber ohne Zivilisation müssten wir all unsere Kraft auf die Suche nach Nahrung und Obdach verwenden. Jenseits menschlicher Gesetze kann der Herrscher das Gesetz des Lebens symbolisieren, wie es sich in Wissenschaft und Metaphysik zeigt.

Der Herrscher ist unbeliebt, weil er als Verkörperung gesellschaftlicher Regeln gilt. Sehen wir uns aber selbst als Herrscher, kann er zum Symbol unserer Fähigkeit werden, unser eigenes Reich zu schaffen und zu verteidigen. In der Deutung kann der Herrscher für einen realen Vater stehen wie die Herrscherin für eine echte Mutter. Meist aber geht es um Regeln. Er erinnert uns an Gesetze und ihre Autorität. Er kann auch jemanden repräsentieren, der Grenzen setzt und verteidigt. Zu guter Letzt steht der Herrscher für verantwortliches Handeln.

Umgekehrt verliert der Herrscher seine Härte, wird mitfühlender und gefühlvoller. Zugleich mag ihm klares Denken und entschiedenes Handeln schwer fallen.

UNTEN Der Herrscher gilt oft als strenger Vater, der notwendige Regeln setzt.

REISE DURCH DIE GROSSEN ARKANA

Der Hierophant

Der Hierophant

DER HIEROPHANT

DER HIEROPHANT

Der Hierophant (in älteren Decks Der Papst) ist in vieler Hinsicht eher der Partner des Herrschers als die Herrscherin. Steht der Herrscher für Gesetz und Gesellschaft, symbolisiert der Hierophant die Bildung. Er repräsentiert das Wissen und die Tradition, die wir in unserer Kultur brauchen. Insbesondere verkörpert der Hierophant unser religiöses Erbe.

Bei Waite und anderen sehen wir Schüler zu Füßen des Hierophanten (diese Karte ist die erste, deren Figuren in einer triangulären Beziehung zueinander stehen – siehe auch die beiden nächsten Karten, Die Liebenden und Der Wagen). Die Schüler bitten um Führung und Unterweisung. Wie die Hohepriesterin sitzt auch der Hierophant zwischen zwei Säulen. Die Hohepriesterin jedoch hat keine Anhänger. Sie verharrt in Schweigen, ist Bewahrerin unaussprechlicher, geheimer Mysterien.

Der Hierophant (oder Hohepriester) steht für religiöse Vorstellungen, die wir ausdrücken können. Er vermittelt die äußeren Ebenen der Religion: Dogma, Institutionen und Ethik. Diese Dinge sind wichtig. Sie vermitteln uns ein intellektuelles Fundament und ethische Struktur. Doch die Säulen des Hierophanten sind einheitlich dunkelgrau. Die Säulen der Hohepriesterin mit ihren lotusähnlichen Kapitellen schimmern dunkel und hell, Symbole lebendiger Energie. Und der Vorhang vor dem Eingang zu ihrem Tempel hängt voller saftiger Granatäpfel. Der Hierophant ist oft ebenso unbeliebt wie der Herrscher. Bei ihm denkt man an eine unterdrückende Kirche und heuchlerische Moral. Echte spirituelle Erfahrungen suchen viele heute außerhalb der Kirche. Noch ist nicht abzusehen, wohin dieser neue Trend führt. In den meisten Kulturen fand die mystische Suche nach der unmittelbaren Gotteserfahrung innerhalb der traditionellen Religion statt. So waren die Kabbalisten strenggläubige Juden, die Sufis fromme Muslims.

In der Deutung steht der Hierophant für die Lehre, insbesondere die religiöse Überlieferung. Er kann auch Orthodoxie und Konformität bedeuten. Menschen verhalten sich entsprechend gesellschaftlicher Konvention und Restriktion. Das kann auch ein Gefühl der Zugehörigkeit vermitteln. Geht es in einer Beziehung um Heirat, steht der Hierophant eher für die Institution Ehe, ihre Gesetze und Regeln als für die Gefühle.

Umgekehrt wird diese Karte zum Symbol unorthodoxen Denkens, zum Bild derer, die ihren eigenen Lebensweg suchen statt des gesellschaftlich vorgegebenen. Sie kann auch auf übergroße Freundlichkeit, auf Instabilität und Leichtgläubigkeit hinweisen.

OBEN LINKS Der Hierophant des Haindl Tarot zeigt jüdische Männer aus drei Generationen als Sinnbild überlieferter Traditionen.

MITTE Der Hohepriester des Crowley Tarot, gemalt von Lady Frieda Harris.

OBEN RECHTS Der Papst aus dem Tarot de Marseilles segnet seine Schüler.

UNTEN Der Hierophant ist ein Symbol für Bildung.

Liebe und Triumph

DIE LIEBENDEN

Die traditionelle Version dieser Karte zeigt einen jungen Mann zwischen zwei Frauen, die eine dunkelhaarig, die andere blond. Für viele symbolisiert dieses Motiv die Entscheidung zwischen zwei Lebenswegen, zumindest aber zwischen Partnern. Cupido legt den Pfeil zum Schuss an. Zu den großen Lektionen des Lebens gehört, dass es Entscheidungen gibt, die auf einer tieferen als der Verstandesebene getroffen werden müssen. Weil die dunkelhaarige Frau oft älter wirkt als die blonde, sehen manche Deuter in ihr die Mutter des jungen Mannes. Durch sexuelles Verlangen lösen wir uns von den Eltern, nicht nur in der sexuellen Beziehung. Angetrieben von sexueller Energie beginnt mit der Pubertät die Suche nach uns selbst und unseren eigenen Überzeugungen.

Das berühmte Bild aus dem Waite Tarot zeigt die Kraft einer reifen Beziehung. Der Engel, der Mann und Frau segnet, symbolisiert die Erfahrung, dass die Liebe alle Menschen auf eine höhere Ebene hebt. Zugleich zeigen die drei Figuren bei Waite Aspekte des Ich, die Karte meint daher nicht immer eine Beziehung. Der Mann symbolisiert die bewusste Wahrnehmung, die Frau Gefühle und unbewusste Energie. Der Engel steht für das höhere Bewusstsein, das wir suchen. Wissen und Verstand sind wichtig, bringen uns aber nur bis zu einem bestimmten Punkt. Der „Königsweg" zum höheren Bewusstsein führt durch das Unbewusste.

In der Deutung bezieht sich die Karte immer zuerst auf eine Beziehung. Ob diese Beziehung jetzt besteht, in der Vergangenheit bestanden hat, erst in der Zukunft bestehen wird oder ob der Fragende sich einfach nach einer Beziehung sehnt, erschließt sich aus den anderen Karten. In den älteren Decks steht die Karte für eine Entscheidung, manchmal zwischen zwei Partnern, aber auch in anderer Hinsicht (möchte der Fragende zum Beispiel etwas über geschäftliche Entwicklungen wissen, verschiebt sich die Bedeutung). Im Waite und den modernen Decks symbolisiert die Karte Erfüllung.

Umgekehrt bedeutet die Karte, dass in einer Beziehung eine Störung auftritt. Vielleicht wird sie durch Eifersucht gestört, oder die Partner trennen unterschiedliche Ziele und Interessen. Zuweilen bedeuten die umgekehrten Liebenden, dass der Fragende im Augenblick keinen Partner findet. Sie kann auch Entscheidungsschwäche anzeigen.

UNTEN Die Liebenden, Shining Woman Tarot. Göttliches und Menschliches umarmen einander, in der Beziehung wie im eigenen Ich.

UNTEN LINKS Die Liebenden, Tarot de Marseilles, zeigen einen Mann, der sich zwischen zwei Frauen entscheidet.

LINKS Die Liebenden, Universal Waite Tarot. Der Segen des Engels vereint Adam und Eva.

Der Wagen

Der Wagen, gelegentlich auch Sieg genannt, bildet den Höhepunkt der ersten Reihe. In kraftvoller Symbolik bezeichnet er den Menschen, der erfolgreich die Herausforderungen der vorangegangenen Karten bestanden hat. Unser Narr scheint erwachsen geworden.

Bei den meisten Decks ist der Wagen nicht in Bewegung. Er ist bereits an einen Ort gefahren, an dem er sicheren Stand hat. Zugleich zeigen fast alle Spiele zwei Tiere, Pferde oder Sphingen, eines schwarz, das andere weiß. Sie symbolisieren die Schwierigkeiten und Widersprüche im Leben. Der Wagenlenker hat diese problematischen Themen noch nicht gelöst. Selbstsicherheit und Persönlichkeitsstärke halten sein Leben zusammen. Was anderen wie Erfolg und Zufriedenheit erscheint, mag in Wirklichkeit nur eine Maske sein, etwas, was wir in die Welt projizieren und schließlich als unser wahres Ich akzeptieren. Dann – im Augenblick des Triumphs – brauchen wir den Narren, der uns daran erinnert, dass wir nicht sind, was wir besitzen oder erreicht haben.

Der Wagenlenker steht für den Willen. Im besten Fall bedeutet das nicht blinde Kontrolle, sondern konzentrierte Energie auf ein Ziel. Er vereint die Eigenschaften der vorangegangenen Karten. Wie der Magier hat der Wagenlenker einen Stab. Auf den Schultern trägt er Mondsymbole (Hohepriesterin), sein Sternenbaldachin erinnert an die Herrscherin, der quadratische Wagen deutet auf den Herrscher. Die Sphingen knien wie die Schüler des Hierophanten. Und die Liebenden entdecken wir angedeutet im Phallus-Vulva-Symbol vorn am Wagen.

LINKS Der Wagen, Tarot de Marseilles. Ähnlich dem Magier hält der Wagenlenker einen Stab.

In der Deutung steht der Wagen für einen starken Willen. Eine schwierige Situation meistert der Mensch kraft seiner Persönlichkeit. Das bedeutet aber nicht Aggression, sondern Selbstvertrauen und den Glauben an eine gute Lösung. Im Allgemeinen steht der Wagen für erfolgreiche Menschen, die in der Öffentlichkeit wie im Privatleben bewundert werden.

Umgekehrt erweist sich der Wagenlenker als zu schwach, um die Probleme meistern zu können. Das muss keine Katastrophe bedeuten. Vielleicht befreit es den Betroffenen aus einer schwierigen Situation. Nach einer behutsameren Interpretation rät die umgekehrte Karte dem Fragenden, den Lauf der Dinge nicht kontrollieren zu wollen.

OBEN Der Wagen, Universal Waite Tarot. Unter dem Einfluss von Eliphas Lévi wurden die Pferde der Marseilles-Karte durch Sphingen ersetzt.

DIE KARTEN

Ein neuer Anfang

UNTEN LINKS Die Lust (Kraft) aus dem Crowley Tarot drängt uns, unsere Leidenschaften auszuleben.

ZWEITE VON LINKS Die Kraft, Cary-Yale Visconti Tarot. Der Löwe symbolisiert starke Gefühle.

DRITTE VON LINKS Kraft, Universal Waite. Die Gestalt trägt eine Blumengirlande als Symbol der kreativen Kraft der Liebe.

UNTEN RECHTS Die Kraft, Uyikoë Tarot. Die Miene der Figur drückt Entschlossenheit aus.

KRAFT

Vor dem Golden Dawn war die Karte Acht Gerechtigkeit und Die Kraft die Karte Elf. Der Orden vertauschte die beiden Karten aus kabbalistischen Gründen, aber es ist auch ein thematischer Sinn erkennbar. Die Kraft ist die Gegenspielerin des Wagens. Gibt der Narr die Kontrolle auf, entdeckt er seine innere Stärke. Statt energischer Persönlichkeit setzt er nun auf freundliche Überzeugung.

Und Die Kraft ist die ideale „Oktave" des Magiers. Wie er trägt sie ein Unendlichkeitszeichen (die liegende Acht) über dem Kopf. Beide zeigen eine ruhige Entschlossenheit ohne Aggression. Der Narr braucht Kraft, um den äußeren Erfolg des Wagens aufgeben und sich nach innen wenden zu können.

Zur Offenheit des Magiers für die kreative Energie kommt weibliche Sanftheit. Statt einer Schlange trägt sie als Gürtel eine Blumengirlande (wobei in einigen Decks der Löwe durch eine Schlange ersetzt wird, Symbol der sexuell motivierten Kundalini). Bei individueller Deutung scheint der Magier unerreichbar, wir respektieren ihn, können uns aber nicht in ihn hineinversetzen. Durch die Schlichtheit der Kraft jedoch können wir uns gut vorstellen, selbst furchtlos dem Löwen das Maul zu schließen.

Ältere Spiele zeigen Herakles und seine Tugend der Tapferkeit. Recht früh aber veränderte sich das Bild von der Gewalt zur Überzeugung. Denn der Löwe muss nicht einen Feind oder Gefahr bedeuten. Er symbolisiert auch starke Gefühle oder Wünsche, die uns zu überwältigen drohen. Im weiteren Sinne repräsentiert der Löwe alle Aspekte in uns, die wir verdrängen oder leugnen. Wer es wie Herakles macht, erschlägt diese beunruhigenden Eigenschaften oder Wünsche und weigert sich, ihnen nachzugeben.

In der Deutung weist Die Kraft auf Gelassenheit und Selbstvertrauen. Der Mensch stellt sich Problemen mit Zuversicht und im Vertrauen auf seine Fähigkeiten im Umgang mit jedem Löwen, der ihn anbrüllt. In der Krise versichert Die Kraft dem Fragenden, dass er alles tun kann, was notwendig ist.

Umgekehrt verfügt der Fragende zwar über Kraft, hegt aber Selbstzweifel. Seine Gefühle überwältigen ihn oder er fühlt sich seinen Problemen einfach nicht gewachsen.

GANZ LINKS Der Eremit, Cary-Yale Visconti Tarot.

ZWEITE VON LINKS Der Eremit, Haindl Tarot. Er zieht sich aus der Zivilisation zurück, heißt aber die Natur willkommen.

DRITTE VON LINKS Der Eremit, Elemental Tarot. Er hat gelernt, ursprüngliche Energie in sich aufsteigen zu lassen.

DER EREMIT

Die Karte Acht erweiterte die Position des Magiers auf der ersten Karte um weibliche Eigenschaften. Die Neun verwandelt nun die weibliche Hohepriesterin in den männlichen Eremiten. Betonte die Karte über ihm die Intuition, bringt der Eremit mit seiner erhobenen Laterne der Erkenntnis die männlichen Eigenschaften von Studium und Analyse ein. Doch seine Verbindung zur Hohepriesterin ist klar erkennbar. Das Zwielicht, das ihn umgibt, erinnert an ihren dunkelblauen Hintergrund. Wie sie, schaut auch er nach innen, zieht sich von seinen Mitmenschen zurück, um die verborgenen Wahrheiten des Lebens und des inneren Ichs zu suchen.

Zu allen Zeiten und in allen Kulturen wurden Menschen auf der Suche nach spirituellem Erleben buchstäblich zu Eremiten. Eremiten leben im Wald, in Höhlen oder in der Wüste. Sie verbringen kurze Zeit oder viele Jahre in Meditation. Gemeinsam ist ihnen das Bedürfnis, sich aus der menschlichen Gesellschaft und ihrer Orientierung auf das Äußere – Geld, Ruhm, Beziehungen – zurückzuziehen, um eine größere Wahrheit zu entdecken. Auf der Suche nach dem inneren Licht begeben sie sich in die physische Dunkelheit. Aber sie leben nicht dauerhaft abgesondert. Haben sie ihre Offenbarung gefunden, kommen sie wieder und helfen anderen. So bezeichnet der Eremit einen Menschen in einer Phase der Selbsterkundung, aber auch einen Lehrer, der dem Fragenden helfen kann. In Trumpf Acht fanden wir Kraft zu einer neuen Reise. Die Neun zeigt den Aufbruch. Der Mensch zieht sich aus seinem gewohnten Leben zurück, um seine dunklen, verdrängten Aspekte zu erkunden.

In der Deutung bezeichnet der Eremit eine Zeit des Rückzugs aus Aktivität und Engagement. Der Mensch braucht Zeit zur Selbstfindung. Er sollte seine privaten und beruflichen Verpflichtungen reduzieren. Wird nach einer Beziehung gefragt und es erscheint der Eremit, so weiß man, dass der Zeitpunkt für einen der Partner ungünstig ist. Als weiser alter Mann kann der Eremit auch innere Reife symbolisieren.

Umgekehrt fordert der Eremit eine Rückkehr in die Welt. Ein Rückzug würde den Fragenden jetzt nur isolieren. Die umgekehrte Karte kann auch auf einen Menschen deuten, der nicht erwachsen werden will.

UNTEN Auf der Suche nach Erleuchtung zieht sich der Mensch als Eremit zurück.

DIE KARTEN

Vision und Ehrlichkeit

* * * * * * * * * * * * * * * * *

OBEN RECHTS Rad des Schicksals, Tarot de Marseilles. Der mächtige König wird gestürzt.

MITTE LINKS Rad des Schicksals, El Gran Tarot Esoterico. Die Karte steht für die Unmöglichkeit, alles zu kontrollieren.

MITTE RECHTS Rad des Schicksals, Golden Dawn. Das Rad dreht sich in einem mysteriösen Licht.

UNTEN Auf dem Rad erscheinen die Buchstaben T-A-R-O.

RAD DES SCHICKSALS

Unter der Herrscherin liegt in der zweiten Reihe Fortuna, Göttin des Glücks, aber auch des Jahreswechsels. Die Zyklen der Natur, besonders Sonnenuntergang und -aufgang, das scheinbare Absterben der Pflanzen und ihr Neuerblühen, alles deutet auf kontinuierliche Wiedergeburt. In Kulturen, die an Reinkarnation glauben, spricht man vom Rad der Wiedergeburt, an das die Seele Leben um Leben gebunden ist.

Der Begriff „Rad der Schicksals" erinnert auch an Roulette und andere Glücksspiele. Manchmal hängt unser Leben von Ereignissen ab, die wir nicht kontrollieren können. Das Tarot selbst ist ein Spiel, und wie bei der Deutung auch funktioniert es, weil wir nicht steuern können, wie die Karten fallen. Das Schicksalsrad steht für die Unmöglichkeit, die äußeren Lebensumstände zu kontrollieren.

Doch das Rad ist auch die Vision des Eremiten, die Erinnerung an alles, was ihn geprägt hat. Im Buddhismus heißt es, im Augenblick der Erleuchtung habe Buddha jeden einzelnen Augenblick jedes Lebens vor sich gesehen und begriffen. Eine so machtvolle Offenbarung dürfen wir zwar nicht erwarten, wir können aber versuchen, zu verstehen, wie sich das Rad in unserem Leben gedreht hat.

In der Deutung ist das Rad des Schicksals oft schwer zu interpretieren. Es steht für

An den Kompasspunkten des Rades stehen die Buchstaben T-A-R-O. Das kann ROTA bedeuten – lateinisch: das Rad, TARO – Tarot; ORAT – Lateinisch: spricht; TORA – die Thora, hebräisch: das Gesetz und ATOR – eine ägyptische Göttin des Lebens. ROTA TARO ORAT TORA ATOR – das Rad des Schicksals spricht das Gesetz des Lebens.

ein Ereignis, dessen Eintritt der Fragende nicht selbst kontrollieren, geschweige denn vorhersehen kann. Ein Mann begegnet seiner großen Liebe. Ein anderer perfektioniert eine Erfindung und muss dann feststellen, dass dieselbe Idee bereits eine Woche zuvor jemand anders patentiert hat. Manchmal deuten die anderen Karten an, welche Veränderung gemeint sein könnte. Den Lauf des Rades können wir nicht beeinflussen, aber an unserem Verhalten können wir arbeiten.

Umgekehrt bedeutet die Karte, dass es dem Fragenden schwer fällt, mit Veränderungen umzugehen. Sie kündigt nicht unbedingt Unglück an.

Gerechtigkeit

Dieser ausdrucksstarken Karte begegnet der Narr in der Mitte seiner Reise. Sie ist die zentrale Prüfung. Können wir uns aufrichtig ins Gesicht sehen und akzeptieren, was wir getan haben und was uns geschehen ist, das Gleichgewicht erkennen zwischen unserem aktiven Handeln und den äußeren Lebensumständen? Wenn wir das können, führt uns der Weg zu höheren Ebenen. Bringen wir die Ehrlichkeit, die diese Karte erfordert, nicht auf, erstarren wir in Groll und Selbstbetrug. Die Karte liegt unter dem Herrscher. Die Göttin Justitia ersetzt das gesellschaftliche Gesetz durch die spirituelle Wahrheit.

Die Zahl Elf erinnert an den Magier, die Karte Eins, und die Hohepriesterin, Zwei (1 + 1). Auch das Bild vereint die beiden Extreme. Wie die Priesterin sitzt Justitia vor einem Vorhang. Zugleich erhebt sie ihr Schwert wie der Magier seinen Zauberstab. Das Schwert zeigt nach oben, ein Symbol der Verpflichtung zur Ehrlichkeit. Durch die Gerechtigkeit und ihre ausgewogene Waagschale können wir miteinander vereinbaren, was lange gegensätzlich erschien.

Zwei wichtige Symbole kennzeichnen diese Karte. Das erste ist die Waage. An Gerichtsgebäuden sind die Waagschalen oft geneigt, da das Gericht sich zu Gunsten der einen oder der anderen Seite entscheiden muss. Spirituelle Gerechtigkeit bedeutet aber zu erkennen, dass unterschiedliche Erfahrungen Gleichgewicht bedeuten. Dazu gehört, was wir selbst und was andere getan haben. Wer alle Schuld auf sich nimmt, aber auch wer sich nur als Opfer sieht, urteilt nicht ausgewogen. Das zweite wichtige Symbol sind die Augen. Die Justitia an Gerichten trägt eine Augenbinde als Symbol der Unparteilichkeit des Gesetzes. Die spirituelle Gerechtigkeit aber erfordert, dass wir unser Leben aufrichtig betrachten. Nur durch Aufrichtigkeit können wir Vergangenheit und Zukunft gegeneinander abwägen und uns weiterentwickeln. In einer Deutung zu einem Prozess kündigt die Gerechtigkeit einen wirklich gerechten Ausgang an (das muss nicht Sieg bedeuten). Bei beruflichen oder privaten Konflikten steht sie für die Fairness zwischen den Beteiligten. Im weiteren Sinne fordert sie zur Ehrlichkeit mit sich selbst auf. Wir müssen unsere Situation wohl abwägen, unsere Rolle darin definieren.

Umgekehrt warnt die Karte vor Ungerechtigkeit, entweder in einem Konflikt oder in unserem eigenen Verhalten.

OBEN Bei Gericht sind die Waagschalen der Justitia oft geneigt, weil die Richter zugunsten einer Partei entscheiden müssen.

LINKS Gerechtigkeit, Light and Shadow Tarot. Im Tarot hält die Gerechtigkeit die Augen offen und die Waagschalen ausgeglichen.

UNTEN In der Gerechtigkeit des Universal Waite Tarot vereinen sich die Bilder des Magiers und der Hohepriesterin.

DIE KARTEN

Umkehr und Freigabe

✴ ✴ ✴ ✴ ✴ ✴ ✴ ✴ ✴ ✴ ✴ ✴ ✴ ✴ ✴ ✴

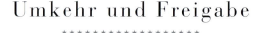

OBEN Der Gehängte, Visconti-Sforza-Tarot. Der Mann auf der Karte fühlt sich wohl in seiner Haltung.

UNTEN LINKS Der Gehängte, Haindl Tarot. Gott Odin schenkt sich freudig der Erde.

ZWEITE VON LINKS Der Gehängte, Mythic Tarot, fußt auf der Geschichte des Prometheus.

DRITTE VON LINKS Der Gehängte, Egypcios Kier Tarot.

UNTEN RECHTS Der Gehängte, Merlin Tarot, greift auf die walisische Sage vom „dreifachen Tod" zurück.

DER GEHÄNGTE

Über die Interpretation dieser Karte sind sich die Tarot-Experten nicht einig. Für die einen bedeutet sie, an einem Problem fest zu hängen. Andere betrachten sie als notweniges oder schmerzliches Opfer. Manche nennen sie sogar Betrug, weil nach italienischem Brauch Betrüger verkehrt herum aufgehängt wurden. Die Münzen, die ihm auf einigen Decks aus der Tasche fallen, deuten auf einen Dieb oder auf Judas, der Christus verriet. Der Visconti-Sforza-Tarot (das älteste bekannte Spiel) jedoch zeigt einen jungen Mann, der sich in seiner umgekehrten Position recht wohl fühlt.

Der Narr begann diesen Abschnitt seiner Reise mit der Abkehr von äußerem Erfolg. Nun, nach der Gerechtigkeit, kann er die äußeren gesellschaftlichen Werte umkehren. Deshalb sehen wir ihn umgekehrt. Seine Haltung entspricht der der Welttänzerin (12 ist eine umgekehrte 21). Hat er diese Prüfung bestanden, weiß er, dass er sich einer Macht verbinden kann, die seine eigene Kraft übersteigt. Der Ast, an dem er hängt, gehört zum Baum des Lebens, der spirituellen Quelle also, aus der die Macht des Magiers stammt. Hier erfährt der Narr spirituelle Hilfe als etwas Reales. Der hebräische Buchstabe für diese Karte, *Mem*, bedeutet Meere oder Wasser. Weil er dem Leben vertraut, kann er zulassen, dass seine strenge Haltung sich zum Einssein mit dem Leben auflöst. Diese Offenheit bereitet ihn auf die furchtlose Begegnung mit der nächsten Karte vor, dem Tod.

In der Deutung steht der Gehängte für eine Umkehr früherer Haltungen. Die Karte sagt aus, dass der Fragende bereits diese neue Weltsicht besitzt oder dass sie ihm im Augenblick hilfreich wäre. Im weiteren Sinn symbolisiert sie einen Menschen, der die Dinge anders sieht als die Allgemeinheit oder als seine Umwelt. Aber nicht aus reiner Auflehnung, sondern weil er mehr Verständnis aufbringt.

Umgekehrt verliert der Mensch dieses Verständnis. Er gerät unter gesellschaftlichen Druck oder lässt sich von anderen beeinflussen. Die Karte verurteilt ihn deshalb nicht, mahnt ihn aber, seine Werte im eigenen Inneren zu suchen.

REISE DURCH DIE GROSSEN ARKANA

TOD

Der Tod ist die „schaurige" Karte. In Filmen taucht sie auf, wenn ein Mord bevorsteht. Ganz gleich, wie viele Bücher immer wieder betonen, dass diese Karte nicht den Tod eines Menschen bedeutet: Man erschrickt noch immer vor dem Kartennamen und dem Anblick des Skeletts.

Die mittelalterliche Allegorie vom „Schnitter Tod, der Menschen erntet" war eine Mahnung gegen den Stolz. Gleich welchen Standes, wir müssen alle sterben. Die Ursprünge des Bildes könnten auf den Brauch zurückgehen, tote Tiere als Fruchtbarkeitsopfer an die Erde „einzupflanzen". Im Tarot steht der Tod für die Erneuerung aller Aspekte in uns, die veraltet und abgenutzt sind. Für den Narren ist dieser Teil der Reise die Suche nach dem wahren Ich hinter der Maske. Durch die Gerechtigkeit lernte er sich selbst kennen, der Gehängte lehrte ihn Vertrauen zum Leben über das Selbstvertrauen hinaus. Der Narr kann nun seine äußere Maske sterben lassen. Dennoch: Loszulassen ist nicht leicht. Es kostet Überwindung, die eigene alte Persönlichkeit sterben zu sehen. Jahrelang hält man an einer schlimmen Ehe oder einer Arbeitsstelle fest, weil man das Alte nicht sterben lassen kann. Das Tarot fordert uns auf, in das Neue zu vertrauen.

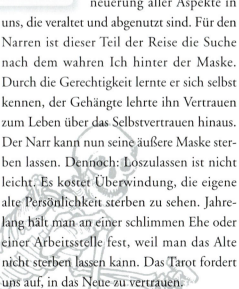

Der Tod steht unter den Liebenden. Im Renaissancetheater umschrieb man den Orgasmus als „den kleinen Tod". Beide Karten behandeln die Freigabe des Egos. Auf der Waite-Karte sind vier Reaktionen auf den Tod zu sehen. Der tote König liegt als Einziger am Boden, der Bischof steht aufrecht. Das Mädchen steht zwischen Ahnungslosigkeit und Angst. Das Kind aber heißt den Tod willkommen.

Erscheint der Tod beim Kartenlegen, so deutet das auf eine Veränderung. Etwas muss sterben, damit der Mensch bereit ist für neue Erfahrungen. Diese Zeit kann sich als sehr schwierige Übergangsphase erweisen, aber die anderen Karten können bereits Hinweise darauf geben, was bevorsteht.

Der umgekehrte Tod zeigt, dass im Leben des betroffenen Menschen etwas festgefahren ist. Waite beschreibt diesen Zustand als „Trägheit, Schlaf, Lethargie", die Symptome des Widerstands gegen Veränderungen.

LINKS Der Tod, Jacques Vieveille Tarot. Schnitter Tod erinnert daran, dass wir alle sterben müssen, was wir im Leben auch darstellen.

GANZ LINKS Auf der Karte Der Tod aus dem Universal Waite Tarot sind vier Reaktionen auf den Tod zu erkennen.

UNTEN In dem Film *Das siebente Siegel* spielt ein Kreuzritter mit dem Tod Schach – Symbol für die Unmöglichkeit, den Tod zu betrügen.

Vorbereitung zum Abstieg

OBEN RECHTS
Mäßigkeit, Oswald Wirth Tarot. Auffällig ist das im Bogen fließende Wasser.

RECHTS Die Ausgewogenheit, Motherpeace Tarot. Die afrikanische Tänzerin ist dynamischer als die übliche Engelsgestalt.

UNTEN RECHTS
Das Haindl Tarot drückt die Vorstellung von der Verbindung von Sonne und Mond, Gold und Silber, Leben und Tod aus.

UNTEN Mäßigkeit, Morgan Greer Tarot. Das Dreieck bedeutet Spiritualität.

Mässigkeit

Unter dem Wagen steht am Ende der mittleren Reihe noch einmal ein Triumph, anders in seiner Art allerdings. Hier hat der Narr die verschiedenen Prüfungen einer inneren Initiation bestanden; er ist „gestorben" und konnte danach zu einem Lebensgefühl finden, das so harmonisch wie heiter ist.

Der mäßige, ausgeglichene Mensch braucht keine extremen Erlebnisse, um die Wunder der Welt zu erkennen. Wer noch nicht zu wirklicher Gelassenheit gefunden hat, dem erscheint die Vorstellung bedrückend, das Bild langweilig. Tarot-Neulinge wählen selten die Mäßigkeit zu ihrer Lieblingskarte. Sie ist so symbolisch, dass wir sie am eigenen Leib erleben müssen, um sie zu verstehen. Immerhin ist es der Erzengel Michael, der die himmlischen Heerscharen führt.

Der Engel gießt Wasser aus einem Kelch in einen anderen und verbindet damit verschiedene Aspekte des Lebens. Beim Oswald Wirth Tarot (Wirth war Schüler von Eliphas Lévi) ist ein Kelch aus Gold, der andere aus Silber. Er vereint die solaren Eigenschaften des Magiers mit den lunaren der Hohepriesterin. Es fällt auf, dass das Wasser im Bogen fließt. Das ist physikalisch unmöglich. Dem unausgeglichenen Menschen erscheint es wie ein Wunder der Magie, dem Leben gelassen begegnen zu können.

Der Engel steht mit einem Fuß im Wasser – den Gefühlen – mit dem anderen auf festem Boden – dem aktiven Handeln in der Welt. Vom Wasser führt ein Pfad auf einen Sonnenaufgang zwischen zwei Bergen zu. Auch der Tod zeigt einen ähnlichen Sonnenaufgang zwischen zwei Säulen.

In der Deutung fordert die Mäßigkeit zu einer gelassenen Haltung auf. Der ausgeglichene Mensch verfällt nicht in Extreme, sondern findet in schwierigen Situationen einen Mittelweg. Unter Umständen drängt sie den Fragenden, nichts zu tun, sondern inmitten allen Trubels die Ruhe zu bewahren.

Umgekehrt fällt es dem Fragenden vielleicht schwer, maßvoll zu reagieren. Er braust heftig auf, verfällt in Überreaktionen oder verstrickt sich in den Gefühlen anderer.

Der Teufel

Die schaurige Gestalt des Teufels und die angeketteten Dämonen erscheinen auf den ersten Blick wie schwarze Magie, ja Teufelswerk. Tatsächlich behandelt die Karte aber Themen wie Illusion, Irreführung, Täuschung. Kaum etwas ist irreführender als die Annahme, das Tarot übe schädlichen Einfluss aus.

Der ziegenköpfige Dämon geht nicht auf ein altes Abbild Satans zurück, sondern auf Baphomet, den angeblichen Götzen der Tempelritter. Zugleich erinnert das Bild an den griechischen Gott Pan, den Gott des Übermaßes, dessen Flöte die Menschen angeblich zu wilder, besonders sexueller, Ausgelassenheit trieb. In einigen modernen Decks heißt die Karte tatsächlich Pan.

Im Waite Deck erscheint der Teufel (15) als eine Verzerrung der Liebenden 6 (1+5=6). Statt von einem Engel gesegnete Menschen zeigt sie angekettete Dämonen. Bei genauem Hinsehen ist jedoch zu erkennen, dass die Schlingen der Kette so weit sind, dass die beiden sie einfach abstreifen könnten. Illusion hält sie gefangen, nicht Sklaverei.

Warum steht der Teufel am Anfang des letzten Abschnitts der Reise des Narren? Warum folgt er auf die Mäßigkeit? Ausgeglichenheit braucht, wer sich mit seinem inneren Teufel auseinandersetzen will, ohne sich in dessen trügerischen Stricken zu verfangen. Im zweiten Abschnitt erfuhr der Narr seine Transformation. Jetzt führt ihn die Reise zur Begegnung mit universalen Kräften. Aber ohne Abstieg in die Dunkelheit kann er das Licht der Offenbarung nicht finden. Bevor wir unserem inneren Teufel nicht aufrichtig ins Auge sehen und erkennen, dass er uns nicht versklavt, sind wir nicht wirklich frei.

In der Deutung zeigt der Teufel eine bedrückende Situation, insbesondere eine unglückliche Zweierbeziehung. Er kann sexuelle Obsession oder eine Art Sucht bedeuten. Er kann aber auch auf Ängste hinweisen – mit anderen Worten: auf alles, was uns fesselt. Wir müssen erkennen, dass die Illusion die wahre Unterdrückung ist.

Umgekehrt befindet sich der Fragende im Befreiungsprozess. Manchmal bedeutet diese Karte dann die Abkehr von repressiven Menschen oder Situationen.

OBEN LINKS Der Teufel, Crowley-Tarot. Diese Karte symbolisiert den Missbrauch übersinnlicher und sexueller Macht.

OBEN RECHTS Der Teufel, Motherpeace Tarot. Die Karte steht für Eroberung, Sklaverei und andere Formen der Unterdrückung.

LINKS Der Teufel Universal Waite Tarot. Der ziegenköpfige Dämon ist Baphomet nachempfunden, dem angeblichen Götzen der Tempelritter.

DIE KARTEN

Sturm und Befreiung

✶ ✶ ✶ ✶ ✶ ✶ ✶ ✶ ✶ ✶ ✶ ✶ ✶ ✶ ✶

OBEN Das Bild auf der Karte Der Turm erinnert an das Märchen *Rapunzel*.

UNTEN LINKS Der Turm, Tarot de Marseilles. Diese Karte steht für Aufruhr, Chaos und Konflikt.

MITTE LINKS Der Turm, Tarot of the Spirit. Der Blitz zeichnet den Pfad der *Sephiroth* am kabbalistischen Lebensbaum nach.

MITTE RECHTS Der Turm, Haindl Tarot. Das Bild symbolisiert die zerstörerische Blindheit moderner Zivilisation.

UNTEN RECHTS Der Turm, Morgan Greer Tarot. Energie bricht aus dem Inneren heraus.

Der Turm

Das Tarot ist optimistisch. Das Leben, so lehrt es, lässt nicht zu, dass wir in Täuschung und Unterdrückung verstrickt bleiben. Befreien wir uns jedoch nicht aus eigener Kraft, steigt der Druck, bis etwas explodiert. Der Mauerturm unseres Leidens zerbricht und wir stürzen in die Freiheit. Vielleicht ist das kein schönes Erlebnis, doch ein befreiendes.

Der Turm erinnert an die Märchen- und Sagenwelt. So stößt die Zauberin Rapunzel und den Prinzen aus einem Turm ohne Türen. In Tolkiens Zyklus *Der Herr der Ringe* bedeutet die Zerstörung eines „dunklen Turms" das Ende des Bösen, und in der biblischen Geschichte vom Turmbau zu Babel vereitelt Gott die Versuche der Menschen, einen Turm bis zum Himmel zu bauen und verwirrt ihre Sprachen.

Alle Bilder zeigen Zerstörung, zugleich die häufigste Vorstellung von der Bedeutung der Karte.

Aber man kann sie auch anders interpretieren: als den Blitz der Erkenntnis nämlich, der uns von der Illusion befreit, die wir im normalen Bewusstsein mit uns tragen. Im Alltag kann der Blitz auch für eine durchaus konventionellere Offenbarung stehen, für eine Erkenntnis, die ein Geheimnis löst oder eine Illusion zerstört, die uns zu schaffen macht.

In der Deutung weist diese Karte meist auf Chaos und Konflikt hin. Seit langem bestehende Verhältnisse werden zerschlagen. Meist nehmen sie den Menschen „gefangen", das Chaos ist dann wie eine Befreiung. Die Karte kann aber auch auf eine freudige oder aufwühlende Enthüllung hinweisen.

Umgekehrt kämpfen wir gegen die Zerstörung unseres „Turms". Wir halten Altbekanntes fest, obwohl wir das Gefühl haben, dass um uns herum alles zusammenbricht. Der umgekehrte Turm kann auch bedeuten, dass Ruhe im Leben des Fragenden einkehrt.

Der Turm

GANZ LINKS Der Stern, Shining Woman Tarot. Auf dieser Karte bringt Persephone dem kargen Boden Leben.

MITTE Der Stern, El Gran Tarot Esoterico. Der Stern ist eine Karte voller Hoffnung, die Rückkehr des Lichts nach der Dunkelheit.

LINKS Der Stern, Ceremonial Magic Tarot. Das Bild erinnert an tantrische Sexualpraktiken.

DER STERN

Nach dem Sturm folgt Ruhe. Haben wir Wichtiges im Leben geklärt, sind wir innerlich entspannt. Es ist ein Gefühl der Freiheit und Ganzheit, wie wir es bisher nicht kannten. Der Narr hat dem Teufel ins Auge gesehen und den Blitz der Erkenntnis herabberufen. Jetzt betritt er das Reich der Sterne, einen Ort der Hoffnung und der Heilung.

Wir entdecken Ähnlichkeiten zur Mäßigkeit – die beiden Wasserkrüge, ein Fuß auf dem Land, der andere im Wasser. Statt die Flüssigkeit zwischen den Kelchen hin und her zu gießen, gießt das Mädchen sie bereitwillig aus, als schenke sie der Welt Leben. Und statt eines Engels, einer Vision des Göttlichen, sehen wir eine nackte Frau, die ihre Menschlichkeit akzeptiert.

Erinnerte die Herrscherin an die „Kornmutter" Demeter, so erinnert Der Stern an ihre Tochter Persephone, die sich jedes Jahr in die Welt des Totenreiches begibt. Zum Abschluss der Feiern zu Ehren der Persephone goss man aus zwei Gefäßen Wasser in Erdrisse. Im Shining Woman Tarot bringt Persephone dem dürstenden Boden Leben.

Im Märchen heilt Rapunzel den Prinzen mit ihren Tränen von seiner Blindheit. Das Sternenmädchen gießt ihr Wasser der Liebe aus – auf das Land, das für die Handlungen in der Welt steht und zurück ins Wasser, wo es das Unbewusste aufrührt. Zwischen der Herrscherin und dem Stern steht das Rad des Schicksals. War das Rad noch symbolischer Ausdruck der Zeitzyklen, erfahren wir jetzt lebendige Erneuerung. Der Stern ist 17 (1+7=8), Die Kraft als sanfte Leidenschaft in vollkommenem Ausdruck.

In der Deutung steht die Karte für Hoffnung, Optimismus und gute Aussichten. Sie bedeutet innere Ruhe und Vertrauen in die Zukunft. In der Krise verspricht der Stern Befreiung und einen neuen Lebensbeginn.

Umgekehrt lassen wir zu, dass Zweifel und Unsicherheit uns vom natürlichen Glauben an das Leben abspalten. Es muss etwas geklärt werden, damit der Fragende sich daraus befreien kann. Auch die umgekehrte Karte enthält das Versprechen der Erfüllung. Es muss hier jedoch zuerst eine Blockade gelöst werden, ehe die Karte wieder in ihrer ursprünglichen Ausrichtung gelten kann.

OBEN Persephone, Königin der Unterwelt, verbringt einen Teil des Jahres bei den Lebenden, einen anderen bei den Toten.

Die Reise zum Licht

Der Mond

Nach dem Aufruhr des Turms kommen wir an einen Ort des Friedens. Aber unser Narr kann dort nicht bleiben, denn er muss lernen, seine inneren Erlebnisse wieder in den Alltag zu integrieren. Zwischen der ruhigen Sternennacht und dem hellen Sonnentag liegt das Zwielicht des Mondes. Wieder entdecken wir einen Pfad zwischen zwei Säulen. Er beginnt im Wasserbecken des Unbewussten und windet sich im Verborgenen weiter. Der Mond führt uns auf eine Reise ins Unbekannte, eine Reise zu Instinkten, Träumen, Mythen und Urgefühlen.

Die Karte steht in der Mitte der Reihe: die Karte der Prüfung, wie Der Herrscher und Gerechtigkeit, darüber. Diese Karten sprachen eher Allgemeinmenschliches, gesellschaftliche Themen und eine Beurteilung unseres Lebens an. Der Mond geht tiefer. Die Karte zeigt keine Menschen, nur Tiere; denn das reflektierte Licht des Mondes rührt tief an die Geschichte unserer Evolution. Immer wieder liest man, dass Polizei und Notärzte bei Vollmond besonders belastet sind. Vielleicht wurzelt die Geschichte vom Werwolf in der Wirkung, die der Vollmond auf normalerweise „zivilisierte" Menschen hat. Trotz aller Unruhe bringt der Mond auch inneren Frieden, wenn wir den zyklischen Rhythmus akzeptieren, den er im Körper in Gang setzt. Die Macht des Mondes kann uns nur dann Angst machen, wenn wir uns einzureden versuchen, wir seien rein rationale „solare" Wesen, ganz ohne Gefühle oder instinktive Triebe. Weil der Menstruationszyklus sich nach dem Mond richtet, empfinden Frauen den Einfluss des Mondes meist stärker als Männer. Doch auch Männer sollten akzeptieren, dass sie instinktbehaftete, naturverbundene Wesen sind.

In der Deutung kann der Mond für ein spirituelles Erwachen sprechen. Intuition, Träume und Vorstellungskraft werden lebendiger. Wo sie akzeptiert werden, bereichern sie das Leben. Der Mond kann eine schwierige emotionale Reise andeuten, besonders, wenn er mit anderen Karten erscheint, die für äußere Kämpfe stehen, das Ende einer Beziehung zum Beispiel.

Umgekehrt zeigt der Mond, dass wir uns seiner Kraft widersetzen. Wir ignorieren unsere Träume oder versuchen, Intuition oder aufsteigende Phantasien zu unterdrücken.

RECHTS Der Mond, Charles VI Tarot. Er symbolisiert spirituelles Erwachen.

GANZ RECHTS Der Mond, Alchemical Tarot. Der Hund war der Begleiter der Mondgöttin Diana.

MITTE RECHTS Der Mond im Motherpeace Tarot betont den Menstruationszyklus.

UNTEN Seit langem glauben die Menschen, dass der Mond uns psychisch aufwühlen kann.

GANZ LINKS Die Sonne, Visconti-Sforza-Tarot. Die Sonne deutet auf eine Zeit der Energie und des Erfolgs.

MITTE Die Sonne, Crowley Tarot. Strahlende Energie erfüllt die Karte.

LINKS Die Sonne. Morgan Greer Tarot. Zwei Kinder stehen vor einer Wand, ein Symbol der Sicherheit.

DIE SONNE

Nach der mit Ängsten besetzten Mondreise erreichen wir die strahlende Sonne. Im Sonnenlicht ist alles klar erkennbar. Der kabbalistische Buchstabe des Mondes, *Kaph*, bedeutet Hinterkopf, der älteste Teil unseres Gehirns. Der Buchstabe der Sonne, *Resh*, meint den ganzen Kopf, besonders aber die Stirn mit dem Neocortex oder den grauen Zellen. Der Cortex ist der Bereich des rationalen Bewusstseins.

Waite veränderte das traditionelle Bild der Karte. Bei ihm zeigt sie ein nacktes Kind, das aus einem Garten reitet. Meist zeigt das Bild aber zwei Kinder, oft vor einer Wand; ein Mädchen und ein Junge halten sich bei der Hand. Die Gegensätze des Lebens haben sich vereint. Wieder scheinen die Karten die Geschichte von Rapunzel aufzugreifen. Denn als sie den Prinzen mit ihren Tränen heilt, entdeckt er, dass sie Kinder haben: ein Mädchen und einen Jungen. Das Tarot geht aber weder auf das Märchen, noch geht das Märchen auf das Tarot zurück. Beide haben ihren Ursprung in der universalen Geschichte der Entwicklung des menschlichen Bewusstseins.

Die Sonne steht unter dem Hierophanten und dem Gehängten. Der Hierophant unterweist seine Schüler in der richtigen Lebensführung. Der Gehängte revidiert äußere Werte und findet eine persönliche Verbindung zum Leben. Bei der Sonne überstrahlt diese innere Verbindung unseren Alltag und unsere Beziehungen. Das Bild von den beiden Kindern unter der Sonne nimmt noch einmal die Triangulation auf, die zuerst beim Hierophanten zu erkennen ist. Jetzt sehen wir eine echte Verbindung zwischen den beiden unteren Figuren.

Erscheint die Sonne, dürfen wir Glück, Zufriedenheit und Erfolg erwarten. Probleme werden gelöst, Menschen finden zueinander, alles wird einfacher und klarer. Der Fragende erkennt das Wesentliche und findet Lösungen. Die Sonne deutet auf eine Zeit der Energie und des Optimismus. Erscheint sie mit dem Magier, kann der Fragende diese Energie kreativ umsetzen.

In umgekehrter Position geht die Sonne nicht unter, doch sie bewölkt sich. Glück und positive Energie bleiben, sind aber weniger klar. Vielleicht muss sich der Fragende die Geschenke des Lebens bewusster machen.

OBEN Die strahlende Sonne bringt Klarheit im Leben.

DIE KARTEN

Das große Erwachen

RECHTS Das Jüngste Gericht. Gabriel ruft die Toten aus den Gräbern. Anders als im Tarot werden viele in die Hölle verbannt.

UNTEN Gericht, Charles VI Tarot. Auf dieser Karte rufen die Trompeten eine ganze Menschengruppe zu einem Neuanfang.

GANZ UNTEN Gericht, Elemental Tarot. Diese Karte fordert uns zu Vergebung und Reue auf.

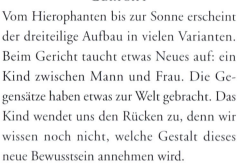

GERICHT

Vom Hierophanten bis zur Sonne erscheint der dreiteilige Aufbau in vielen Varianten. Beim Gericht taucht etwas Neues auf: ein Kind zwischen Mann und Frau. Die Gegensätze haben etwas zur Welt gebracht. Das Kind wendet uns den Rücken zu, denn wir wissen noch nicht, welche Gestalt dieses neue Bewusstsein annehmen wird.

Der Name der Karte geht auf das christliche Jüngste Gericht zurück, wenn Gabriels Posaune die Toten aus den Gräbern ruft. Auf der Tarotkarte gibt es aber einen wesentlichen Unterschied. Niemand wird gerichtet. Es gibt keine elenden Seelen, die in die Hölle verbannt werden. Die Auferstehung gilt allen. Paul Foster Case kritisierte, dass Waite im Hintergrund weitere Menschen einzeichnen ließ. Das Gericht ist jedoch im Grunde ein gesellschaftliches Bild; denn wenn ein Einzelner so etwas erreicht, werden auch alle Menschen in seiner Umgebung davon berührt. Das Gericht liegt unter dem Tod. Beim Tod fand ein Ende statt; im Gericht erleben wir nun Erneuerung in Gestalt der Wiederauferstehung.

Die Zahl 20 bildet die Quersumme 2, die Hohepriesterin. Dort war das Wasser des Unbewussten hinter dem Vorhang dargestellt. Hier aber erheben sich die Seelen aus dem Wasser zu einem Bewusstsein, das sich nicht von den inneren Wahrheiten isoliert. Neben der 2 erscheint in der 20 die Null. Unser Narr hat Reife und Weisheit erlangt. Erneut begrüßt er mit seiner kindlichen Neugier das Leben mit offenen Armen. Das wichtigste Symbol auf der Karte sind aber weder die Menschen noch der Engel, sondern die Posaune. Etwas ruft uns, sagt uns, dass es an der Zeit ist, sich zu einem neuen Dasein zu erheben.

Erscheint die Karte in einer Deutung, glauben viele Fragende, etwas müsse beurteilt werden. Vielleicht halten sie die Karte auch für eine Verurteilung. Das Bild aber sagt etwas ganz anderes. Das Bild der Auferstehung fordert zur Annahme einer wunderbaren Veränderung auf; oder aber: Wir haben uns bereits tiefgreifend verändert. Die Posaune ist tief in unserem Innern erklungen, und vor uns liegt ein neues Leben.

In umgekehrter Position steht das Gericht für Ausreden, warum wir eine Lebensveränderung nicht umsetzen können oder wollen. Die grundsätzliche Bedeutung aber ändert sich deshalb nicht.

DIE WELT

Nun erlangt der Narr den letzten „Sieg", erreicht den Höhepunkt seiner Reise. Für viele bedeutet das Ende der Großen Arkana einen Neubeginn, wie bei einer Spirale, die wieder an denselben Punkt kommt, aber auf einer höheren Ebene. Das trifft zu, wenn wir die Karte Die Welt als neuen Bewusstseinszustand betrachten. Aber wir können diese Karte auch als Tor zu einer ganz neuen Existenz sehen, als seien wir das ganze Leben lang einem Pfad in einer Höhle gefolgt und träten plötzlich in die weite Welt. Sie heißt Die Welt, in einigen Decks auch Das Universum, weil wir unsere Verbindung zu allem, was existiert, jetzt ganz verstehen. Mit jedem Atemzug empfangen wir Sauerstoff von den Pflanzen und geben ihnen Kohlendioxid zurück. Alle Moleküle unseres Körpers und alles, was es auf unserem Planeten gibt, entsprang vor Milliarden Jahren einer Staubwolke aus explodierenden Sternen. Der Mensch, der Die Welt verinnerlicht hat, spürt diesen Ursprung mit jeder Bewegung.

Entspannt hält die Tänzerin zwei Stäbe in den Händen. Wo der Magier noch höchste Aufmerksamkeit auf den korrekten Gebrauch seiner Macht legen musste und die Hohepriesterin ihr Empfinden für die Mysterien der Welt nur in der Ruhe spüren konnte, tanzt die Welt leichtfüßig dahin.

Das Tarot de Marseilles und spätere Decks zeigen die Tänzerin als Frau. Ist der Narr androgyn, so ist die Welttänzerin ein Hermaphrodit. Der Hermaphrodit vollzieht die Transformation zwischen Weiblichem und Männlichem – nicht unbedingt körperlich, aber durch sein Verhalten.

Die 21 ergibt umgestellt eine 12. Die Welt befreit den Gehängten, der sich nun nicht mehr am Ast festbinden muss, weil er jetzt weiß, dass der Baum des Lebens in seinem Innern wächst. Jedem Schritt seines Tanzes entspringt das Leben.

Die Welt ist immer eine höchst erfreuliche Karte, denn sie steht für Erfolg und Erfüllung. In einer schwierigen Situation bewegt sich der Fragende mit der Sicherheit eines Tanzenden – er weiß genau, was er tut.

In umgekehrter Position bedeutet sie nicht Scheitern, aber Stagnation. Sie ist immer noch vielversprechend, doch der Fragende muss auch selbst etwas tun.

OBEN LINKS Die Welt, Tarot de Marseilles. Diese Karte bedeutet Erfolg und Erfüllung.

OBEN RECHTS Die Welt, El Gran Tarot Esoterico. Die Tänzerin auf dieser Karte ist ein Hermaphrodit.

UNTEN Am Ende seiner Reise wird der Narr eins mit der Welt. Dieser Sternennebel erinnert an die Karte Die Welt.

DIE KLEINEN ARKANA

ZAHLENKARTEN

Trotz einiger Unterschiede in der Interpretation durchliefen die Großen Arkana doch eine klar erkennbare Entwicklung und die Verbindungen zwischen den ältesten und den neuesten Decks sind deutlich zu sehen.

Ganz anders ist die Situation jedoch bei den Kleinen Arkana. Bis zum Golden Dawn war nie versucht worden, diesen Karten symbolische Bedeutung beizumessen; Kartenlegerinnen, die sie verwendeten, mussten sie nach willkürlichen Regeln interpretieren. Der Golden Dawn stellte auf den Zahlenkarten nicht Szenen dar, die Bilder zeigten vielmehr geometrische Anordnungen der Farbsymbole. Hinweise auf die Bedeutung ergaben sich etwa aus der Fließrichtung des Wassers von einem Kelch in den anderen oder dem Griff der Hände um die Schwerter. Wichtiger noch, der Orden entwickelte ein Grundkonzept für jede Karte, ausgehend von Element und Zahl.

In späteren Entwürfen, besonders bei Waite und Smith, entstanden nach diesen Motiven detailreichere Bilder. Die Mehrzahl der modernen Spiele stützt ihre Bildgestaltung heute auf Smiths Rider-Bilder. Der folgende Überblick über die Zahlenkarten erklärt die unterschiedlichen Möglichkeiten der Darstellung.

OBEN Das Golden Dawn Deck versuchte zum ersten Mal, den Zahlenkarten symbolische Bedeutung zu geben.

GANZ RECHTS Die Zahlenkarten des Visconti-Sforza-Spiels sind elegant und formbetont.

OBEN Die Karten des Golden Dawn verwenden Symbole der Rosenkreuzer.

MITTE 9 der Münzen, Uyikoë Tarot.

UNTEN 2 der Stäbe, Swiss Tarot.

VISCONTI-SFORZA

Das älteste bekannte Spiel zählt zugleich zu den elegantesten. Seine reich verzierten Zahlenkarten zeigen die formale Tradition. Zwar fehlt ihnen jegliche Symbolik, sie finden ihre Liebhaber aber unter Kartenlegern, die für die Deutung jeder Karte festgefügte Regeln bevorzugen.

RIDER-WAITE

Ohne dieses Deck hätte das Tarot wahrscheinlich nie weltweite Popularität erlangt. Außer den zahlreichen Ausgaben, die von dem Spiel selbst verkauft wurden und den vielen „Klonen", die danach entstanden (ein „Rider-Klon" ist ein Spiel, das sich eng an dessen Bildern orientiert), inspirierte es zahllose Künstler zu einer Neuinterpretation der Kleinen Arkana. Ich verwende hier oft das Universal Waite Deck, weil es modern ist und sich doch eng am Original hält. Manchen Tarot-Experten missfällt der große Einfluss von Rider-Waite, weil das zu dem Glauben verleitet, Waite und Smith hätten die Bilder originär geschaffen, und es habe davor kein Tarot gegeben. Das Rider-Waite-Deck ist noch nicht einmal 100 Jahre alt, warum sollte man es also zum wichtigs-

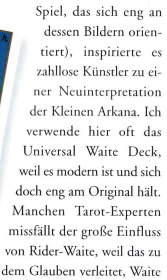

DIE KLEINEN ARKANA

GANZ LINKS Die 10 der Stäbe des Universal Waite Tarot zeigt die Last des Lebens.

MITTE LINKS Die Themenstichworte auf den Karten des Crowley Tarot sind abgeleitet vom Golden Dawn.

UNTEN Die 4 der Münzen des Alchemical Tarot belebt die Ideen hinter den Karten mit neuen Bildern.

GANZ UNTEN Das Elemental Tarot beschränkt sich auf die Grundbedeutung der Elemente.

ten Begründer der Tradition erheben? Warum geht man nicht bis zu seinem Ursprung in der Kabbala zurück? Darauf könnte man erwidern, dass auch die kabbalistische Tradition im Tarot nur wenige Jahrzehnte älter ist als Rider-Waite. Zwar sollten Interessierte durchaus erfahren, welche Ideen hinter den Rider-Karten stehen, wichtiger aber ist doch, dass Smiths Bilder eine genuine Schöpfung sind, die tatsächlich eine moderne Tradition begründete.

CROWLEY

Lady Frieda Harris' Bilder für Aleister Crowley interpretieren das System des Golden Dawn neu. Wie Mathers Originalentwürfe halten sie sich eng an die Geometrie, finden aber einen eleganten Stil für die thematischen Motive, womit ein modernes Gegenstück zum Visconti-Sforza entsteht. Die Crowley-Karten begründeten zugleich die heute verbreitete Praxis, das Thema direkt auf der Karte mit einem Stichwort zu bezeichnen. Mit wenigen Veränderungen folgen die Titel denen des Golden Dawn. So erschließt sich die Bedeutung der abstrakten Bilder leichter.

ALCHEMICAL TAROT

Dieses jüngere Deck zeigt, wie moderne Entwürfe sich von den Rider-Waite-Bildern lösen. Robert Places Karten folgen einem uralten System (das die Inspiration zum ersten Tarotspiel überhaupt gegeben haben könnte) und zeigen dabei durchaus seine Kenntnis der Entwürfe von Pamela Smith, ohne sie aber je zu kopieren. Zeigt das Rider-Bild bei der 4 der Münzen einen König, der seine goldenen Scheiben ängstlich festhält, so zeichnet das Alchemical Tarot einen Mann, der seinen Schatz vergräbt.

ELEMENTAL TAROT

Dieses moderne Deck zeigt, dass es möglich ist, unabhängig von den Rider-Karten ein geschlossenes System zu schaffen. Zwar zeigen Caroline Smith und John Astrop Einflüsse des Golden Dawn, reduzieren ihre Bilder aber in Smiths stilisierten, originellen Zeichnungen auf die grundsätzliche Bedeutung der Elemente und Zahlen. Einer modernen Praxis folgend ordnet das Spiel jeder Karte eine Gottheit zu. Im Unterschied zu anderen Decks zeigen die Bilder des Elemental Tarot die entsprechende mythologische Gestalt nicht. Ihre Titel jedoch schaffen neue Bezüge und erschließen dem Tarot ein weiteres Feld.

Das Ass – Kether (Krone)

DIE ASSE SIND die Wurzel jeder Farbe, das Element in seiner reinsten Form. Für die Kabbalisten wuchs der Baum des Lebens nach unten. Seine Wurzeln im Himmel verankert, streckt er seine Zweige unserer Welt entgegen. Die Asse sind sowohl Wurzeln als auch Krone jedes Baums. Im Waite-Deck präsentieren sich alle vier Asse in einer ausgestreckten Hand aus den Wolken Die vier Asse sind ein Geschenk, als ob das Lebens uns sagen wollte: „Erfahre den Eifer der Stäbe, die Gefühlsbetontheit der Kelche, den scharfen Verstand der Schwerter, den Reichtum der Münzen." Auf den ersten drei fallen Tropfen, Knospen bei den Stäben, Wasser bei den Kelchen, Licht bei den Schwertern. Alle bilden Yods, den ersten Buchstaben im Namen Gottes und Symbol göttlicher Gnade. Diese Geschenke erhalten wir nicht als Lohn für tugendhaftes Verhalten, sondern um der Erfahrung willen. Eine Ausnahme bilden die Münzen, die Farbe der Realität.

Weil sie eine Gabe des sich wandelnden Lebens sind, dürfen wir nicht erwarten, dass sie ewig bleiben. Erscheinen die Asse, sollten wir unsere Aufmerksamkeit verstärkt auf die Chancen legen, die diese Karten zeigen.

OBEN Die Kabbalisten glaubten, dass es in allen vier Welten zehn Emanationen oder *Sephiroth* gebe. Das Ass ist in jeder Farbe die höchste *Sephirah*, nämlich *Kether* oder Die Krone.

RECHTS Im Waite Tarot zeigt das Ass der Kelche den Heiligen Gral.

DIE FARBEN

ASS DER STÄBE

Das Ass der Stäbe schenkt uns die Lebensenergie. Ohne Feuer, den Schöpfungsfunken, wären wir hohle Maschinen. Die *Yods* fallen wie Blätter, die vom Zweig gebrochen sind. Das Ass schenkt uns Kraft, Erregung, sexuelles Begehren, den Drang, die Welt kennen zu lernen. Es steht für die Begeisterung für neue Vorhaben. Wer unter dem Einfluss dieser Karte steht, kann auf andere überwältigend wirken.

Umgekehrt ist die Kraft des Stäbefeuers kaum zu bändigen. Sie steht für Chaos und Zusammenbruch. Der Mensch wird lustlos oder verzettelt seine Kräfte, indem er viel anfängt, aber nichts zu Ende führt.

ASS DER KELCHE

Das Feuer schenkt der Welt Leben aber das Wasser – die Liebe – gibt ihm Sinn. Das Ass der Kelche bringt Glück. Das Bild symbolisiert das Urweibliche wie die Stäbe das Urmännliche. Der weibliche Anteil in der Sexualität erlaubt uns, das mächtige Verlangen des Feuers aufzunehmen. Das Waite-Bild *(unten)* zeigt den Heiligen Gral. Die Darstellung von Taube und Hostie geht auf die ersten Tarotspiele zurück. In der Artuslegende hält nicht die Armee das Königreich zusammen, sondern der Gral. Liebe, nicht Macht, regiert das Leben.

Umgekehrt zeigt die Karte eine Verzerrung der Gefühle. Eifersucht stört die Liebe oder wir nehmen unser Glück nicht wahr.

Ass der Schwerter

Dies ist das Ass des Verstandes, in vieler Hinsicht das mächtigste. In unserer Kultur zählen Kraft, Gefühle und Reichtum, aber ohne den Verstand könnten wir sie nicht sinnvoll nutzen. Das Ass der Schwerter steht in fast jedem Spiel für Macht. Bei Waite *(unten)* sind Berge im Hintergrund, Symbol des abstrakten Denkens. Das Schwert zeigt gerade nach oben, der Einsatz für die Wahrheit. Es durchstößt eine Krone wie der Verstand Ereignisse und Taten durchschaut und das zugrundeliegende Prinzip erkennt. Die Gabe dieses Asses ist klares Denken. Wir können vorausplanen, auf die Zukunft hin arbeiten und Vorhaben zu Ende bringen. Es kann für Strenge und hehre Prinzipien stehen.

Umgekehrt bedeutet es Illusionen, Denkfehler, Wut und Übertreibung. Der Fragende sollte sein Handeln sorgfältiger überdenken.

Ass der Münzen

Dieses Ass schenkt uns die Gabe der Realität, den Zauber der Natur, Sicherheit und Wohlstand. Bei jeder Frage zu geschäftlichen oder kreativen Plänen verspricht das Ass der Münzen Erfolg. Das Waite-Bild *(rechts oben)* deutet an, dass dies der Ausgangspunkt für ein lohnendes Leben ist. Zu erkennen ist das am Tor zu den Bergen. Die ovale Form erinnert an den Kranz um die Welttänzerin, einer weiteren Erfolgskarte.

Umgekehrt steht das Ass der Münzen nicht für Verluste, eher für finanzielle oder allgemein materielle Schwierigkeiten. Vielleicht hat der Fragende Zukunftssorgen, ist allzu gierig oder leidet unter der Eifersucht anderer. Möglicherweise muss er aber auch seine sichere Umgebung verlassen und sich auf Neues und Unbekanntes einlassen.

LINKS Asse sind stets Gaben. Im Universal Waite Tarot überreicht sie eine Hand, die aus den Wolken kommt.

UNTEN Das ovale Tor beim Ass der Münzen erinnert an den Kranz um die Welttänzerin.

Die 2 – Chokmah (Weisheit)

Von der 1 zur 2 ist es ein großer Bewusstseinssprung. Die 1 ist absolut und eigenschaftslos. Die 2 bildet ein Gegenüber und damit die Reflexion. Sie führt uns von den Prinzipien zur tatsächlichen Erfahrung – bei Waite und anderen Spielen zeigt sie handelnde Menschen. Die 2 schafft Dualität und die Möglichkeit der Opposition.

Zugleich öffnet sie das Tor zu Dialog und Beziehungen. Für die Kabbalisten ist der ursprüngliche Adam – und sogar Gott – Hermaphrodit. Beide mussten Männliches und Weibliches in sich trennen, um Kommunikation und Ausgleich zu ermöglichen.

OBEN Nach der biblischen Geschichte schuf Gott Eva als Partnerin Adams.

Die verschiedenen Decks gehen unterschiedlich mit dem Thema Kommunikation um. Das Elemental Tarot stellt Beziehungsstadien dar. Beim Feuer (Stäbe) zeigt es zwei Menschen, die sich wie vom Feuer ihrer Persönlichkeit zueinander hingezogen fühlen. Beim Wasser (Kelche) ein Paar, das sich umarmen will. Die Luft (Schwerter) schiebt die Menschen auseinander. Die Farbe Erde (Münzen) zeigt nur eine Gestalt, aber sie scheint verschiedene Ausdrucksformen abzuwägen. Bei den Stäben setzt die flammende Fackel aus den Wolken einen Baum in Brand. Die Kelche zeigen ein Paar und eine Rose. Die gekreuzten Schwerter stehen für einen Konflikt, aber die Eule (Weisheit) weist darauf hin, dass sie voneinander lernen müssen. Die Münzen sind geheimnisvoller, dort verschlingt ein Löwe einen Adlerkopf.

OBEN 2 der Stäbe, Alchemical Tarot. Feurige Energie geht von einer Quelle zur anderen über.

Die Farben

2 der Stäbe

Die Stäbe besitzen zielstrebigen Elan. Das macht die 2 und ihre Komplexität unbequem. Waite zeigt einen erfolgreichen Mann, der die Welt in Händen hält. Aber es ist eine sehr kleine Welt – er blickt über die Mauern seines Erfolges hinweg neuen Herausforderungen entgegen. Waite berichtete von Alexanders Traurigkeit, der weinte, als er die gesamte damals bekannte Welt erobert hatte, weil er nichts Neues mehr tun konnte. Wer diese Karte erhält muss vielleicht lernen, seinen Erfolg mit anderen zu teilen.

Umgekehrt sucht der Fragende neue Abenteuer. Vielleicht gibt er alte Erfolge auf, um Neues zu versuchen.

2 der Kelche

Die emotionale Farbe passt gut zu Kommunikation, Dualität und Reflexion. Waite zeigt ein junges Paar, das einander die Liebe verspricht *(S. 99 oben)*. Im Gegensatz zu den Liebenden steht diese Karte für den Beginn einer Beziehung. Die Einzelseelen verflechten ihre Energien wie die Schlangen

DIE KLEINEN ARKANA

am Caduceus. Der geflügelte Löwenkopf erinnert an den Engel der Liebenden. Echte Gefühle verleihen der sexuellen Leidenschaft Flügel.

Umgekehrt stimmt etwas nicht mit der idealen Liebe, von der die Karte spricht. Vielleicht stehen Wut oder Misstrauen zwischen den Menschen. Oder vielleicht stellt sich vermeintliche Liebe als bloße Liebelei heraus.

wehr äußerer Reize und die Kommunikation mit dem eigenen Inneren.

In umgekehrter Position steht die Karte für den drohenden Verlust des persönlichen Gleichgewichts oder für die erforderliche Öffnung nach außen.

2 der Schwerter

Bei den Schwertern kommt Spannung in die Kommunikation. Zu den Themen der 2 gehört auch die Ausgeglichenheit. Hier sucht sie der Mensch durch die Ablehnung jeglicher Kommunikation. Im Elemental Tarot wenden sich die Menschen voneinander ab. Bei Waite (oben) trägt die Frau eine Augenbinde, damit sie niemanden sehen muss. Die Schwerter hält sie in Schulterhöhe, als wolle sie jedem einen Hieb versetzen, der sich ihr nähert. Die Schwertarme kreuzen vor Herz und Lunge. Positiver betrachtet steht dieses Bild für die Ab-

2 der Münzen

Auch hier ist Ausgeglichenheit das Thema. Der dargestellte Mann scheint mit verschiedenen Bedürfnissen oder Wünschen zu jonglieren. Vielleicht stehen Arbeit oder Studium in Konflikt mit der Freizeit. Aber der fremde Mann wiegt seine Zeit nicht auf Waagschalen, sondern versucht, sie in Bewegung zu halten. Und er tanzt, denn diese Karte steht grundsätzlich für Menschen, die Freude am Leben haben.

Umgekehrt wird der Konflikt schärfer, mit Anforderungen und Druck lässt sich nicht mehr so einfach jonglieren. Vielleicht heuchelt er das Vergnügen nur und möchte am liebsten alles fallen lassen. Verstärkt wird diese Bedeutung noch, wenn zugleich Karten wie Der Eremit oder die 2 der Schwerter erscheinen.

UNTEN RECHTS Im Elemental Tarot trägt die 2 der Münzen den Namen Plant (Pflanze). Das Bild ist der Rider-Version entlehnt.

OBEN LINKS Das Waite-Bild der 2 zeigt in der gesamten Farbe die Themen Kommunikation und Ausgeglichenheit.

GANZ OBEN LINKS Im geflügelten Löwen der 2 der Kelche angedeutet kehrt der Engel der Liebenden wieder.

Die 3 – Binah (Verstehen)

OBEN 3 der Münzen, Golden Dawn Tarot. In den Rädern stehen Kreuze.

UNTEN Die 3 erinnert an die Familie: Vater, Mutter und Kind.

1 + 2 = 3. Die ersten beiden Zahlen gebären ein Kind und schaffen so Energie. 1 und 2 stehen in Spannung zueinander. Die 3 hebt diese Spannung auf, indem sie etwas hervorbringt. Betrachten wir Bilder und Titel der Crowley-Karten, die auf den Golden Dawn zurückgehen: Der Optimismus der Stäbe zeigt sich in der Welt als Tugend. Die Kelche fließen über vor Fülle. Die Sorge, Motiv der Schwerter, erscheint als das Gegenteil der Erfüllung. Wenn aber die Schwerter Instrument von Konflikt und (emotionalem) Schmerz sind, was erfüllt ihre Aufgabe besser als die Sorge?

DIE FARBEN

3 DER STÄBE

Die Stäbe suchen Aktivität und Herausforderungen. Sie engagieren sich in der Welt, besonders im Beruf. Aber weniger um des Geldes oder des Ansehens, sondern um der Herausforderung willen. Dennoch erreichen sie viel und gelangen in Machtpositionen. Bei Waite *(rechts)* steht ein Mann sicher auf einem Hügel und beobachtet Boote, die unter ihm dahinsegeln. Entweder sendet er sie zu einer neuen Expedition aus oder sie kehren mit dem Lohn vergangener Erfolge zurück. Die Karte steht für Menschen in starker Position. Der Fragende hat einen festen Stand und beherrscht seine Umgebung. Wenn er neue Herausforderungen sucht, dann aus einer sicheren Position heraus.

Steht die Karte auf dem Kopf, verliert der Fragende etwas von diesem Gefühl des Erfolgs und der Sicherheit. Er zögert, Neues zu beginnen, denn er spürt schwankenden Boden unter seinen Füßen. Zugleich können ihn diese Zweifel für die Zusammenarbeit mit anderen öffnen. Manchmal bedeutet die umgekehrte 3 der Stäbe geschäftliche Kooperation.

3 DER KELCHE

Dies ist eine der fröhlichsten Karten im Tarot. Beim Alchemical Tarot ist das Bild etwas statischer, deutet aber immer noch Fülle an, denn jede Frau trägt ein Gefäß mit einem der Elemente auf dem Kopf. Waite zeigt Festlichkeit und Freundschaft (rechts).

Alle Bilder drücken weibliche Eigenschaften aus. Anteil-

DIE KLEINEN ARKANA

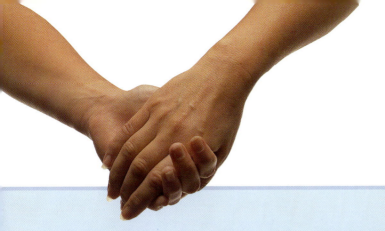

nahme, Offenheit in den Gefühlen, Zusammenarbeit ohne Vorgesetzte, all das assoziiert man meist mit Frauen.

Die 3 der Kelche spricht von Feiern, Freundschaft, Familie und liebevoller Hilfe. Das Leben ist schön, und alle haben Anteil am Glück. Im Gegensatz zur 2 der Kelche geht es bei der 3 der Kelche eher um Freundschaft als um Liebe.

Umgekehrt deutet sie auf geschmälertes Glück oder Enttäuschung. Freundschaften leiden unter Schwierigkeiten, Neid oder Misstrauen.

3 DER SCHWERTER

In den meisten Decks ist das eine der schwierigsten Karten. Der Herr der Trauer, wie der Golden Dawn sie nannte. Das Elemental Tarot präsentiert eine interessante Alternative. Die 3 der Luft zeigt ein Gesicht, das über einer geschlossenen Schriftrolle verharrt. Fischaugen und Flügelbrauen deuten Wissen um Gefühl und Verstand an. Das Zeichen auf der Stirn ist ein ägyptisches Symbol für Erkenntnis. Nicht nur Trauer, auch der Verstand erfüllt das Element Luft. Auch bei Waite *(oben)* findet sich ein Hinweis auf den Intellekt; denn trotz des Schmerzes erscheint das Bild ausgeglichen, ja ruhig. Können wir die Sorge, die uns ins Herz dringt, annehmen, dürfen wir hoffen, sie auch verstehen und integrieren zu können.

Umgekehrt nehmen wir Sorgen aus Angst vor dem Schmerz nicht wirklich ernst. Wir versuchen uns abzulenken. Das kann zu Verwirrung oder Gefühlskälte führen. Derlei Abwehr verhindert die Heilung.

3 DER MÜNZEN

Münzen, auch Scheiben, gelten als Symbol des Reichtums. Daher sollte man erwarten, dass die 3 der Münzen Wohlstand zeigt. Die Farbe bringt uns jedoch alle Aspekte der materiellen Welt nahe, nicht nur der Anhäufung von Geld und Besitz. Das kabbalistische Thema dieser Zahl ist die Erkenntnis, und wir erkennen dieses Element besser durch Arbeit als durch Erfolg.

Das Alchemical Tarot zeigt einen Künstler in ruhiger Konzentration *(unten Mitte)*. Auch Waite zeigt einen Künstler *(unten links)*, dieses Mal bei der Arbeit in einer Kirche und mit zwei Begleitern: Der Mönch steht für geistige Werte, der Architekt der Kirche für technisches Wissen. Wo diese drei zusammenkommen, entstehen wahre Meisterschaft und Erfolg.

In umgekehrter Position gleitet die Karte zur Mittelmäßigkeit ab. Der Mensch gibt nicht sein Bestes, aus Bequemlichkeit oder mangelnder Kooperationsbereitschaft.

LINKS Die 3 der Kelche ist die Karte der Freundschaft.

OBEN Ausschnitt aus der 3 der Schwerter, Alchemical Tarot. Das blutende Herz stammt aus der christlichen Symbolik.

OBEN Die 3 der Luft, Elemental Tarot. Ein gelassenes Gesicht verharrt über einer geschlossenen Schriftrolle.

Die 4 – Chesed (Liebe)

DIE ZAHLEN 1, 2 UND 3 sind eher elementar. Danach stoßen wir auf komplexere Ideen. Bei der 4 geht es um Struktur und Ordnung. Ein Quadrat steht für Stabilität, aber auch für Stumpfsinn.

Die geometrischen Figuren auf der 4 der Scheiben im Crowley Tarot stehen zugleich für Stabilität und das Thema der Karte, die Macht. Expandierte die 3 in Bereiche wie Fülle oder Sorge, so setzt die 4 jetzt Regeln und Grenzen.

Ordnung und geregelte Strukturen müssen nicht etwa Unterdrückung bedeuten. Wir brauchen solch ordnende Regeln, wenn wir unser Leben bewältigen wollen. Die 4 bezieht sich auf unsere Arme und Beine und die vier Richtungen des Kompass, die jeweils unsere physische Wahrnehmung der Welt bestimmen.

OBEN Ausschnitt aus der 4 der Stäbe, Crowley Tarot. Die Karte steht für Harmonie in Familie oder Beruf.

UNTEN Struktur und Ordnung, wie sie die Gebäude in Canalettos Ansicht von Venedig zeigen, gehören zum Themenkreis der 4.

DIE FARBEN

4 DER STÄBE
Bei der 2 der Schwerter wurde deutlich, wie Farbe und Zahl einander zuweilen zuwiderlaufen. Die Stäbe – Feuer – lieben Freiheit und Offenheit. Jegliche Struktur muss ihnen wie ein grauer Mauerwall erscheinen. Waite zeigt ein feierndes Paar, das eine ganze Menschengruppe aus einer Stadt herausführt. Sie gehen nicht ins Leere, sondern zur einfachsten Struktur, die sich denken lässt: einer Blumengirlande an vier Masten. Man kann sie sich als Hochzeitsschmuck vorstellen (Heirat gibt der Liebe Struktur). Beim Alchemical Tarot umarmen sich ein Mann und eine Frau vor vier Fackeln.

Die Karte bedeutet Harmonie in Familie, Beziehung oder Beruf – in einer strukturierten Umgebung also. Die Menschen sind voller Begeisterung, deshalb folgen andere ihrem Beispiel. Vielleicht gibt es etwas ganz Bestimmtes zu feiern.

Nach Waite ändert die 4 der Stäbe auch umgekehrt ihre Bedeutung nicht, als könne nichts diese Fröhlichkeit dämpfen.

DIE KLEINEN ARKANA

OBEN In Zeiten der Not kann die Kirche Ort des Rückzugs und der Heilung sein. Deshalb ist sie auf der 4 der Schwerter des Universal Waite Tarot zu finden.

4 DER KELCHE

Das Wasser liebt die Beschränkung ebenso wenig wie das Feuer. Der natürliche Aggregatzustand des Wassers ist flüssig. Das Elemental Tarot zeigt das heitere Gesicht, das der Mensch nach außen präsentiert. Im Quadratinnern jedoch zeigt ein angstverzerrtes Gesicht eine versteckte Klaustrophobie. Bei Crowley hingegen sind vier Kelche bis zum Rand gefüllt, als könnten sie die Freude kaum fassen, die diese Karte ausdrückt. Waite stellt die Reaktion auf strukturierte Gefühle anders dar. Vor einem sitzenden Mann stehen vier Kelche. Er wirkt verdrossen, als sei ihm das Leben schal geworden. Da erscheint eine Hand, die ihm einen neuen Kelch, Symbol neuer Erfahrungen, reicht. Die Apathie jedoch hindert ihn daran aufzuschauen.

Umgekehrt wirft der Mensch seinen Stumpfsinn ab. Er entdeckt neue, ungeahnte Möglichkeiten. Wichtiger noch, er tut den ersten Schritt.

4 DER SCHWERTER

Struktur kann sich auf Gedanken wie auf Werke beziehen. Bei der 4 der Luft des Elemental Tarot umschließt ein Quadrat einen Teil eines Vogels. Schubladendenken versperrt den Blick auf alle Aspekte des Lebens, die in engen Vorstellungen keinen Platz haben.

Waite stellt die Sorge in den Vordergrund. Die Karte zeigt einen Menschen, der sich aus Schmerz oder Kampf zurückgezogen hat, um Ruhe und Heilung zu finden. Vielleicht denken wir dabei an Einsamkeit, mangelnde Gefühlstiefe oder Rückzug von der Welt. Eine Kirche ist jedoch ein Ort der Heilung. Das Buntglasfenster zeigt Christus, der einen Bittenden segnet. Rückzug zur rechten Zeit kann die Rückkehr ins Leben erst möglich machen.

Steht die Karte auf dem Kopf, tritt der Mensch wieder ins Leben hinaus; die Einsamkeit endet. Oder ein engstirnig denkender Mensch erhebt den Blick über die Grenzen seiner Vorurteile.

4 DER MÜNZEN

Kein anderes Element entspricht dem Thema Struktur so gut wie die Erde, sie ist solide und real. Zeigt Crowley die Macht physischer Realität, betonen Waite, das Alchemical und das Elemental Tarot die Sicherheit, insbesondere die Sicherheit des Besitzes. Bei Waite *(rechts)*

und dem Elemental halten die Figuren ihre Scheiben fest. Der Mann im Alchemical Tarot vergräbt seine Münzen sogar in der Erde. Oft wird die 4 der Münzen negativ gewertet. Von Gier ist die Rede, vom Festhalten an Besitz. Der König bei Waite schützt sich mit seinen Münzen vor dem Leben. Eine steht auf seiner Krone und beschirmt dort seine Gedanken. Die Scheiben unter den Füßen schotten ihn von seiner Umwelt ab; und mit der vierten schützt er seinen Körper. Aber in chaotischen oder gefährlichen Situationen brauchen wir diese geistigen Barrieren vielleicht, um uns zu schützen.

Umgekehrt werden die Schutzschilde gesenkt. Ein ängstlicher Mensch öffnet sich. Der Gierige gibt von seinem Reichtum ab.

UNTEN Ausschnitt aus der 4 der Münzen, El Gran Tarot Esoterico.

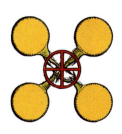

DIE KARTEN

Die 5 – Geburah (Strenge)

✦✦✦✦✦✦✦✦✦✦✦✦✦✦

BEI DER FÜNFTEN *SEPHIRAH* geht es um die schmerzlichen Realitäten des Lebens. In den meisten Tarotdecks zeigt die 5 Trauer und Verlust, so etwa die Themen bei Crowley: Streben, Enttäuschung, Niederlage und Quälerei oder beim Elemental Tarot: Furnace (Brennende Hitze), Sudden Rain (plötzlicher Regen), Storm (Sturm) und Quake (Erdbeben).

Die 4 stand für Sicherheit und Struktur. Mit der 5 brechen äußere Einflüsse diese illusionäre Vollkommenheit auf. Wie beim Turm können wir dies als Katastrophe, aber auch als Befreiung empfinden. Körperlich betraf die 4 unsere Glieder. Die 5 setzt uns den Kopf auf. Das Bewusstsein macht uns zu Menschen, öffnet uns aber auch für Empfindungen wie Verlust, Angst und Verletztheit.

OBEN Die 5 hat Ähnlichkeit mit dem Turm, weil sie Befreiung durch Schmerz und Trauer bringen kann.

RECHTS Trauer, Enttäuschung und Verlust sind die wichtigsten Motive der 5.

OBEN Die brennenden Finger der 5 der Stäbe im Alchemical Tarot.

DIE FARBEN

5 DER STÄBE
Der Optimismus der Stäbe macht diese Karte zur positivsten 5, besonders bei Waite, obwohl die flammenden Finger des Alchemical Tarot auch eher Macht als Streben ausdrücken. Selbst Crowley zeigt die Stäbe im Gleichgewicht, während die Akrobatin beim Elemental Tarot den Stäben Zirkusflair verleiht. Smiths Bild *(oben)* zeichnet eine Gruppe junger Männer, die ihre Stäbe gegeneinander schlagen. Es ist ein spielerischer Kampf, denn niemand wird verletzt. Solche Konflikte geben eher Kraft als dass sie verletzen. Die Karte kann gesunde Konkurrenz bei der Arbeit, lebhafte Debatten oder einen Streit in der Beziehung bedeuten, der jedoch nicht verletzt.

Auf dem Kopf stehend wird die Karte schon unerfreulicher. Die Regeln werden nicht mehr gewahrt. Vielleicht fühlt der Fragende ein Messer im Rücken.

5 DER KELCHE
Crowley versinnbildlicht Enttäuschung *(rechts)* durch welke Blüten und das umgekehrte Fünfeck. Das Alchemical Tarot

DIE KLEINEN ARKANA

zeigt drei umgestürzte Töpfe. Goldene Flüssigkeit läuft aus, als sei ein alchemistisches Experiment gescheitert. Aber wie befreit fliegen zwei Vögel auf. Die auf dem Kopf stehende Frau des Elemental Tarot steht für eine „unangenehme Gefühlslage".

Waite *(oben)* und Alchemical betonen den Verlust, weisen aber zugleich auf einen möglichen Neubeginn hin. Eine verhüllte Frau betrachtet traurig drei umgestoßene Kelche. Sie scheint große Hoffnung oder Freude verloren zu haben. Doch hinter ihr stehen zwei weitere Kelche. Sie symbolisieren, was ihr noch bleibt, vielleicht Liebe und Unterstützung von Freunden und Familie.

Umgekehrt erholt sich der Fragende von seinem Kummer. Mit Waite gesprochen, entdeckt die Frau die beiden Kelche hinter sich und trägt sie über die Brücke zu einem Neubeginn nach Hause.

5 DER SCHWERTER

Dies ist eine der beunruhigenderen Karten, besonders bei Waite *(unten)*. Bei Crowley scheint Glas zerbrochen. Nur das Alchemical Tarot bietet eine positive Perspektive: Ein Schmied behaut Schwerter als rüste er sich zum Kampf. Der Golden Dawn nannte diese Karte „Herr der Niederlage", weil sich hier der Verlust der 5 mit dem Konflikt der Schwerter trifft. Angesprochen sind die Augenblicke, in denen wir uns niedergeschlagen und gedemütigt fühlen. Das Elemental Tarot hingegen deutet auch das Befreiende einer Niederlage an, die neue Perspektiven eröffnet.

Umgekehrt ist die neue Perspektive bereits erkennbar. Man löst sich aus Scham und Verzweiflung. Das kann auch bedeuten, dass eine Niederlage durch Planänderung vermeidbar wird.

5 DER MÜNZEN

Ebenso eine beunruhigende Karte, wenn auch der Titel der Crowley-Karte, Quälerei, anklingen lässt, dass das Problem an äußeren Umständen, aber auch an unserer Zukunftsangst liegen kann. Verbunden mit der Zahl 5 ergibt das Element Erde zumindest Angst vor Armut und Krankheit. Aber ist das alles? Der einbeinige Bettler des Alchemical Tarot starrt in seine leere Hand und sieht die Münzen am Boden nicht. Die Frau des Elemental Tarot krümmt sich niedergeschlagen zusammen und sieht die Welt zu ihren Füßen nicht. Und bei Waite *(oben rechts)* geht ein verarmtes Paar an einer Kirche vorbei, die Schutz bietet, und sieht sie nicht. Die Karte kann für eine starke Verbindung zwischen zwei Menschen stehen, die gemeinsam leiden.

Umgekehrt ist ein Ende des Leidens in Sicht. Das Leben wird besser. Das kann eine Beziehung gefährden, die vom gemeinsamen Kampf „gegen die grausame Welt" lebt.

OBEN Die Motivworte auf dem Elemental Tarot bezeichnen alle eine äußere Kraft, die unsere Sicherheit und Struktur bedroht.

Die 6 – Tiphereth (Schönheit)

DIE KARTEN MIT DER 6 bieten Erholung nach den Belastungen der 5. Die Welt scheint wieder in Ordnung, neues Selbstbewusstsein erwacht. Die 6 der Erde des Elemental Tarot zeigt Fülle, Fruchtbarkeit und Gesundheit, alles, was bei der 5 verloren schien.

Der Mittelpunkt des Baums des Lebens steht für Harmonie und Kommunikation. Ein ähnliches Bild entsteht, wenn wir uns die 6 als 2 x 3 vorstellen, als die Generationen also. Doch diese Karten vermitteln auch die Idee der Hierarchie, besonders bei Waite, wo ein Mensch den anderen übergeordnet erscheint. Auch das geschieht innerhalb der Generationen, denn die Jugend muss eigene Wege gehen. Bei der 6 der Stäbe im Alchemical Tarot fordert ein junger Alchemist die Götter selbst heraus.

OBEN Die 6 im Mittelpunkt des kabbalistischen Lebensbaums steht für Harmonie und Kommunikation.

RECHTS Im Elemental Tarot steht die 6 für die Erde, hier dargestellt als Mutter Erde.

DIE FARBEN

6 DER STÄBE

Crowley *(oben rechts)* nennt diese Karte Sieg, und bei Waite trägt ein Mann einen Lorbeerkranz. Er sitzt hoch zu Ross, während seine Gefolgsleute zu Fuß neben ihm gehen. Das Elemental Tarot wählt Nike, die berühmte geflügelte Siegesgöttin, zur Leitfigur dieser Karte. Ihr Gesicht ziert ein Kranz, darunter kauert ein Löwe. Aber sie trägt eine Maske, als beruhe die Macht auf dem selbstbewussten Gesicht, das der Mensch nach außen zeigt. Die positive 6 und die energiegeladenen Stäbe bedeuten nicht nur Sieg, sondern auch ein Selbstbewusstsein, das andere anspornt.

In umgekehrter Position fällt die Maske, und der Mensch zweifelt an seiner Macht. Er kann deshalb Anhänger verlieren.

6 DER KELCHE

Als eine der erfreulichsten Karten im ganzen Spiel zeigt die 6 der Kelche die glückliche Vereinigung der *Sephirah* mit dem fließenden Wasser der Farbe. Crowley *(S. 107 oben Mitte)* nennt sie Genuss. Erzulie, die Göttin dieser Karte im Elemental Tarot, ist die haitianische Gottheit der Liebe und der Sinnlichkeit.

DIE KLEINEN ARKANA

6 DER MÜNZEN
Auch hier unterscheidet sich Waite *(unten)* von anderen Spielen. Crowley *(rechts)* zeigt „Erfolg", das Elemental reiche „Ernte", Symbol des Wohlstands, aber auch des Wohlbefindens und guter Gesellschaft. Bei Waite und im Elemental geht es um das Thema Teilen. Waites Bettler haben einen Mäzen gefunden, der ihnen aus einer Waage (dem Symbol für Gerechtigkeit) Münzen zuteilt. Es ist eine schöne Karte für Arbeitssuchende, denn sie steht für die Hilfe einflussreicher Menschen. Hier wiederholt sich die Dreiergruppe, die in den Großen Arkana so häufig erscheint. An Stelle des Hierophanten steht hier der Händler. Die Karte bedeutet Großzügigkeit, aber auch Ungleichheit.

Waite *(oben links)* hebt das Nährende hervor; hier hilft ein älteres Kind einem kleineren. Für viele bedeutet diese Karte die Erinnerung an eine glückliche Kindheit. Aber sie hat auch etwas Beunruhigendes. Das Kind erscheint überbehütet und zu dick eingepackt, um selbständig handeln zu können.

Umgekehrt endet die „Oase des Genusses" (Elemental und Crowley zusammengenommen), und wir kehren zu den schwierigeren Seiten des Lebens zurück. Oder aber der Mensch richtet den Blick in die Zukunft statt in die Vergangenheit.

6 DER SCHWERTER
Crowley nennt diese Karte „Wissenschaft". Manche verstehen das negativ als engstirnigen Materialismus, der Spiritualität ablehnt; deshalb das engmaschige Netz auf dem Bild. Es kann aber auch bedeuten, dass Wissenschaft die komplizierten Verbindungen aller Lebensformen verdeutlicht. Elemental *(unten rechts)* zeigt Gedankenfreiheit und Entdeckungsfreude; beides passt zur 6.

Pamela Smith zeichnet hier eines ihrer rätselhaftesten Bilder, anscheinend eine Reise. Die Menschen aber kauern schweigend im Boot fast wie tote Seelen auf dem Weg in ein neues Leben. Vielleicht bergen sie ein Familiengeheimnis.

Bei der umgekehrten Waite-Karte reden die Menschen. Sie tragen die Last ihrer Schwerter nicht mehr still mit sich, sondern gehen das Thema an. Andere Tarotdecks betonen Entdeckung und neue Ideen.

Umgekehrt sperrt sich der Fragende vielleicht gegen fremde Hilfe. Es erfordert Bescheidenheit, andere um Hilfe zu bitten.

OBEN Das Selbstvertrauen der 6 der Schwerter kann auch eine Maske sein, hinter der sich jemand versteckt.

107

Die 7 – Netzach (Sieg)

Nach der schwierigen 5 schuf die 6 wieder Stabilität. Nun müssen wir uns Neuem öffnen. Die 7 steht für Risikobereitschaft, Experimentierfreude und Mut. Die kabbalistische Idee des Sieges (in der 6 der Stäbe bereits vorweggenommen) und die männliche Zahl betonen die heroische Lebenseinstellung. Nicht immer führt sie zu dauerhaften Ergebnissen. Der Sieg kann von kurzer Dauer oder sogar nur eingebildet sein.

Zwar machen alle heute verwendeten Decks (mit Ausnahme des Visconti-Sforza) Anleihen beim Golden Dawn, doch interpretieren alle die Karten anders. Beim Elemental Tarot geht es um ein gewisses Risiko. Waite und Alchemical geben der Erdfarbe eine positivere Bedeutung. Steht sie beim Golden Dawn noch für unerfüllte Erfolgsversprechungen, zeigt Waite einen grünen Busch und Alchemical ein Symbol der Erfüllung. Crowley erweitert das Thema zum Fehlschlag und legt das Golden-Dawn-Motiv des „illusionären Erfolges" (Kelche) sinnlicher als „Verderbnis" aus.

OBEN 7 der Kelche, Alchemical Tarot. Diese Karte betont den kreativen Prozess.

UNTEN Die 7 steht für mutige Handlungen wie etwa in der Legende des Drachentöters St. Georg.

Die Farben

7 der Stäbe

Beim Golden Dawn hieß diese Karte „Der Herr der Tapferkeit". So gibt es viele Darstellungen von Mut und Streitlust der Stäbe. Fast könnte man meinen, Zahl und Farbe passten allzu gut zusammen, denn die Karte steht nun einseitig für den aggressiven Umgang mit Problemen. Beim Alchemical gehen Hunde einander an die Kehle, während Crowley *(unten rechts)* einen knorrigen Stock zeigt, der die eleganteren Stöcke dahinter zu überwältigen scheint. Bei Waite *(unten links)* erwehrt sich ein starker Mann aller Gegner. Nur das Elemental Tarot ist etwas milder: Ein unkonventioneller Taucher symbolisiert einen Menschen, der durch haarsträubendes Verhalten Änderungen her-

beiführen will. Statt sich gegen die Kritik anderer zu wehren, ignoriert er sie.

In umgekehrter Position versagt der Mut des Fragenden, das Leben überwältigt ihn mit Problemen. Vielleicht sollte er aber auch einfach weniger aggressiv auftreten, besonders in Beziehungen.

DIE KLEINEN ARKANA

7 DER KELCHE
Das Element Wasser symbolisiert Liebe und Phantasie. Crowley und Elemental betonen die Seite der Liebe (bei Crowley eher Sinnlichkeit), Waite *(oben links)* und Alchemical die Phantasie. Das Alchemical Tarot zeigt einen attraktiven Menschen, der in ständig wechselnden Beziehungen mit der Phantasie anderer falsches Spiel treibt. Die tropfenden Kelche bei Crowley *(oben rechts)* stehen für Übermaß und „Verderbnis".

Beim Alchemical und bei Waite geht es darum, Phantasien in die Tat umzusetzen. Alchemical zeigt Wahlmöglichkeiten, Waite eine Galerie der Phantasien. Gelingt es dem Menschen nicht, sie in konkretes Handeln umzusetzen, bleiben sie Luftschlösser.

Die umgekehrte Karte zeigt den Übergang zum Handeln. Der Mensch entscheidet sich für einen Wunsch und beginnt mit dessen Verwirklichung.

7 DER SCHWERTER
Bei den Schwertern erwarten wir vielleicht einen mutigen Helden. Die Schwerter sind aber eher die Farbe des Verstandes als die der Tat. Auf Heldentum und Wagemut versessen, entwirft die Luft hinterlistige Pläne, die zum Sieg führen sollen. Wie unnütz das ist, wird bei Crowley im Titel „Vergeblichkeit" deutlich. Bei Waite zeigt sich die Hinterlist im hämischen Grinsen des Mannes und darin, dass er nur fünf und nicht alle sieben Schwerter stiehlt *(rechts)*. Mit dem Kopf des Menschen im Maul des Löwen drückt das Elemental Tarot Tollkühnheit um des reinen Nervenkitzels willen aus.

Umgekehrt verhält sich der Mensch umsichtiger. Er denkt nach oder holt sich Rat bei anderen, bevor er sich auf abenteuerliche Pläne einlässt.

7 DER MÜNZEN
Aus den unerfüllten Erfolgsversprechungen des Golden Dawn, die auch eine zeitliche Verschiebung bedeuten können, wird bei Crowley der Fehlschlag, was im Widerspruch zum positiven Grundton der Zahl 7 zu stehen scheint. Waite *(oben)* interpretiert gemäßigter und zeigt einen Bauern, der seine Arbeit unterbricht und betrachtet, was er bisher geleistet hat. Manche sehen in seinem Blick Zufriedenheit. Er ist an dem Punkt angekommen, an dem er innehalten und darauf vertrauen kann, dass der Busch (der Karriere, Projekte oder Beziehungen symbolisieren kann) gesund bleibt und weiter wächst. Andere hingegen sehen Unmut über die Arbeit, die noch vor ihm liegt.

Umgekehrt bedeutet die Karte Unzufriedenheit. Die Arbeit geht nicht voran, oder das Ziel ist nicht klar. Fragende müssen sich bewusst machen, was Erfolg und Fehlschlag für sie bedeuten.

OBEN Die 7 steht für Heldentaten wie das Erklimmen eines Berggipfels.

109

Die 8 – Hod (Glanz)

DIE 7 BRACH DIE STABILITÄT auf und ging Risiken ein. Sie suchte die Kraft des Netzach. Hod führt zum Glanz, zur Anerkennung; besonders im Elemental Tarot, das hier den Lohn der Anstrengung zum Thema macht. Die anderen Decks betonen eher die Annäherung an das Ziel. Dazu kann Konsolidierung gehören wie bei der 8 der Stäbe im Alchemical Tarot, wo ein Arbeiter brennende Bäume zurückschneidet. Er weiß, was zu tun ist und macht sich an die Arbeit.

Auch bei der 8 steht wieder eine Farbe im Widerspruch zur Zahl. Bei Crowley führt das Konfliktthema der Schwerter zur „Einmischung": eine Sache soll in Bewegung gebracht oder endlich abgeschlossen werden. Bei dieser 8 scheinen die Schwerter ein zerklüftetes Energiefeld einzuzäunen. Alchemical zeigt das innere Tier, das von unruhigen Gedanken im Zaum gehalten wird. Die gefesselte Frau mit verbundenen Augen bei Waite ist – wie so oft – das lebendigste Bild.

UNTEN LINKS
In tiefer Meditation schöpft die Figur auf der 8 der Kelche des Elemental Tarot aus dem Brunnen des Lebens.

UNTEN RECHTS
Im Gegensatz dazu beschwört das instabile Feuer einen Vulkanausbruch herauf.

DIE FARBEN

8 DER STÄBE

Bei Crowley *(unten rechts)* und Waite *(unten links)* ist diese Karte der Inbegriff der Bewegung. Crowley nennt sie „Schnelligkeit" und schickt Blitze in alle Richtungen. Bei Waite ist die Bewegung eher gerichtet. Wie Pfeile fliegen die Stäbe zu Boden, als sei dort ihr Ziel. Diese optimistische Karte zeigt deutliche Fortschritte auf dem Weg zum Ziel. Bei langfristigen Projekten stehen Erfolg oder ein Durchbruch unmittelbar bevor. In der Liebe können Waites acht Stäbe als „Liebespfeile" gelten. Das Elemental Tarot zeichnet den Erfolg noch deutlicher in einer bewunderten Frau auf einem Vulkan. Ihre Mühe bringt ihr Anerkennung ein. Die Energie des Feuers aber macht ihre Position instabil.

Umgekehrt wird die zielgerichtete Bewegung unterbrochen. Energie verfliegt, Projekte werden ausgesetzt. Verzögerungen treten ein, oder es fehlt an Entschlusskraft. Pfeile der Eifersucht verletzen die Liebe.

DIE KLEINEN ARKANA

OBEN Die 8 der Münzen steht für hohe Handwerkskunst wie etwa beim Instrumentenbauer.

8 der Kelche
Crowley nennt sie „Trägheit" *(oben rechts)*, als ob die Antriebslosigkeit der Kelche jede Bewegung erschwert. Ähnlich zeigt das Elemental Tarot eine Gestalt in tiefer Meditation, die Bewegung geht nach innen. Wieder anders die Bewegung im Alchemical: Ein Töpfer verliert sich in seiner Arbeit.

Waite *(oben links)* zeigt, dass wir uns von einem Ziel weg, aber auch darauf zu bewegen können. Ein Mann lässt acht Kelche hinter sich. Anders als auf der 5 ist nichts verschüttet. Er weiß einfach, dass es Zeit ist für den nächsten Schritt. In Verbindung mit dem Eremiten oder der Hohepriesterin löst er sich vielleicht aus einer Beziehung.

In umgekehrter Position drängt die 8 der Kelche zum Ausharren. Oder sie rät uns, am Geschehen in unserer Umwelt weiter teilzunehmen.

8 der Schwerter
Beim Elemental gilt diese Karte als Anerkennung geistiger Errungenschaften. Alle anderen Decks zeigen verschiedene Formen der „Einmischung". Waite zeigt eine Frau, die scheinbar in jeder Hinsicht gebunden ist. Fesseln hindern sie an der Bewegung, Schwerter umzingeln sie, hinter ihr zeigt sich die bedrohliche Silhouette eines Schlosses, Symbol der Autorität, die Augenbinde versperrt ihr die Sicht. Aber das Schloss befahl ihr keine Wache zur Seite, die Schwerter versperren ihr nicht den Weg und die Fesseln binden ihre Füße nicht. Wirklich behindert wird sie nur durch die Augenbinde, durch Mangel an Orientierung. Ein Mensch mit dieser Karte hat mehr Möglichkeiten als er denkt. Vielleicht hat er sich nur weismachen lassen, er sei völlig hilflos.

In umgekehrter Position machen klares Denken und sorgfältige Analyse Bewegung möglich. Die Frau bei Waite nimmt ihre Augenbinde ab und macht den ersten Schritt.

8 der Münzen
Bei der Farbe der Erde verlangsamt sich die Bewegung, führt dabei aber zu echten Ergebnissen. Crowleys „Umsicht" *(unten)* zeigt einen gleichmäßig gewachsenen, früchtebehangenen Baum. Die Gestalt des Elemental Tarot steht fest mit beiden Beinen auf der Erde, die vier Goldmünzen an jeder Seite sind der Lohn ihrer Mühen. Alchemical *(unten rechts)* und Waite *(unten links)* zeigen die Arbeit als solche, nicht den Lohn. Im Erwerb von Fertigkeiten liegt die Bewegung dieser Farbe, im Unterschied zum künstlerischen Flair der 8 der Kelche (Alchemical) scheinen die Arbeiter auf diesen beiden Karten nicht mit anspruchsvollen Einzelstücken befasst. Sie üben ihre Fähigkeiten, indem sie immer wieder dasselbe Stück herstellen. Darum geht es bei dieser Karte.

Umgekehrt wird der Mensch ungeduldig. Am liebsten umginge er die Mühe und lange Ausbildung, die für wahren Erfolg notwendig sind.

DIE KARTEN

Die 9 – Jesod (Fundament)
✶ ✶ ✶ ✶ ✶ ✶ ✶ ✶ ✶ ✶ ✶ ✶ ✶ ✶ ✶

DIE LETZTE EINSTELLIGE Zahl vermittelt ein Gefühl der Vollendung. Mit Blick auf die neun Monate der Schwangerschaft könnte man sagen, dass sich jetzt die Eigenschaften der Farbe vollends entfalten. Crowleys Karten beschreiben hier die fundamentalen Eigenschaften jeder Farbe. „Stärke" heißen die Stäbe, „Freude" die Kelche, „Grausamkeit" die Schwerter und „Gewinn" die Münzen. Die Begriffe vereinfachen die etwas komplexeren Titel im Golden Dawn: „Große Stärke", „Materielles Glück", „Verzweiflung und Grausamkeit" und „Materieller Gewinn". Crowley reduziert sie auf das Wesentliche und verbindet sie mit Bildern von formaler Strenge wie bei Visconti-Sforza. Auch das Alchemical Tarot ist betont schlicht, besonders der schöne Baum bei der 9 der Münzen. Elemental beschreibt die 9 als den Zeitpunkt zu dem wir „den wahren Wert" der Farbe erkennen. Die Karten sind ausdrucksstark und direkt, Bezüge zum Golden Dawn deutlich sichtbar. Die Karten zeigen die Farbe in Vollendung, aber auch den Preis, den wir zahlen mussten, um unsere Ziele zu erreichen.

UNTEN Als die letzte einstellige Zahl vermittelt die 9 ein Gefühl der Vollendung. Sie erinnert an die neun Monate der Schwangerschaft.

GANZ RECHTS Bei den Kelchen des Elemental Tarot schenkt die Erdgöttin Gaia Liebe und Glück.

RECHTS Das tote Tier auf der 9 der Schwerter aus dem Elemental Tarot ist ein Zeichen für Trauer.

DIE FARBEN

9 DER STÄBE
Bei Crowley *(rechts)* dominiert der einzelne Stab mit der strahlenden Sonne an der Spitze alle anderen. Die Karte aus dem Elemental Tarot mit dem Titel „Radiance" (Strahlen) zeigt das heitere Gesicht einer Frau, die sich ihrer Sache sicher ist. Doch auch sie beherrscht die Figur unter sich. Alchemical befindet mystisch, dass Stärke gewinnt, wer etwas aufgibt: Ein Wolf wird den Flammen der Transformation übergeben.

Auch Waite *(oben links)* zeigt einen mächtigen, herrschenden Menschen. Sein Stab gibt ihm einen festen Stand; misstrauisch betrachtet er die Stäbe hinter sich. In seinen Schultern zeigt sich Spannung, um den Kopf trägt er eine Binde. Die streitlustige Lebenseinstellung der Stäbe verlangt stete Wachsamkeit und Kampfbereitschaft.

Umgekehrt verlässt ihn die Stärke. Probleme erweisen sich als mächtiger. Die umgekehrte Karte kann aber auch die Chance zu einer weniger aggressiven Einstellung eröffnen.

9 DER KELCHE

Bei Crowley *(oben rechts)* strömt goldene Freude aus Lotusblüten in die überfließenden Kelche. Beim Elemental, üppig und schlicht zugleich, spendet die Erdgöttin Gaia bedingungslose Liebe und Freude, die höchsten Werte des Wassers. Im Vergleich zum Überfluss bei Crowley zeigt Waite *(oben rechts)* eher oberflächlichere Freude: selbstzufrieden sitzt ein Mann vor einer Reihe Kelche. Er verkörpert Genuss und Zufriedenheit. Diese Karte kann für Fröhlichkeit im Freundeskreis stehen.

In umgekehrter Position richtet sich der Blick über den Genuss hinaus auf die höheren Freuden, insbesondere bei Waite, der „Wahrheit, Treue, Freiheit" als umgekehrte Bedeutungen angibt.

9 DER SCHWERTER

In den meisten Decks ist dies eine der härtesten Karten. Selbst das Elemental Tarot, das als wichtigste Eigenschaft der Luft das klare Denken betont, nennt sie „Donner" und zeichnet ein totes Tier als negative Seite der Karte. Andere Decks, besonders Crowley *(unten rechts)* zeigen den schmerzlichen Aspekt einer Farbe, deren Emblem eine Waffe ist.

Er findet sich auch im Titel, denn „Grausamkeit" ist Handlung und Haltung zugleich. Alchemical zeigt Sorgen, Waite innere Qualen.

Das lebhafte Waite-Bild *(unten ganz links)* zeigt eine weinende Frau im Bett, über ihr die Schwerter ihres Schmerzes. Die Karte kann sich auf ein altes Problem beziehen, das wir nicht mehr länger ignorieren können.

In umgekehrter Position versucht sie, sich aus Schmerz und Grausamkeit zu lösen. Wichtig ist, dass sie an ihrer Situation etwas ändert und ihre Traurigkeit nicht ignoriert.

9 DER MÜNZEN

Diese Karte ist einfacher und fröhlicher. Beim Elemental feiern und tanzen Menschen. Alchemical zeigt einen Baum voller ernteter Früchte, Crowleys Scheiben strahlen in alle Richtungen. Auch Waite *(rechts)* wirkt sehr positiv: Eine Frau steht in einem Garten voller Früchte. Es ist ihr Garten, sie hat ihn mit viel Mühe angelegt. Der abgerichtete Falke symbolisiert die Disziplin, mit der sie sich ein schönes Leben geschaffen hat. Diese Karte steht für Besitz und Erfüllung materieller Bedürfnisse. Doch die Frau ist allein. Vielleicht hat sie über der Arbeit an ihrem „Garten" Beziehungen und Vergnügen vernachlässigt.

In umgekehrter Position bedeutet die Karte mangelnde Disziplin in beruflichen oder finanziellen Dingen. Aber sie kann auch wachsendes Interesse an einer Beziehung zeigen.

Die 10 – Malkuth (Königreich)

DIE ZAHL 10 schließt einen Zyklus ab und beginnt zugleich einen neuen. Diese Ambiguität kann zu Extremen führen, als müsse das Alte vor einem Neubeginn erst einmal so weit wie möglich vorangetrieben sein. Im Vergleich der Karten 10 und 9 wird bei Crowley aus „Freude" „Sattheit", „Grausamkeit" führt zum „Untergang", aus „Gewinn" wird „Reichtum". Nur bei den Stäben wendet sich die 10 gegen die niedrigere Karte: Aus „Stärke" wird „Unterdrückung". Das Alchemical Tarot zeigt die vier Farben in ihrem kraftvollsten Ausdruck. Aus der Kraft der Flammen ersteht der unsterbliche Phönix. Die Gefäße vereinen sich, denn jetzt fließen alle Emotionen in eins. Die Szenerie der Schwerter ähnelt der bei Waite, die Münzen hingegen zeigen einen Menschen, den sein Reichtum buchstäblich blind macht.

Elemental betont das Vergängliche der Vollkommenheit. Alle Karten zeigen den Zusammenbruch ihres Elements. Dieser Einsturz festgefügter Strukturen eröffnet neue Möglichkeiten.

OBEN 10 der Stäbe, Alchemical Tarot. Der Phönix erscheint hier in seiner deutlichsten Form.

UNTEN In der Alchemie verwandelt sich die Kraft der Flammen in den unsterblichen Vogel Phönix.

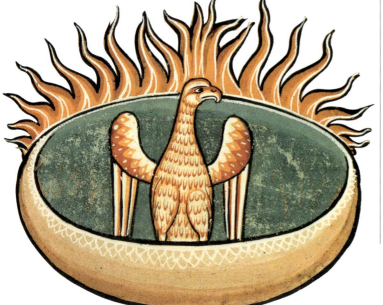

DIE FARBEN

10 DER STÄBE

Wie aus „Stärke" „Unterdrückung" werden kann, zeigt das Beispiel eines starken Menschen, der seine ganze Kraft darauf verwendet, etwa eine unglückliche Ehe oder einen unerträglichen Beruf auszuhalten. Erst wenn die Unterdrückung zu stark wird, ändert er etwas. Bei Waite *(oben)* nimmt ein Mensch alle Last des Lebens auf sich und beklagt sich noch nicht einmal. Aber innerlich leidet er. Elemental *(unten)* verdeutlicht die Instabilität einer solchen Situation, die zum plötzlichen Ausbruch lange unterdrückter Wut führt.

Umgekehrt versucht der Mensch, sich aus der Unterdrückung zu befreien, bevor er vor Wut explodiert. Bei Waite legt er die Stangen ab. Dabei kommt es darauf an, ob er sie ruhig niederlegt und befreit weitergeht oder ob er sie in plötzlicher Wut abwirft, nur um sie sich dann erneut aufzuladen und den ermüdenden Kreislauf zu wiederholen.

DIE KLEINEN ARKANA

10 DER KELCHE

Die Erfüllung, Thema der Zahl 10, passt am besten zur Farbe der Liebe, den Kelchen. Crowley *(oben rechts)* nennt sie „Sattheit", der Golden Dawn „Anhaltender Erfolg". Die meisten Decks folgen den fröhlichen Motiven bei Waite *(oben links)* und dem Alchemical Tarot. Das Alchemical präsentiert seine Botschaft symbolisch als alchemistischen Prozess, Waite hingegen ganz direkt. Glück findet man weder in Ruhm noch Reichtum, sondern in der Familie und in einem bescheidenen Heim.

Umgekehrt wird das Glück durch äußere Einflüsse gestört. Die Karte kann auch für einen Menschen stehen, der sein Glück nicht erkennt.

10 DER SCHWERTER

In vielen Decks zeigt die erschreckendste Karte, die 10 der Schwerter, das Thema innerer und äußerer Konflikte in extremer Form. Ein Schwert allein tötet bereits einen Menschen, hier sind es zehn; bei Waite *(unten links)* im Rücken, beim Alchemical Tarot in der Brust. Elemental nennt die Karte „Zyklon" *(unten)* und ordnet ihr den guatemaltekischen Gott Hurukan zu, von dem das Wort Hurrikan, der verheerendste Sturm, abgeleitet ist. Das absolute Extrem enthält zugleich den Ausweg aus dem Chaos.

Der übertriebene Mord steht für eine Überreaktion. Das klare Denken des Ass ist der Panik gewichen. Auffällig ist bei Waite das ruhige Wasser und das Licht hinter den schwarzen Wolken. Nicht ist so schlimm wie es scheint.

Umgekehrt findet der Mensch eine ausgewogenere Perspektive. Er beginnt, etwas an seiner Situation zu ändern, muss aber darauf achten, dass diese Veränderungen auch andauern.

10 DER MÜNZEN

Die Farbe der materiellen Güter findet ihre Erfüllung in Wohlstand und Sicherheit. Bei Crowley bilden die goldenen Scheiben einen Baum des Lebens über einem Geldberg. Auch Waite *(oben rechts)* zeigt dieses kabbalistische Bild. Unsere alltägliche Welt zwischen Heim und Arbeit ist magischer als alle Zaubersprüche und Rituale.

Doch die Menschen erkennen den Münzenbaum nicht. Um Blindheit oder die Weigerung zu sehen geht es auch im Elemental *(oben links)* und im Alchemical Tarot. Wenn Sicherheit langweilig wird, geht der Blick für den Wert dessen, was man hat, verloren.

Umgekehrt sucht der Mensch Abenteuer und Veränderung und geht im Finanziellen oder in seiner Beziehung Risiken ein.

UNTEN 10 der Schwerter, Alchemical Tarot. Diese erschreckende Karte zeigt das Thema innere und äußere Konflikte in absurd extremer Darstellung.

DIE HOFKARTEN

DIE GESTALTUNG DER Hofkarten war für die Schöpfer moderner Tarots eine Herausforderung ganz anderer Art als die der Zahlenkarten. Zu Beginn des 20. Jahrhunderts trugen die nummerierten Farbenkarten so gut wie keine symbolischen Motive. Die Hofkarten jedoch zeigten immer Abbildungen bestimmter Charaktere. Leider aber wurden die Figuren so formal und in starrer Haltung portraitiert, dass ihre Bedeutung kaum erkennbar war. Daher führte die Neuinterpretation der Hofkarten zu einer unglaublich variantenreichen Bilderwelt. Selbst die Titel änderten sich. Mit König, Königin, Prinz und Prinzessin machte der Golden Dawn den Anfang. Verschiedene moderne Decks ersetzten sie durch die klassische Familie: Mutter, Vater, Sohn und Tochter. Einige nahmen spirituelle Gestalten aus anderen Kulturen: Schamane, Priesterin, Häuptling, Amazone usw. Wieder andere Tarots portraitierten die Entwicklungsstadien des Menschen: Kind, Mann, Frau und Weiser.

Weil die Abbildungen so stark voneinander abweichen, beschränkt sich dieser Abschnitt auf den Vergleich von sechs Decks.

GANZ OBEN Prinzessin der Stäbe, Golden Dawn. Mit Prinz und Prinzessin führte dieses Deck als erstes die Generationenfolge ein.

OBEN Der Prinz der Stäbe, Golden Dawn. Der Orden verband diese Farbe mit dem Element Feuer.

TAROT DE MARSEILLES
Die klassische Variante: Die formalen Bilder des Tarot de Marseilles geben nur wenige Hinweise auf die Bedeutung der Karten. Bei näherer Betrachtung erschließen sich jedoch die feinen Unterschiede in Darstellung und Symbolik.

UNIVERSAL WAITE
Wie im Tarot de Marseilles sind die Figuren sehr formal dargestellt. Aber sie geben deutlichere Hinweise auf ihre Bedeutung, besonders die Buben und Ritter. Auffällig sind zum Beispiel Haltung und Mimik der Buben und die Art, in der sie ihre Embleme halten. Die Ritter drücken sich über das Verhalten ihrer Pferde aus: das Stäbe-Pferd bäumt sich auf, das Kelche-Pferd schreitet sanft, das Schwerter-Pferd stürmt im gestreckten Galopp voran und das Münzen-Pferd steht wie angewurzelt. Die Könige und Königinnen unterscheiden sich in Gesichtsausdruck und Sitzposition. So blickt die Königin der Schwerter streng geradeaus, während der König der Münzen hingebungsvoll seine goldene Scheibe streichelt.

RECHTS König der Münzen, Universal Waite Tarot. Haltung und Mimik geben Hinweise zur Deutung der Karte.

LINKS Königin der Münzen, Tarot de Marseilles. Der klassische Stil lässt nur wenig Spielraum zur Interpretation.

DIE HOFKARTEN

GOLDEN DAWN

Mathers tauschte Ritter und Bube gegen Prinz und Prinzessin und sorgte so für ein ausgeglichenes Geschlechterverhältnis bei den Hofkarten. Damit führte er zugleich die Idee des Generationenwechsels ein. Aus der Verbindung von König und Königin entstehen Prinz und Prinzessin. Auch in anderer Hinsicht geht dieses Deck über das Tarot de Marseilles hinaus. So agieren die Figuren symbolisch, zuweilen sogar dramatisch wie etwa die Königin der Schwerter mit dem abgeschlagenen Kopf. Der Orden verband als erster Position und Farbe der Karten mit den Elementen. Die Könige repräsentieren Feuer, die Königinnen Wasser, die Prinzen Luft und die Prinzessinnen Erde. So ist jede Karte eine Verbindung zweier Elemente. Der König der Kelche ist etwa Feuer von Wasser. Viele moderne Decks übernahmen dieses System.

CROWLEY

In ihren beeindruckenden Bildern erweiterte Lady Frieda Harris die Symbolik um die Ausdruckskraft der Kunst. Aleister Crowleys Titel entwickelten die Ideen des Golden Dawn weiter. So wird bei ihm der König zum Ritter, und es entsteht eine Geschichte. Der fahrende Ritter umwirbt die Königin, sie wählt ihn zum Gemahl, Prinz und Prinzessin werden geboren.

Diese Geschichte wurzelt im mittelalterlichen Minneideal: Ein Ritter diente seiner Königin. Die höfische Minne könnte aus denselben Ursprüngen entstanden sein wie die Ideen der Albigenser – ein möglicher Ursprung des Tarot selbst.

HAINDL

Eine ganze Reihe moderner Decks machten die Hofkarten zur Galerie der Mythen. Haindl ging dabei systematischer vor als die meisten: Jede Farbe steht für eine Kultur – und einen Kontinent. Die Kelche standen für den Heiligen Gral, also für Europa. Den Westen verband er mit den Indianern. Da er diese Kultur als erdverbunden empfand, wählte er die Farbe der Steine. Der Osten war Indien, aber auch der Sonnenaufgang, also Feuer und Stäbe. Blieben die Schwerter für den Süden. Zum Repräsentanten Afrikas wählte Haindl Ägypten.

VOYAGER

Das Voyager Tarot wurde in den 80er-Jahren von James Wanless und Ken Knutson entwickelt. Es repräsentiert zwei Richtungen im modernen Tarot – Collagen zur Darstellung der Eigenschaften der Karte und Titel, die eher die Entwicklungsstufen als den sozialen Status eines Menschen darstellen.

LINKS Prinz der Kelche, Golden Dawn Tarot.

UNTEN Sohn der Steine im Westen, Haindl Tarot. Dieses Deck greift auf die Kulturen der vier Kontinente zurück.

Sohn der Steine im Westen
Prinz der Steine

UNTEN MITTE Königin der Kelche, Crowley Tarot.

UNTEN Mann der Stäbe, Voyager Tarot.

Königin der Kelche

Die Buben

Meist werden die Hofkarten als bestimmte Charaktertypen gedeutet. In der Deutung stehen sie oft für ganz bestimmte reale Personen. Die typischen Eigenschaften der Karte helfen bei der Eingrenzung, wer konkret gemeint sein könnte.

Selbst das Begleitbuch zum Golden Dawn Tarot (Robert Wang, *Der Tarot des Golden Dawn*), das an anderer Stelle schreibt: „Die Prinzessinnen herrschen über die Teile des Himmels, die um den Nordpol herum ... liegen", ordnet einer bestimmten Karte (der Prinzessin der Stäbe) folgende Eigenschaften zu: „Ausstrahlung, Mut, ... spontan in ihrem Zorn wie auch in der Liebe ..." Bube, Diener, Knappe, Prinzessin, Tochter oder Kind, diese Karten stehen für junge Menschen – oder Menschen mit jungem Geist. Das können Schüler oder Studenten sein, oder Menschen, die etwas Neues in Angriff nehmen. Gemeinsam sind ihnen Elan und ungebrochene Lebensfreude. In Befragungen zu familiären Konflikten oder für eine Frau mit Kinderwunsch kann der Bube für ein reales Kind stehen. Aber diese Karten können auch einen Bewusstseinszustand deutlich machen.

OBEN Bube der Kelche, Tarot de Marseilles. Die Buben symbolisieren körperlich oder geistig junge Menschen.

ERSTE VON LINKS Bube der Stäbe, Universal Waite Tarot.

ZWEITE VON LINKS Tochter der Stäbe im Osten, Haindl Tarot.

DRITTE VON LINKS Bube der Kelche, Universal Waite Tarot.

VIERTE VON LINKS Kind der Kelche, Voyager Tarot.

Die Farben

Bube der Stäbe

Gestalt und Farbe passen gut zusammen. Auch wenn die Prinzessin für die Erde steht, repräsentiert sie doch das Prinzip des Neuanfangs. Der Bube der Stäbe wartet ungeduldig darauf, etwas Neues auszuprobieren. Dennoch ist er in Freundschafts- oder Liebesbeziehungen treu, denn Falschheit liegt ihm nicht. Radha, die Gestalt aus dem Haindl Tarot, steht für spielerische Leichtigkeit und Lebensfreude.

Bei der umgekehrten Hofkarte ist der Fragende äußerem Druck ausgesetzt. In dieser Situation wirkt der Bube unschlüssig, ja verwirrt. Das Leben ist ihm zu unüberschaubar geworden, er vertraut ihm nicht mehr.

Bube der Kelche

Waite zeichnet das Bild eines Träumers; Gedanken und Phantasien umgeben ihn, aber er fühlt sich nicht gedrängt, sie umzusetzen. Dieser Bube kann für die innere Entwicklung stehen. Das Kind des Voyager Tarot ist offen für alle Gefühle und äußert sie spontan, Haindls Birgid hingegen besitzt Ruhe und heitere Gelassenheit. Sie steht für Poesie und Divination.

Umgekehrt kann der Bube Phantasie und Wirklichkeit nicht mehr unterscheiden und handelt impulsiv. Er kauft Unnötiges, weil ihm gerade der Sinn danach steht, verspricht Dinge, die er von vornherein nicht halten will oder hängt einer unerwiderten Liebe an.

DIE HOFKARTEN

Die Vielzahl der heute erhältlichen Decks zeigt, wie unterschiedlich diese Vorstellungen umgesetzt und ausgearbeitet wurden. Das Tarot de Marseilles zeigt junge Männer, ruhig und besonnen im Vergleich zu den Rittern. Waite zeichnet freundliche Gestalten, die leicht an ihren Emblemen tragen. Der Golden Dawn betont Ungestüm und Energie. In den Amazonen mit entblößter Brust wird die ganze Kraft der Farbe lebendig (der Orden verband die Prinzessinnen mit dem letzten Buchstaben des Namens Gottes, dem Punkt also, an dem der Schöpfungsprozess Gestalt annimmt. Auch Crowley zeigt aktive Figuren in wirbelnder Energie. Voyager stellt Eigenschaften von Kindern dar – passend zum jeweiligen Element: Die/der Suchende bei den feurigen Stäben; Die/der Fühlende beim Wasser der Kelche, Die/der Lernende bei den geistigen Kristallen (Schwerter) und Die/der Spielende bei den Welten (Münzen), der Farbe der Erde. Dass manche Decks einen Pagen oder Knappen zeigen, andere hingegen Prinzessinnen betont, dass die Hofkarten nicht geschlechtsbezogen sind. Sie bezeichnen Persönlichkeit und Verhalten.

OBEN Bube der Münzen, Tarot de Marseilles. Er hält das Zeichen der Farbe wie ein Ausstellungsstück.

ERSTE VON RECHTS Kind der Welten, Voyager Tarot.

ZWEITE VON RECHTS Bube der Münzen, Universal Waite Tarot.

DRITTE VON RECHTS Prinzessin der Schwerter, Crowley Tarot.

VIERTE VON RECHTS Bube der Schwerter, Universal Waite Tarot.

BUBE DER SCHWERTER
Dieser Bube ist hellwach und aufmerksam, besitzt eine rasche Auffassungsgabe und Intelligenz. Isis ist eine der stärksten Karten aus dem Haindl Tarot, eine Göttin, deren Willenskraft und Entschlossenheit alle Gegner überwindet. Statt durch Gewalt siegt sie durch Mut und Liebe. Das Kind der Kristalle des Voyager Tarot erkundet die Wunder des Geistes. Die Prinzessinnen bei Crowley und im Golden Dawn stehen für Feingefühl und Anmut.

Umgekehrt wird die Wachsamkeit des Buben ängstlich, ja paranoid. Vielleicht fehlt ihm auch Selbstvertrauen.

BUBE DER MÜNZEN
Waite zeigt den idealen Studenten. Er scheint so tief in seine Münze versunken, dass er kaum etwas anderes wahrnimmt. Haindl wandelt ihn zum Lehrer; denn White Buffalo Woman lehrte die Lakota das heilige Wissen. Voyager betont das Spiel. Gemeinsam ist allen die Vorstellung von einem Menschen, der sich ganz auf die Welt und ihre Wunder einlässt.

Umgekehrt wird der Bube leicht ablenkbar. Er lässt sich von Impulsen und Launen treiben statt seine Kräfte auf ein Ziel zu konzentrieren. Das Spiel wird zur Ausrede für die Scheu vor der Verantwortung.

Die Ritter

OBEN Ritter der Stäbe, Tarot de Marseilles. Die Ritter sind idealistische Gestalten, die sich für das Wohl der ganzen Menschheit einsetzen.

ERSTE VON LINKS Ritter der Stäbe, Universal Waite Tarot.

ZWEITE VON LINKS Sohn der Stäbe im Osten, Haindl Tarot.

DRITTE VON LINKS Ritter der Kelche, Universal Waite Tarot.

VIERTE VON LINKS Sohn der Kelche im Norden, Haindl Tarot.

Beim Übergang vom Buben zum Ritter wird die Persönlichkeit komplexer. Zwischen Kind und Erwachsenem stehend, verbinden die Ritter jugendlichen Elan mit Verantwortungsbewusstsein. Ritter machen sich auf, um in neuen Abenteuern ihre Grenzen kennen zu lernen. Dabei handeln sie nicht nur zum eigenen Vorteil, sondern stehen auch Hilfsbedürftigen bei. Dieser Idealismus kann sie aber auch in Konflikt mit ihrem jugendlichen Bedürfnis nach Selbstentdeckung bringen. Auch die Farbe kann dem Charakter des Ritters entgegenwirken. Passen Stäbe und Schwerter gut zu ihm, so stehen die verträumten Kelche im Widerspruch zu seiner Energie und Risikobereitschaft.

Die Kavaliere des Tarot de Marseilles erscheinen eher statisch, wie in einer Parade. Auch die Prinzen des Golden Dawn nehmen starre Posen ein wie die des Marseiller Tarot, sitzen aber in ihrem Wagen, dem Symbol der Aktivität. Im jugendlichen Prinzen setzt sich deren Lebensenergie fort. Er nimmt sie auf und setzt sie ein. Auch Crowley zeigt Wagen, zeichnet sie aber dynamisch und vermittelt so den Eindruck von Bewegung.

DIE FARBEN

RITTER DER STÄBE

Ein abenteuerlustiger und energiegeladener Mensch voller Lebenshunger, Entdeckungsdrang und Neugier. Solange niemand versucht, ihn zu bremsen oder zu kontrollieren, kann er sehr hilfreich, ja ritterlich sein. Die Karte könnte eine Reise oder eine neue Erfahrung bedeuten. Dieser Ritter ist ein attraktiver, aber nicht unbedingt treuer Liebhaber.

In umgekehrter Position erlebt er Rückschläge und Ablehnung. Sein Selbstvertrauen leidet unter seinen Fehlern. Dank seines angeborenen Optimismus aber hält ihn nichts lange auf. Der umgekehrte Ritter der Stäbe kann andeuten, dass sich ein Projekt verzögert.

RITTER DER KELCHE

Ob im Anblick des Kelchs versunken wie bei Waite (auch bei Crowley starrt der Ritter in seinen Kelch, obwohl sein Wagen ihn weiter zieht), oder fassungslos wie Haindls Parsifal angesichts dessen, was er sieht. Dieser Ritter durchlebt einen Konflikt. Die Kelche symbolisieren Träume und Phantasien, nicht Aktivität. Der Ritter der Kelche kann für einen Menschen stehen, der sich zwar nach der Liebe sehnt, dem es aber schwer fällt, seine Gefühle zu zeigen.

In umgekehrter Position wird der Fragende von seiner Umwelt – Beziehung, Beruf, Familie – zum Handeln gezwungen.

Bei Haindl stehen die Söhne für ritterliches Verantwortungsbewusstsein. Jeder Ritter weiß, dass er der Welt in selbstloser Weise dienen muss. Parsifal (Kelche) erkennt mit Grauen, was seine Vorfahren angerichtet haben und dass er die Welt ändern muss. Krishna (Stäbe) führt die Menschen über die feuereigene Fröhlichkeit und Sinnlichkeit zur Erleuchtung, Osiris (Schwerter) verspricht den Toten neues Leben und Häuptling Seattle (Steine) mahnte zu Lebzeiten tatsächlich den amerikanischen Kongress in einer Rede zur Verantwortung für die Erde.

Das Voyager Deck zeigt die vielen Möglichkeiten, wie der Mensch seinen Platz im Leben finden kann. Die Karte Schauspieler/in (Stäbe) zeigt die verschiedenen Rollen, die der Mensch spielt (auffällig die Pantomimin), Wellenreiter/in (Mann der Kelche) zeigt männliche Abenteuerlust. Die Karten Erfinder/in (Mann der Kristalle) und Sieger/in (Mann der Welten) behandeln die vielfältigen Errungenschaften und beruflichen Möglichkeiten des Menschen.

OBEN Geschichten von mittelalterlichen Rittern erzählen von mutigen Taten im Kampf für das Gute.

ERSTE VON RECHTS Mann der Welten, Voyager Tarot.

ZWEITE VON RECHTS Ritter der Münzen, Universal Waite Tarot.

DRITTE VON RECHTS Prinz der Schwerter, Crowley Tarot.

VIERTE VON RECHTS Ritter der Schwerter, Universal Waite Tarot.

RITTER DER SCHWERTER
Von allen Rittern ist er der mutigste. Immerhin ist das Schwert die Waffe des Ritters. Bei Crowley schwingt der Prinz sein Schwert im abstrakten Reich des Geistes. Waite zeichnet das weltliche Bild eines Ritters, der in einen Sturm hineinprescht. Nichts kann ihn aufhalten. Das Pferd aber schaut ängstlich, als bezweifle es, dass dieser Angriff ein weiser Entschluss war. Auch im Voyager Tarot lässt die Gestalt sich durch nichts aufhalten, wenn sie wieder einmal ein neues Experiment durchführen will.

Umgekehrt wird seine Tapferkeit zu Tollkühnheit oder gar Aggression. Er greift schnell zu scharfen Worten, hört aber kaum zu.

RITTER DER MÜNZEN
Wie der Ritter der Kelche fühlt auch er sich mit seiner Farbe nicht recht wohl. Selbst der Mann der Welten aus dem Voyager Tarot mit seinem florierendem Unternehmen, seinem Rolls-Royce und der Sporttrophäe sehnt sich vielleicht nach der Freiheit, noch einmal etwas ganz Neues ausprobieren zu können. Eine Ausnahme ist Haindls Sohn der Steine. Er hat die Verantwortung für seine Mitwelt innerlich akzeptiert. Waites Ritter sitzt auf einem Pferd. Klaglos nimmt er schwere Arbeit und Verantwortung auf sich.

Umgekehrt leidet er darunter, dass es seinem Leben an Aufregung fehlt, oder er verliert vielleicht den Beruf, der ihn ganz in Anspruch nahm.

Die Königinnen

MIT DEN KÖNIGINNEN und Königen kommen wir zu den reifen Charakteren der Farben. Diese Persönlichkeiten wissen, wer sie sind. Sie kennen ihren Platz in der Welt und nehmen ihn selbstbewusst ein. Erscheint beim Kartenlegen eine Königin, bezieht sich das meist auf eine Frau aus dem Umfeld des Fragenden. Fragt eine Frau, kann sich diese Karte auf sie selbst beziehen und sie in ihrer Rolle als Partnerin und Mutter ansprechen. Oder auf ihren Umgang mit Macht. Möglicherweise steht die Karte aber auch für eine Frau aus dem Bekanntenkreis der Fragenden.

Die Königin steht auch für eine innere Haltung: die Liebe zum Leben. Die Königinnen inspirieren eher statt zu befehlen. Die Königinnen des Tarot de Marseilles sitzen auf ihrem Thron, in Gedanken über die Insignien ihrer Macht versunken. Mit Ausnahme der Königin der Stäbe, die mit ihrer stäbetypischen Entschlossenheit aufblickt. Diese Königin ist zugleich die Einzige, die breitbeinig auf dem Thron sitzt, ein Ausdruck ihrer Sexualität, den auch Waite übernommen hat. Regiert die Farbe der Kelche die Liebe, so regieren die Stäbe das Verlangen.

OBEN Die Königinnen regen eher an, statt zu befehlen.

ERSTE VON LINKS Königin der Stäbe, Universal Waite Tarot.

ZWEITE VON LINKS Mutter der Stäbe im Osten, Kali, Haindl Tarot.

DRITTE VON LINKS Mutter der Kelche im Norden, Haindl Tarot.

VIERTE VON LINKS Königin der Kelche, Golden Dawn Tarot.

DIE FARBEN

KÖNIGIN DER STÄBE

Selbstbewusst, mächtig und von strahlendem Sonnenfeuer erfüllt ist diese Löwenkönigin. Man verehrt sie wegen ihrer Lebenslust, ihrer Wärme und ihrer Sexualität. Zuweilen kann sie allerdings überwältigend wirken (wie etwa Kali), besonders auf Menschen, denen ihre Selbstsicherheit fehlt oder die das Leben als schwierig und beängstigend empfinden. Ihr täte etwas Mitgefühl gut.

Umgekehrt sieht sich der Fragende Anfeindungen und Leiden ausgesetzt. Zunächst packt er das Problem an oder hilft, wenn andere in Schwierigkeiten stecken. Dauert es aber zu lange, zieht er sich wieder zurück.

KÖNIGIN DER KELCHE

Kelche und Königinnen sind dem Wasser zugeordnet, daher nennt der Golden Dawn diese intensiv wirkende Karte Wasser von Wasser. Haindls Mutter der Kelche ist die älteste und rätselhafteste Gestalt: 35.000 Jahre alt, die früheste von Menschen gefertigte Skulptur. Auch Glückselige/r im Voyager Tarot zeigt die Macht der Liebe und der Sinnlichkeit. Bei Waite betrachtet die Königin versunken ihren prächtigen Kelch. Zwar sitzt sie fest auf dem Land (Realität), aber der Strom (Gefühle) umspült ihre Füße. Sie ist die Königin der Liebe.

Umgekehrt verliert der Fragende an Stärke, Kreativität und Entschlossenheit. Er wird aggressiv oder unzuverlässig.

DIE HOFKARTEN

Die Königinnen des Golden Dawn betrachten die Insignien ihrer Macht im Bewusstsein ihrer Stärke. Dreien von ihnen sitzt ein Tier zur Seite. Die Königin der Schwerter hält einen abgeschlagenen Kopf in der Hand – vielleicht von jemandem, der so dumm war zu glauben, er könne sie beherrschen. Der Kopf kann aber auch für das Ego stehen, die Königin ein Symbol geistigen Mutes sein. Die Königinnen des Crowley Tarot machen Anleihen bei den Bildern des Golden Dawn (einschließlich des abgeschlagenen Kopfes), aber diese Königinnen sind ihrem Element wesentlich stärker verbunden. Bei Haindl sind die Mütter die stärksten Karten der Farben. Sie sind die archetypischen Lebensspenderinnen, Quelle ihrer eigenen Macht. Und doch sind sie nie aggressiv, nicht einmal die hinduistische Göttin Kali, so furchterregend sie auch wirkt, denn sie müssen nichts beweisen. Die Voyager-Frauen nehmen ihren Platz in der Welt selbstbewusst ein. Stäbe und Kelche zeigen intensive Erfahrungen: Wahrnehmende/r und Glückselige/r, Schwerter und Münzen, Nährende/r und Liebesspender/in, Wächter/in und Bewahrer/in.

OBEN Woman of Crystals, Voyager Tarot.

KÖNIGIN DER SCHWERTER

Stehen die Kelche für die Liebe, so steht die Königin der Schwerter für Trauer. Bei Waite sitzt sie allein auf einem Hügel, eine alleinstehende Frau (oder ein Mann), vielleicht eine Witwe. Aber sie zeigt weder Niedergeschlagenheit noch Selbstmitleid. Schließlich glaubt sie an die Wahrheit. Ihr Schwert zeigt gerade nach oben, wie das Schwert der Gerechtigkeit. Andere Decks betonen ihren klaren Verstand und ihre absolute Aufrichtigkeit anderen wie sich selbst gegenüber.

In umgekehrter Position steht die Königin für Selbstmitleid. Möglicherweise wird sie auch engstirnig oder neigt dazu, ihre Mitmenschen zu manipulieren.

KÖNIGIN DER MÜNZEN

Diese Karte ist voll frischer Lebendigkeit. Die Königin der Münzen, des Elements Erde also, steht für Wohlstand und Fruchtbarkeit. Die Frau der Welten des Voyager Tarot ist schwanger, Waites Königin sitzt in einem üppigen Garten. Sie hält ihre Münze in beiden Händen und betrachtet sie im Bewusstsein alles Guten, das sie im Leben erfahren hat. Ihre räumliche Umgebung ist ihr sehr wichtig, sei es die Natur oder ein schönes Zuhause. Sie ruht in sich selbst und gibt bereitwillig von ihrem Reichtum und ihrem Glück.

Umgekehrt verliert sie den wichtigen Blick für die kleinen Dinge im Leben. Selbstzweifel lähmen sie, und es fällt ihr schwer, den Alltag zu bewältigen.

OBEN Im Alchemical Tarot hält die Königin der Münzen ihr Emblem und ein Füllhorn.

ERSTE VON RECHTS Frau der Welten, Voyager Tarot.

ZWEITE VON RECHTS Königin der Münzen, Universal Waite Tarot.

DRITTE VON RECHTS Mutter der Schwerter im Süden, Haindl Tarot.

VIERTE VON RECHTS Königin der Schwerter, Universal Waite Tarot.

DIE KARTEN

Die Könige

DIE LETZTE KARTE JEDER Farbe repräsentiert Weisheit und Reife, aber auch Verantwortung. Die Stellung des Königs verlangt von ihm, Entscheidungen im Sinne des Gemeinwohls zu treffen. In der Deutung kann der König für jemanden stehen, der Verantwortung trägt und Meister seines Faches ist. Die Weisen des Voyager Tarot zeigen die Energie des Elements in Vollendung. Sehende/r (Stäbe) findet Macht und Erkenntnis im Feuer der Schöpfung, Erneuerer/in (Kelche) nutzt das lebensspendende Wasser, das alles Leben durchströmt. Wissende/r (Kristalle), symbolisiert durch Einstein, erspäht forschend das Universum. Und Meister/in (Welten) erfasst die komplexeste aller Realitäten, den Alltag. Das Tarot de Marseilles zeigt ganz verschiedene Charaktere. Die beiden aktiven Farben (Stäbe und Schwerter) sind Portraits junger energiegeladener Männer. Die gesetzteren Kelche und Münzen sind durch alte Männer vertreten. Der König der Münzen trägt keine Krone, er vertritt die Geschäftsleute. Der König der Schwerter trägt Schulterklappen wie auch der Mann auf der Trumpfkarte Der Wagen.

ERSTE VON LINKS Vater der Stäbe im Westen, Haindl Tarot.

ZWEITE VON LINKS König der Stäbe, Golden Dawn Tarot.

DRITTE VON LINKS König der Kelche, Universal Waite Tarot.

VIERTE VON LINKS König der Kelche, Golden Dawn Tarot.

UNTEN Die traditionelle Stellung des Königs verlangt von ihm Entscheidungen zugunsten des Gemeinwohls.

Die Farben

König der Stäbe
Der Herrscher über das Feuer ist willensstark und vertraut unerschütterlich auf seine Macht. Er kann extravagant sein und sehr attraktiv, der geborene Führer, sexuell anziehend und charismatisch. Aber er hat wenig Verständnis für Schwäche, Zweifel und Ängste seiner Mitmenschen.

In umgekehrter Position erleidet der Fragende Rückschläge. Er kann dabei mitfühlender und verständnisvoller oder ernster und strenger werden.

König der Kelche
Gefühle und künstlerische Inspiration sind fließend und veränderlich wie das Wasser. Derlei Feinheiten passen nicht recht zu Verantwortung und Fürsorgepflicht des Königs. Diese Karte kann für einen erfolgreichen Künstler stehen, öfter jedoch meint sie jemanden, der seine Gefühle stark kontrolliert oder seine künstlerische Begabung kommerziell verwertet.

Der umgekehrte König der Kelche kann einen Ausbruch verdrängter Gefühle bedeuten. Er kann aber auch für einen Menschen stehen, der Risiken eingeht, um einen Traum zu verwirklichen.

DIE HOFKARTEN

Crowley ersetzt den König verwirrenderweise durch den Ritter als Partner der Königin. Er greift damit eine Idee des Golden Dawn auf, der die vier Könige zu Pferde darstellte, die Insignien ihrer Macht in der Hand. Crowley zeigt alle Ritter bis auf den Ritter der Scheiben, der seine Energie aus der Erde aufnimmt, in rascher Bewegung. Im Golden Dawn und bei Crowley verkörpert der Ritter bzw. König *Yod*, den ersten Buchstaben des Namens Gottes und den Funken Feuerenergie, der die Wassermacht der Königin zum Leben erweckt. Ihre symbolische Verbindung geht auf ein Jahrtausende altes Ritual vieler Kulturen (von den Sumerern bis zu den Iren) zurück, wobei der König die Erdgöttin heiratete, um die Fruchtbarkeit zu fördern. Ein ähnlicher Gedanke findet sich auch im Haindl-Deck, wo die Mütter für den ältesten Ausdruck menschlicher Kultur und Religion stehen. Die Väter repräsentieren den Zeitpunkt, zu dem die Menschheit ihre Regeln in Gesetze fasste. Anders als seine Vorgänger zeigt Waite echte Herrscher. Unter anderem stellen die vier Könige Möglichkeiten des Umgangs mit der Macht dar.

OBEN König der Schwerter, Tarot de Marseilles. Was der junge Mann trägt, ist eher ein Hut als eine Krone.

ERSTE VON RECHTS König der Münzen, Golden Dawn Tarot.

ZWEITE VON RECHTS König der Münzen, Universal Waite Tarot.

DRITTE VON RECHTS Ritter der Schwerter, Crowley Tarot. Für die reifen Charaktere wählte Crowley die Ritter, und nicht die Könige.

VIERTE VON RECHTS König der Schwerter, Universal Waite Tarot.

KÖNIG DER SCHWERTER

Er gehört zu den stärksten Hofkarten. Königliche Autorität passt zu den Schwerterthemen Verstand, Urteilsvermögen und Macht. Die Karte steht für einen intelligenten, ja brillanten Menschen. Wer nicht so klar und scharf denken kann wie er, mag sich von ihm überwältigt fühlen. Im besten Falle ist er idealistisch und gerecht. Es ist aber auch möglich, dass er eine sehr engstirnig rationale Perspektive vertritt.

Umgekehrt missbraucht er seine Intelligenz, dominiert und übervorteilt andere. Die umgekehrte Karte kann jedoch auch Anzeichen für Selbstzweifel oder die Bereitschaft sein, die Meinungen der Mitmenschen anzuhören.

KÖNIG DER MÜNZEN

Wahrscheinlich ist er von allen Königen der glücklichste. Er freut sich an seinem Erfolg, seinem Reichtum und einem Leben voller Annehmlichkeiten. Er ist gern derjenige, an dem sich alle orientieren, seine Erfolge und die Loyalität seiner Mitmenschen erfüllen ihn mit Stolz. Im selben Maß genießt er die materiellen Anzeichen des Erfolgs. Waites König zeigt dies deutlich: Mit sichtlichem Wohlbehagen sitzt er auf seinem Thron und betrachtet liebevoll seine Münze.

Umgekehrt weckt ein Rückschlag oder Verlust Selbstzweifel. Ohne die äußeren Errungenschaften, über die er sich definiert, empfindet der Fragende sein Leben als gescheitert.

TEIL VIER
DEUTUNGEN
★★★★★

Natürlich kann man über Tarot viel lesen, lernen und nachschlagen. Die Karten zu legen und zu deuten heißt aber, ihnen in ihrer unmittelbarsten Form zu begegnen – wir können uns ihren direkten, klaren Aussagen nicht entziehen. Sooft man auch erlebt, dass die Karten eine Lebenssituation mit erstaunlicher Genauigkeit beschreiben – jede Deutung ist ein Neubeginn. Das Mischen der Karten ist immer spannend: Was werden wir entdecken? Was erkennen, wenn wir die zum Leben erwachenden Bilder betrachten? Bringen die Karten lang Verborgenes ans Licht? Eröffnen sie reizvolle Zukunftsperspektiven? Oder wird die Vergangenheit endlich klarer? Das Tarot will uns weiterhelfen. Aussagekräftig ist jede Divinationsmethode. Das Tarot aber lehrt, Zusammenhänge zu verstehen; denn es ist ein Weisheitsbuch, ein Mittel zu innerem Wachstum. Eine Tarot-Deuterin – ist das für Sie nur eine alte Frau im schummrigen Zimmer mit einer schwarzen Kerze neben ihren abgenutzten Karten? Ein junges Mädchen im Kreis seiner Freundinnen, das zusammenfährt, wenn der Tod erscheint? Oder sind Sie es selbst?

OBEN Die Tarotkarten, die bei einer Deutung erscheinen, sind Erkenntnisquelle und Hilfe zu innerem Wachstum.

DEUTUNGEN

Theorien der Deutung

Tarot ist für viele gleichbedeutend mit Kartenlegen, das wiederum häufig mit Ängsten besetzt ist. Das Angebot, für jemanden die Karten zu legen, stößt oft auf Ablehnung. „Nein danke, so was ist mir unheimlich." Wer in der Jugend selbst Karten gedeutet hat, ließ vielleicht erschrocken die Finger davon, als er feststellte, dass wirklich etwas dabei herauskommt. Zum Teil rührt die Angst von den Bildern – der Mann mit den Schwertern im Rücken, der Teufel mit den angeketteten Sklaven oder der Schnitter Tod – oder auch von dem Gerücht, Tarot sei schwarze Magie.

Am meisten erschreckt die Menschen aber die Vorstellung, das Tarot könne tatsächlich „wahrsagen". Wie soll das möglich sein? Man mischt einen Satz Karten, zieht willkürlich einige und erfährt dann etwas über sich selbst und andere oder gar die Zukunft, selbst wenn eine völlig fremde Person die Karten legt. Diese Angst ist verständlich. Astrologie können wir uns noch mit der Größe der Sterne und Planeten erklären. Vielen erscheint es logisch, dass Himmelskörper, die so viel größer sind als wir, Einfluss auf den Lauf der Dinge nehmen. Beeinflusst nicht die Schwerkraft die Erde? Und folgt nicht die Bahn der Sterne und Planeten strengen mathematischen Regeln? Tarotkarten hingegen fallen völlig zufällig. Mischt man den Satz neu und zieht noch einmal, erhält man ganz andere Karten. Tatsächlich aber hat die Schwerkraft wegen unserer geringen Größe nur minimalen Einfluss auf uns (die Elektrizität oder die Energie unserer Körperatome wirken viel direkter). Und auch die Planeten betreten

OBEN Der Ruf des Tarot als schwarze Magie hängt damit zusammen, dass man seine spirituelle Botschaft nicht wahrnehmen wollte.

OBEN RECHTS Die Vorstellung, die Tarotkarten verkündeten Unheil, taugt nur für Gruselgeschichten und Märchen.

LINKS Ohne künstliche Beleuchtung sind die Bewegungen der Planeten am Nachthimmel deutlicher zu beobachten.

THEORIEN DER DEUTUNG

und verlassen die Sternzeichen nicht genau zu dem Zeitpunkt, der in unseren Kalendern oder in den astrologischen Ephemeriden steht (die Sternzeichen bewegen sich, sehr langsam zwar, aber doch so, dass sie sich etwa alle 2000 Jahre um ein ganzes Zeichen verschieben). Wie die Astrologie ist auch das Tarot in erster Linie eine systematische Methode zur Deutung symbolischer Bilder.

Jede Divination arbeitet mit Bildern. Sie geht von der Annahme aus, dass das Bild, das entsteht, wenn wir verschiedene Informations-Bestandteile zusammenfügen, etwas Sinnvolles über unsere Lebenssituation aussagt. In der Astrologie sind diese Informationen die Planeten und Sternzeichen, ihre Bewegungen und Beziehungen, errechnet nach mathematischen Formeln. Im Tarot besteht die Information aus der symbolischen Bedeutung von 78 Bildkarten, die zu bestimmten Fragen gemischt und gelegt werden.

Weshalb das möglich ist, bleibt unbekannt. Früher glaubte man, Götter oder Geister beeinflussten das Erscheinen der Karten. Divination stammt vom Lateinischen *divinus* – göttlich. Heute spricht man von „Synchronizität" *(siehe Kasten)*. Auch wenn das viel wissenschaftlicher klingt, bleibt doch die Tatsache, dass man nicht weiß, warum Deutungen zutreffen.

RECHTS Die Karten bewirken nicht, dass Ereignisse eintreten. Sie erhellen nur Vergangenheit, Gegenwart oder Zukunft.

SYNCHRONIZITÄT

OBEN Der Schweizer Psychoanalytiker Carl Gustav Jung (1875-1961) führte den Begriff der Synchronizität ein.

Der Begriff Synchronizität, eingeführt von dem Psychoanalytiker C. G. Jung und dem Physiker Wolfgang Pauli, bezeichnet die Vorstellung, dass ein „nichtkausales Prinzip" Ereignisse verbinden kann wie Ursache und Wirkung. Mit diesem Prinzip arbeiten wir, wenn wir aus zufällig und blind gemischten Karten ein willkürliches Muster legen. Aus anderer Perspektive könnte man sagen, alle Existenz, auch Vergangenheit und Zukunft, sei durch ein unsichtbares Netz verbunden. Schaffen wir nun ein kleines Netz aus Bildern so spiegelt sich darin das große Netz unserer Erfahrungen.

TREFFEN DEUTUNGEN ZU?

Es gibt Menschen, die Tarot zum Spaß ausprobiert haben und gehörig erschrocken sind. Als Anfänger erfährt man vielleicht Interessantes über seine Mitmenschen oder die Erfolgsaussichten beruflicher Pläne. Man sollte jedoch keinesfalls Unfehlbarkeit oder immer neue sensationelle Enthüllungen erwarten. Manchmal schweigen sich die Karten einfach aus. Oder sie sagen sogar sehr viel, das aber erst im Nachhinein verständlich wird. Dann fällt es uns wie Schuppen von den Augen: „Natürlich! Das hatten die Karten zu bedeuten! Eigentlich war es klar. Warum habe ich das nicht gleich gesehen?" Versuchen Sie es, aber nehmen Sie besonders am Anfang sich und die Karten nicht allzu ernst. Und kommen Sie nicht auf die Idee, dass die Karten Ereignisse erzwingen. Weder das Tarot noch ein anderes Divinationssystem kann Sie oder einen anderen Menschen zwingen, etwas zu tun, was Ihrem Wesen völlig entgegensteht. Die Karten erhellen, aber sie schaffen keine Tatsachen.

Der freie Wille und andere Fragen

IMMER WIEDER GIBT es Menschen, die sich fragen: „Wenn die Karten vorhersagen, was geschieht, können wir dann gar nichts mehr daran ändern? Müssen wir uns ihrem Urteil beugen?" Hier sollten wir uns vergegenwärtigen, dass selbst der erfahrenste Deuter einen Aspekt übersehen oder falsch interpretieren kann. Bei jeder Deutung ist eine gesunde Portion Skepsis angebracht, schließlich sind alle Menschen fehlbar. Viele Kartenleger schreiben ihre Ergebnisse auf, für sich selbst und für ihre Klienten.

Selbst wenn es möglich wäre, Tarotkarten mit absoluter Genauigkeit zu lesen, wären ihre Ergebnisse dennoch nicht unausweichliche Tatsachen. Die Karten zeigen Möglichkeiten, verdeutlichen eine momentane Situation. Ausgehend von dieser Situation und der augenblicklichen Verfassung der beteiligten Menschen kann ein bestimmtes Ereignis eintreten. Im Idealfall stärkt eine Tarot-Deutung den freien Willen statt ihn zu schwächen. Denn eine Deutung sagt etwas über uns selbst und unsere Konflikte. Je mehr wir darüber wissen, desto leichter wird es, eine eingeschlagene Richtung zu ändern, ein Problem zu umgehen oder eine positive Entwicklung bewusst herbeizuführen. Seit der modernen Tarot-Rennaissance versucht man, den Menschen Mittel an die Hand zu geben, sich und ihr Leben zu verändern. Deshalb konzentrieren sich viele Deuter auf Themen aus dem Leben des Fragenden statt auf Vorhersagen. Statt also die Frage zu beantworten „Wann findet Mark endlich eine Freundin?" rät der Tarot-Experte vielleicht, Mark möge anhand der Karten zu erkennen versuchen, warum es ihm so schwer fällt, eine Freundin zu finden. Gar nicht selten sind Fragen wie: „Wird mein Mann sich von seiner Freundin trennen und zu mir zurückkommen?" Der Deutende kann versuchen,

UNTEN Wer die Ergebnisse einer Deutung aufschreibt und später noch einmal durchliest, stellt oft erstaunt fest, dass sich nach einigen Wochen noch viel mehr aus den Karten lesen lässt.

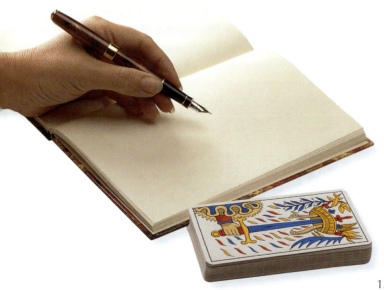

ÜBERSINNLICHES

Wer Tarotkarten deuten will, braucht keine übersinnlichen Fähigkeiten. Besitzt man sie aber, zeigen sie sich in der Arbeit mit den Karten auch deutlich. Es gibt jedoch viele sehr gute Tarot-Deuter, die sie überhaupt nicht anstreben. Sie interpretieren die Karten mit ihrer Kenntnis der Symbolik und ihrer Intuition. Die ist allerdings unbedingt erforderlich; denn jede Karte hat ein breites Bedeutungsspektrum und verlangt daher einen Sinn für die jeweils richtigen Aspekte. Mit zunehmender Praxis entwickelt sich Intuition ganz von selbst.

RECHTS Wer übersinnliche Fähigkeiten besitzt, kann sie im Tarot deutlich spüren. Für eine Deutung aber braucht man keine übersinnlichen Fähigkeiten, sondern vor allem eine gute Intuition.

THEORIEN DER DEUTUNG

die Frage zu beantworten. Darüber hinaus aber hilft er der Fragenden, ihre eigenen Interessen zu entdecken, unabhängig davon, ob sie wieder mit ihrem Mann zusammenkommt.

Menschliche Reaktionen auf die Divination schwanken zwischen „Es steht in den Karten, ich kann nichts tun" und „Jetzt weiß ich, wo meine Probleme liegen, also kann ich sie vermeiden." Doch in uns wirken viele Kräfte, darunter Verlangen, Konditionierungen, Gewohnheiten und Umstände, die sich unserer Kontrolle entziehen. Wir haben Gewohnheiten, die uns dienlich sind und solche, die uns eher schaden. Manches Verlangen kann uns Schwierigkeiten bereiten. Und auch eine Konditionierung, die erkannt ist, muss erst noch abgelegt werden. Eine gute

OBEN Eine Tarot-Deutung ist das gemeinsame Werk des Fragenden, der Deutenden und der Karten. Alle drei tragen zu den gewonnenen Erkenntnissen bei.

Tarot-Deutung informiert uns, nimmt uns aber unser Leben nicht aus der Hand.

Viele Tarot-Deuter lehnen es ab, Fragen nach Verhalten oder Gefühlen anderer Personen als der des Fragenden selbst zu beantworten. Zum einen betrachten sie es als Übergriff, Gefühle oder Gedanken eines Menschen ohne dessen Wissen zu offenbaren. Aber es bestehen auch Zweifel an der Genauigkeit der Informationen, die man auf diese Weise erhält, denn sie sind wahrscheinlich von den Wünschen desjenigen abhängig, der die Karten mischt. Und doch suchen viele Menschen genau aus diesem Grund einen Tarot-Deuter auf. Sie wollen wissen, ob ihr Partner ihnen treu ist oder ob sie eine Gehaltserhöhung bekommen. In diesem Fall lenkt der Deutende den Blick des Fragenden in eine Perspektive, die sich auf ihn selbst konzentriert. So wird aus der Frage: „Liebt mich Anne?" vielleicht: „Was habe ich von der Beziehung mit Anne?", oder aus „Werde ich befördert?" wird „Wie kann ich meine Aussichten auf Beförderung verbessern?".

OBEN Aus den Karten können wir etwas über uns selbst und unser Potential erfahren.

Häufig gestellte Fragen

Tarotdeutungen sind mit vielen Vorurteilen und Klischees behaftet. Manche glauben, die Karten besäßen magische Kräfte und möchten sie deshalb gar nicht erst bei sich zu Hause haben. Wie die Tarot-Autorin Mary K. Greer treffend schreibt, sind Tarotkarten selbst nichts weiter als Bilder im Vierfarbendruck auf Karton. Die Magie steckt in uns selbst. Auch können die Karten die Zukunft nicht bis ins Detail vorhersagen. Wenn dem so wäre, wären alle Tarot-Deuter längst Aktien- oder Lottomillionäre. Die Karten können uns aber Aufschluss über uns selbst und unsere Konflikte geben. Sie geben uns Mittel an die Hand, wie wir das einzige ändern können, das wirklich in unserer Macht steht – uns selbst. Hier die Antworten auf einige häufig gestellte Fragen zu den Karten:

„Kann ich mir meine Tarotkarten selbst kaufen?" Die Legende, man müsse seine Tarotkarten von jemandem geschenkt bekommen (am besten von einer alten Zigeunerin!) hält sich immer noch hartnäckig. Menschen warten tatsächlich jahrelang darauf, dass ein mysteriöser Unbekannter ihnen ein Deck schenkt, damit sie mit dem Kartenlesen beginnen können. Wäre das wirklich nötig, wären die Tarotverlage längst bankrott. Noch einmal: Die Magie liegt weder in den Karten noch wird sie durch mysteriöse Fremde übertragen, sie ist einzig und allein in uns selbst. Wem bei dem Gedanken unwohl ist, sich ein Deck selbst zu kaufen, der kann sich sein Spiel von Freunden oder Verwandten zum Geburtstag schenken lassen.

UNTEN Die Karten selbst haben nichts Magisches an sich; die Arbeit mit ihnen aber kann unser Bewusstsein erweitern.

UNTEN Der Magier, Cary-Yale Visconti Tarot.

OBEN Haindls Fassung des Magiers.

OBEN Die Magierin, Motherpeace Tarot.

OBEN Der Magier aus dem Tarot de Marseilles.

UNTEN Der Magier, Crowley Tarot.

„Wie wähle ich ein Deck aus?" Es gibt buchstäblich Hunderte verschiedener Spiele. Zwar sind sie alle verpackt, aber oft haben die Buchhandlungen Muster parat, sodass man einen ersten Eindruck gewinnen kann. Wonach entscheiden? Viele wählen Rider-Waite-Smith als erstes Deck. Andere lieben die künstlerisch ansprechende Gestaltung des Crowley-Harris, die strenge Tradition des Tarot de Marseilles oder die antike Pracht des Visconti. Wieder andere spricht die moderne Gestaltung des Voyager oder die Göttinnen-Tradition des Motherpeace an. Man sollte immer das Deck wählen, zu dem man sich am meisten hingezogen fühlt.

„Kann ich mit mehr als einem Deck arbeiten?" Es gibt Deuter, die für verschiedene Legeweisen auch verschiedene Decks verwenden, andere benutzen unterschiedliche Decks für esoterische Studien oder zur Meditation. Zu Anfang ist es jedoch meist sinnvoll, nur ein Deck zu verwenden.

„Dürfen andere meine Karten anfassen?" Manche möchten, dass die Karten nur mit ihrer eigenen Energie in Berührung kommen. Wenn Sie so empfinden, müssen Sie die Karten selbst mischen. Den Fragenden können Sie in einem kleinen Ritual einbeziehen, indem Sie ihn etwa bitten, vor dem Mischen die Hände rechts und links neben die Karten zu legen. Die meisten Deuter lassen die Karten jedoch vom Fragenden mischen. Sehr wichtig ist vielen der ernsthafte Umgang mit den Karten. Dazu gehört, sie nicht bei Partys herumzureichen oder andere damit spielen zu lassen. Manche besitzen ein zweites Deck, das sie Freunden zeigen, und verwenden ihr eigentliches Deck nur für Deutungen.

GESCHICK UND ÜBUNG

OBEN Tarot-Deutungen erhalten mit der Zeit immer tiefere Bedeutung.

„Muss ich alle Bedeutungen auswendig lernen, bevor ich anfangen kann?" Unter den Tarot-Deutern gibt es zwei Extremmeinungen. Die einen glauben, man solle alles vergessen, was man je über die Karten gelesen habe, selbst die Deutungen, die der Schöpfer des Decks selbst angibt und sich nur auf seine Intuition verlassen. Das mag zwar hin und wieder funktionieren, es wird aber den absichtlich in den Bildern verschlüsselten Bedeutungen nicht gerecht. Das andere Extrem ist, sich noch vor der ersten eigenen Deutung jede Kleinigkeit aus dem Anleitungsbuch zu merken. Tarot-Deuten erfordert Geschick und wie überall entwickelt sich Geschick mit zunehmender Übung. Es ist durchaus erlaubt, während einer Sitzung die Bedeutung einer bestimmten Karte nachzuschlagen. Selbst erfahrenen Deutern tut ein Blick in ihre Bücher immer wieder gut, denn wir entwickeln alle unsere Lieblingsinterpretationen und vergessen dabei andere Aspekte.

„Muss ich die Karten in Seide wickeln?" Es heißt, man solle seine Karten in einem Seidentuch aufbewahren, um sie vor „negativen Einflüssen" zu schützen. Das kann man glauben oder nicht. Ein ansprechendes Tuch unterstreicht jedenfalls die persönliche Bedeutung des Tarot und sieht dekorativ aus.

RECHTS Seide, gesponnen von einer Raupe im fernen China, wurde früher als etwas Exotisches empfunden. Daher ihr Gebrauch als magischer Schutz für Tarotkarten.

Deuter und Fragende

Viele Fragen gelten der Beziehung zwischen Kartendeutern und Fragenden. Zunächst ist fraglich, ob überhaupt zwei Menschen notwendig sind.

„Kann ich mir selbst die Karten legen?" Dass man die Karten nie für sich selbst deuten soll, ist eines der vielen Gerüchte und Märchen beim Tarot. Wie es entstand, ist nicht mehr festzustellen, aber dieses Verbot gibt es nicht. Selbstverständlich kann man gefahrlos die eigenen Karten deuten. Ein altes Sprichwort sagt, ein Anwalt, der sich selbst vertrete, habe einen Narren zum Mandanten. Das mag auch im Tarot gelten. Aber hier ist es auch gar nicht verkehrt, ein Narr zu sein. Es gibt Menschen, die die Karten nur für sich selbst legen, und die moderne Tarotliteratur ermutigt sogar dazu. Schwierig ist es, die Objektivität zu wahren. Da man die Karten meist dann konsultiert, wenn man intensiv mit einem Problem beschäftigt ist, fällt es schwer, die Karten mit innerer Ruhe zu betrachten und zu deuten. Vielleicht reagiert man spontan auf eine Karte und vernachlässigt alle anderen Aspekte – was bei einer Deutung für Dritte nicht passieren würde. Wem es schwer fällt, die Karten für sich selbst zu deuten, kann laut vor sich hin sprechen – wie im Gespräch mit einem Klienten. Oder man sucht sich einen Freund oder eine Freundin und legt sich gegenseitig die Karten.

„Was ist zu beachten?" Nehmen wir einmal an, Sie wollten für andere Menschen Karten deuten, vielleicht sogar professionell. Welche Vereinbarungen Sie dabei treffen, liegt bei Ihnen. Sagen Sie klar, besonders wenn Sie den Fragenden nicht gut kennen, was Sie tun und was nicht. Geht es Ihnen um persönliche Entwicklung und nicht um Zukunftsvorhersagen, weisen Sie ausdrücklich darauf hin. Sucht der Fragende Rat, was er mit seinem Leben anfangen kann und Sie möchten darauf nicht eingehen, sagen Sie auch das gleich zu Beginn der Sitzung.

„Wie rate ich richtig?" In Anzeigen heißt es oft „Tarot-Deutung und Lebensberatung". Manche erachten es geradezu als ihre Pflicht, konkreten Rat zu erteilen: „Heiraten Sie diesen Mann nicht – er betrügt Sie nur." Oder „Nehmen Sie die Stelle in der Bank an. Dort machen Sie Karriere." Schließlich suchen die Fragenden Rat – warum sollte man ihnen also keine Ratschläge erteilen? Aber es gibt auch Deutende, die ihren Klienten niemals sagen würden, was sie tun sollen. Ihrer Ansicht nach muss der Fragende selbst entscheiden, der Deuter sollte nur zur Klärung beitragen. Als Deuter müssen Sie das selbst entscheiden.

UNTEN Wenn Sie Karten für andere deuten, sollten Ihre Klienten wissen, was Sie tun und was nicht.

DEUTER UND FRAGENDE

LINKS Ob man Geld für eine Tarot-Deutung nehmen (oder bezahlen) will, sagt auch etwas über das eigene Verhältnis zum Geld.

„Soll ich für meine Deutungen Geld nehmen?" Menschen, die von der Tarot-Deutung leben, fällt es offensichtlich nicht schwer, Geld dafür zu verlangen. Und doch haben andere das deutliche Empfinden, dass die Gabe, Menschen zu helfen, ein Geschenk ist, das man nicht kommerziell verwerten sollte. Sie verweisen auf Schamanen und Heiler, die kein Geld für ihre Aufgaben verlangen. Dabei darf man jedoch nicht vergessen, dass in solchen Kulturen der Schamane vom gesamten Dorf unterhalten wird. Unterkunft und Verpflegung werden gestellt, und wem er hilft, von dem erhält er Geschenke. In unserer Gesellschaft bezahlt man mit Geld und wird mit Geld honoriert. Verlangt ein Deuter Geld, dann deshalb, weil er von der Qualität seiner Arbeit so überzeugt ist, dass er einen Gegenwert dafür verlangen kann.

„Sollten die Klienten mir sagen, was sie wissen möchten?" Wieder gilt es, die Vorstellung vom magischen Tarot-Deuter zu entkräften. Auf die Frage: „Was möchten Sie von den Karten erfahren?" erhält man zuweilen zur Antwort: „Sie sind doch die Kartenlegerin. Sagen Sie es mir." Tatsächlich gibt es Deuter, die nicht möchten, dass die Fragenden Hinweise geben. Sie möchten sich nur mit den Aussagen der Karten beschäftigen. Denn wenn der Fragende nicht sagt, worum es geht, tun es wahrscheinlich die Karten, mit Bildern, die von Beziehungen

oder Konflikten am Arbeitsplatz berichten. Oft verkommt das aber zum Gesellschaftsspiel. Der Deuter äußert Vermutungen zum Problem, und der Fragende zeigt sich beeindruckt von der Deutung. Aber was haben beide dabei gewonnen? Sagt der Fragende von vornherein, worum es geht, kann sich der Deutende auf Antworten und Entscheidungshilfen konzentrieren.

OBEN Bei den Aborigines in Australien und in ähnlichen Gesellschaften dienen Heiler und Wahrsager der ganzen Gemeinschaft und werden dafür von ihr unterhalten.

DEUTUNGEN

Vorbereitungen

Zuerst müssen die Karten gemischt werden. Geübte Kartenspieler machen das gern wie bei Skatkarten. Will man aber bei den Tarotkarten auch umgekehrte Karten deuten, sollte der Fragende sie so mischen, dass einige dabei auf den Kopf gestellt werden. Eine Möglichkeit (die sich auch anbietet, wenn die Karten zu groß sind um sie in der Hand zu mischen) ist, sie mit der Rückseite nach oben auf dem Tisch auszubreiten und sie dann – nach der Art spielender Kinder – mit den flachen Händen über- und untereinander zu schieben. Diese Methode eignet sich gut bei Deutungen für zwei Menschen. Sie können die Karten dann gemeinsam mischen. Nach dem Mischen schiebt der Fragende die Karten wieder zu einem Stapel zusammen und hebt mit der linken Hand zwei Mal ab, sodass drei Stapel entstehen. Ebenfalls mit der linken Hand legt dann der Deutende den untersten Stapel auf den mittleren, danach beide zusammen auf den obersten. Andere Deuter halten zunächst die linke Hand über jeden Stapel und „erspüren", welcher von ihnen Wärme abstrahlt. Das Arbeiten mit der linken Hand soll die Intuition aktivieren, denn die linke Körperseite spricht die intuitive Auffassungsgabe an. Die rechte Seite steht für Verstand und Erklärungen. Aufgedeckt wird mit rechts.

Es gibt Deuter, die gern ein kleines Ritual durch-

OBEN – ERSTER SCHRITT
Die Karten sollten großflächig ausgelegt und sorgfältig gemischt werden. Damit erreicht man, dass einige Karten umgekehrt erscheinen.

führen, entweder vor dem Mischen oder vor dem Betrachten der Karten. Sie zünden eine Kerze an oder halten einen Moment inne, schließen die Augen, atmen tief durch, lösen sich von eigenen Gedanken und Sorgen und richten ihre Aufmerksamkeit ganz auf die Karten. Vielleicht bitten sie ihr inneres Selbst um Hilfe, alles sehen zu können, was dem Fragenden dient. Oder sie stellen sich bestimmte Karten als Symbole der Eigenschaften vor, die für die Sitzung wichtig sind, die Hohepriesterin auf der linken, den Magier auf der rechten Seite etwa. Magische Rituale oder Anrufungen, wie sie etwa der Wicca-Kult betreibt, sind eigentlich nicht notwendig, doch manchen fällt es damit leichter, ihre gesamte Aufmerksamkeit auf die Karten und ihre Aussagen zu konzentrieren.

Sind die Karten nun mit der rechten Hand aufgedeckt, wohin legt man sie dann? Die Antwort liegt im „Kartenbild". Ein Kartenbild oder Legesystem ist die Form, in der

RECHTS Rituale wie das Entzünden einer Kerze können die Konzentration vor der Sitzung erhöhen.

OBEN – ZWEITER SCHRITT
Die Karten werden wieder zusammengeschoben; dann hebt der Fragende mit der linken Hand zwei Stapel ab.

LINKS – DRITTER SCHRITT
Wiederum mit der linken Hand setzt der Deutende den untersten Stapel auf den mittleren, dann beide zusammen auf den obersten.

OBEN – VIERTER SCHRITT
Manche Deuter begeben sich kurz in tiefe Kontemplation, bevor sie die Karten betrachten.

die Karten ausgelegt werden. Jede Position hat einen eigenen symbolischen Wert, zum Beispiel „Vergangenes", „nahe Zukunft" oder „was hindert mich" und „was hilft mir". Ergibt sich die Bedeutung der Kleinen Arkana aus dem Zusammenwirken von Zahl und Farbe, so erschließt sich die Aussage einer Karte hier aus Motiv und Lage im Bild. Ein einfaches Beispiel: Eine geschiedene Frau möchte wissen, ob sie wieder einen Mann findet. Die Karten zeigen Die Liebenden. Das bedeutet eine neue Beziehung, aber in welchem Kontext? An der Position „Vergangenes" meint die Karte die Liebe, die sie erfahren hat, bevor ihre Ehe sich verschlechterte. Die Karte will ihr damit nicht noch einmal vor Augen führen, was sie verloren hat, sondern ihr bewusst machen, dass sie die Liebe kennt. Aber sie bleibt Vergangenheit. An der Position „Hoffnung" zeigt sie ihre Wünsche. Bei „mögliche Entwicklungen" bedeutet die Karte, dass sie wieder einen Partner finden kann. Liegen Die Liebenden aber an der Position „nahe Zukunft" oder „Ergebnis", ist die Antwort viel konkreter.

Es gibt Unmengen von Kartenbildern, da fast alle Tarot-Deuter hin und wieder neue erfinden. Einige neuere Tarotbücher enthalten fast nur noch Anleitungen zu Legesystemen, von ganz einfachen bis zu Systemen, für die das gesamte Deck verwendet wird und die das ganze Leben, ja sogar vergangene und künftige Leben mit einbeziehen. Oft geht es um bestimmte Themen wie Beruf oder Beziehung. Man muss die Kartenbilder aber nicht ausführlich deuten. Manche decken sie einfach auf und achten gut auf die Reaktionen, die sie hervorrufen. Andere entwerfen für jeden Klienten und seine Frage ein eigenes Legesystem. Wie man ein Kartenbild legt und welche Fragen man stellen kann, wird auf den nächsten Seiten erklärt. Die meisten Deuter, insbesondere Anfänger, arbeiten am liebsten mit einem festen Legesystem.

DEUTUNGEN

EINFACHE SYSTEME

✶✶✶✶✶✶✶✶✶✶✶✶✶✶✶

KANN EINE EINZELNE Karte schon ein ganzes Legesystem sein? Ja, wenn ihre „Position" von Bedeutung ist. Meist heißt diese Bedeutung „Motto des Tages", „Worauf muss ich heute achten?" oder „Was hilft mir heute?". Mit anderen Worten, man zieht morgens eine Karte, um besser einordnen zu können, was in den nächsten 24 Stunden auf einen zu kommt. Das klingt fast ein wenig zwanghaft, als könne, wer sich das erst einmal angewöhnt hat, nichts mehr tun, ohne zuvor die Karten zu befragen. Tatsächlich aber hilft es, die Angst vor den eher erschreckenden Bildern wie dem Turm oder einigen Schwerterkarten abzubauen. So zieht man an einem Morgen vielleicht die 10 der Schwerter, erlebt an diesem Tag viele kleine Ärgernisse, zieht am nächsten Tag die 4 der Stäbe und empfindet Erleichterung. Manche ziehen bei einem neuen Deck täglich eine Karte. So lernen sie das Deck nicht bei mühsamen akademischen Studien des Begleitbuchs kennen, sondern machen ihre Erfahrungen damit auf lebendige Weise wie in der Begegnung mit einem neuen Freund.

Betrachten wir deshalb einzelne Karten aus verschiedenen jüngeren Decks. Das erste ist das Transformational Tarot von Shirley und Peggy Gotthold. Dieses Deck fügt den Großen wie den Kleinen Arkana neue Karten hinzu und erweitert damit deren Gesamtzahl auf 100. Seine klare Bilderwelt schöpft aus der Tradition des Rider Waite, interpretiert die klassischen Darstellungen auf moderne Weise. Die Karte ist die 9 der Münzen, wie bei Waite eine Frau mit einem Falken. Als Tageskarte rät sie zur Kontemplation, besonders über die Schönheit. Achten Sie heute besonders auf Ihr Äußeres, nehmen Sie sich Zeit und öffnen Sie den Blick für die Wunder der Natur.

Das zweite Deck ist das Greenwood Tarot von Chesca Potter und Mark Ryan. Chesca Potters beeindruckende Zeichnungen heben die uralten Wurzeln der schamanistischen Magie in der natürlichen Welt hervor. Betrachten wir die Karte Die Kraft. Statt des traditionellen Motivs der Frau, die den Löwen zähmt, vereint dieses Bild beide Figuren in der Gestalt der löwenköpfigen Jägerin. Die androgyne Jägerin hält in der einen Hand einen blutigen Speer, in der anderen aber eine Schale voll Licht, das Symbol der Großmut. Das Buch zum Deck erläutert, dass die Karte die innere Stärke anspricht, die man braucht, um ein seit

Die Kraft

OBEN Der spielerische Umgang mit einer Tageskarte kann die Angst vor den schwierigeren Karten wie etwa dem Turm nehmen.

OBEN RECHTS Die Kraft, Greenwood Tarot. Wer diese Karte zieht, kann sich selbst als die magische Löwenkriegerin sehen.

UNTEN Als Tageskarte kann die 9 der Münzen aus dem Transformational Tarot raten, ein paar ruhige Stunden in der Natur zu verbringen.

Langem bestehendes Problem anzupacken. Der Mensch braucht Mut, ja geradezu erbitterte Entschlusskraft. Als Tageskarte rät sie, sich dieser Eigenschaften, aber auch des langwierigen Problems in besonderem Maß bewusst zu werden. Wer sie zieht, kann seiner inneren Stärke an diesem Tag auf einfache, aber entschiedene Weise Ausdruck verleihen.

Systeme mit zwei Karten scheinen weniger beliebt. Das liegt im Wesentlichen daran, dass man fast alles, was mit zwei Karten möglich ist, auch mit dreien machen kann. Die Karte in der Mitte hält die beiden anderen im Gleichgewicht. Am ehesten bietet sich ein Zwei-Karten-Bild an, wenn man sich zwischen zwei Möglichkeiten entscheiden muss. In einer solchen Situation kann man für jede Möglichkeit eine Karte ziehen, die zeigt, was damit verbunden ist. Das kann Fragen betreffen wie die, ob wir Weihnachten zu Hause verbringen oder welches der zwei Stellenangebote wir annehmen sollen. Zwar sollte man wichtige Entscheidungen nie von den Karten allein abhängig machen, sie können aber dabei helfen, das Für und Wider abzuwägen und erleichtern damit wichtige Entscheidungen.

Angenommen, eine Frau hat zwei attraktive Stellenangebote. Beide Arbeitgeber drängen sie zur Entscheidung, aber sie ist sich noch unsicher, welches Angebot sie annehmen soll. Zieht sie eine Karte für jedes Angebot, kann ihr das den Blick für deren unterschiedliche Qualitäten öffnen. Die erste Karte ist die 10 der Münzen. Diese Stelle bietet ein komfortables Einkommen und Sicherheit, aber kaum Abwechslung und keine interessanten Perspektiven. Die zweite ist der Ritter der Stäbe. Hier warten attraktive Aufstiegsmöglichkeiten und ein spannendes, vielfältiges Aufgabenfeld – aber auch ein hohes Risiko. Die Karten geben der Fragenden die Entscheidung nicht vor. Stattdessen zeigen sie ihr, was geschehen könnte. Die beiden Bilder kann sie nun mit ihrem intuitiven Empfinden vergleichen.

Oft hilft uns eine Deutung nur, das anzunehmen, was wir im Grunde bereits wissen. Nachdem nun die Karten einen Aspekt der Situation blitzlichtartig erleuchtet haben, kann man in einer ausführlicheren Deutung fragen, wie der eigene Beitrag zu einer Entscheidung aussehen könnte.

UNTEN Ein einfaches Zwei-Karten-Bild kann bei der Entscheidung zwischen zwei Angeboten helfen.

DREI-KARTEN-BILDER

WIE BEREITS bei der Zahlensymbolik erläutert, kommt der Zahl 3 große Bedeutung zu. Sie findet sich in allen dreifaltigen Gottheiten und in der Natur, insbesondere in der Urform der Familie: Mutter, Vater und Kind. Vielleicht gibt es deshalb im Tarot viele Drei-Karten-Bilder. Einige der bekannteren sind:

1. VERGANGENHEIT, GEGENWART, ZUKUNFT

Die Karten werden in der Reihenfolge 1, 2, 3 gelegt. Die erste zeigt eine Erfahrung aus der Vergangenheit, die zur aktuellen Situation beigetragen hat. Die zweite beschreibt die momentanen Ereignisse. Die dritte Karte zeigt, worauf der Fragende zusteuert. Dieses Bild ist keine unfehlbare Prophezeiung; es vermittelt vielmehr einen Eindruck dessen, was geschehen könnte und warum.

2. VERSTAND, KÖRPER, GEIST

Die erste Karte steht für die Geisteshaltung des Fragenden. Die zweite zeigt sein Verhalten. Hier kann der Deuter auf Widersprüche zwischen Denken und Handeln hinweisen. Zeigt die Verstandeskarte etwa, dass der Fragende Wut empfindet (Schwerter oder Der Turm), die Körperkarte hingegen, dass er alle Lasten auf sich nimmt (10 der Stäbe) oder sich liebevoll gibt (verschiedene Kelche, Die Liebenden oder Die Herrscherin), so schluckt er allen Ärger herunter. Die dritte Karte, Geist, zeigt, was der Fragende daraus lernen kann.

3. ENTSCHEIDUNGEN

Bei diesem Bild wird die mittlere Karte zuerst gelegt, die beiden anderen rechts und links daneben. Die mittlere Karte beschreibt die Situation. Die anderen beiden zeigen verschiedene Möglichkeiten, wie der Fragende damit umgehen kann. Manche legen eine zweite Reihe unter der ersten. Hier zeigt die mittlere Karte, wie die Situation sich entwickeln könnte, wenn der Fragende nicht aktiv eingreift. Die Karten rechts und links zeigen das Ergebnis der jeweilgen Entscheidung.

RECHTS Die drei Grazien aus Botticellis *Frühling*. Die 3 steht für den natürlichen Rhythmus des Lebens.

RECHTS Hinter einem schlichten Drei-Karten-Bild kann sich eine komplexe Bedeutungswelt verbergen.

LINKS In diesem Kartenbild steht Konflikt in der Mitte, rechts und links Möglichkeiten, damit umzugehen.

UNTEN Mutter-, Vater- und Kind-Karte stammen aus dem Wheel of Change Tarot von Alexandra Genetti.

4. Ich und die anderen

Auch hier werden die Karten in der Reihenfolge 2, 1, 3 gelegt, und die mittlere Karte beschreibt eine Situation. In diesem Fall eine Situation in einer Beziehung. Karte 2 an der linken Stelle zeigt, was der Fragende zur Situation beigetragen hat. Karte 3 auf der rechten Seite zeigt das Verhalten des anderen. Dieses Bild kann in einem Beziehungskonflikt sehr hilfreich sein. Es klärt und zeigt, dass nie einer allein die Schuld trägt.

5. Mutter, Vater, Kind

Dieses Bild kann man wörtlich verstehen und damit eine familiäre Situation darstellen. In diesem Fall kann eine weitere Karte, über oder unter die Reihe gelegt, etwas über die Familie als Ganzes sagen. Aber man kann den Titel auch symbolisch deuten. „Mutter" steht dann für alles, was den Fragenden nährt, „Vater" für alles, was ihn lehrt oder diszipliniert. „Kind" beschreibt, was der Fragende unter dem Einfluss dieser Kräfte erlebt. Manche stört der versteckte Sexismus in solchen Einstufungen (Mutter nährt, Vater diszipliniert). Die Deutung im Kasten, bei der Karten aus dem Wheel of Change Tarot verwendet wurden, zeigt, wie diese Rollen in der Praxis tatsächlich zu verstehen sind.

> ### Mutter-Vater-Kind-Bild
>
> Diese Deutung galt einem Mann, der eine sehr belastende Zeit überstehen musste. Die Mutterkarte ist der Ritter der Scheiben. Hier wird deutlich, dass eine männliche Figur das „Mütterliche" symbolisieren kann, das der Fragende braucht. Das Bild zeigt einen Aztekenkrieger aus Mexiko und trägt die Beschreibung (aus dem Begleitbuch) „Ein stolzer Azteke sinnt über die Zyklen der Zeit". Wie alle Ritter der Scheiben/Münzen arbeitet dieser Mann hart, um die Zukunft für sich und seine Familie zu sichern. Er ist bereit, in der Gegenwart etwas zu opfern. Diese Karte nährt den Mann, weil sie ihm langfristige Ziele und den künftigen Nutzen seines Leidens vor Augen führt.
>
> Die Vater-Karte ist das Ass der Kelche, ein weiblicher Archetyp und nährend dazu. Alexandra Genetti nennt sie „Der Kelch der Liebe und das Meer der Tiefe". Als Vaterkarte sagt sie dem Fragenden, dass er lernen muss, seinen Gefühlen ohne Angst und Wertungen zu begegnen.
>
> Das Kind ist die Königin der Stäbe, eine Konzertflötistin und damit eines der vielen modernen Bilder in diesem Tarot. Sie steht für die Kraft der Kreativität, aber Genetti betont, dass schriftlich verfasste Musik immer zugleich auch für die Zukunft geschaffen ist. Die Karte wird zum „Kind" der Arbeit im Ritter der Scheiben und der Feinfühligkeit im Ass der Kelche.
>
>

DEUTUNGEN

Ungewöhnliche Drei-Karten-Bilder

Die Deutung der folgenden beiden Legesysteme geht tiefer als die anderer Drei-Karten-Bilder. Ungewöhnlich ist auch, dass dafür nur Teile des Decks verwendet werden. Das erste Bild wurde eher für die Großen Arkana entworfen, das zweite für die Hofkarten.

Die innere Herausforderung

Dieses Bild beleuchtet ein wichtiges Thema im Leben des Fragenden und zeigt ihm, mit welchem inneren „Werkzeug" er der Herausforderung am besten begegnet. Die Karten werden in der Reihenfolge 1, 3, 2 gelegt. Die erste, linke Karte zeichnet ein grobes Bild der Situation des Fragenden. Die zweite, rechts, zeigt ihm, welche Herausforderungen ihn erwarten. Und die mittlere Karte gibt an, welche Eigenschaft dem Fragenden bei der Bewältigung dieser Herausforderung hilft.

Die folgende Deutung galt einer Frau in einer schwierigen Beziehung. Verwendet wurden die Großen Arkana aus dem Tarot of the Spirit von Pamela Eakins, das sich am Golden Dawn orientiert. Es erschienen folgende Karten: Der Narr, umgekehrt, Der Gehängte und Die Kraft. Begleitet von seinem zahmen Wolf springt der Narr von einer Welt in die andere: vom geistigen Reich des Lichts in die dunkle Welt der Materie. Diese Karte steht für alle Entwicklungssprünge. Umgekehrt zeigt sie den augenblicklichen Zustand der Frau, die sagt, sie stehe stets kurz davor, die Beziehung endgültig zu beenden, sei dann aber doch unfähig dazu. Sie leidet unter der Agonie der Entschlusslosigkeit. Die zweite Karte zeigt, dass sie ihre eigene Kraft entdecken muss. Die Gestalt auf dem Bild umfasst die Mittelsäule des Ausgleichs zwischen zwei Extremen. Die Karte rät ihr nicht, was sie tun, sondern welche Haltung sie einnehmen soll, damit sie handeln kann. Die mittlere Karte, die Eigenschaft, die ihr hilft, diesen Zustand zu erreichen, ist Der Gehängte.

Lehrer und Helfer

Für dieses Bild eignen sich Hofkarten am besten, die mythische Gestalten zeigen, so das Mythic Tarot, das Daughters of the Moon, das Elemental Tarot, das Tarot of Transition,

OBEN Für das Lehrer-und-Helfer-Bild eignen sich am besten Hofkarten, die mythische Gestalten wie etwa Merkur zeigen.

RECHTS Für diese Deutung wurde das Tarot of the Spirit von Pamela (Text) und Joyce Eakins (Grafik) verwendet. Das Bild ermutigt zur Besinnung auf die eigene innere Kraft.

DER NARR
0

XII
DER GEHÄNGTE

VIII
DIE KRAFT

142

DREI-KARTEN-BILDER

das Tarot of the Orishas oder das Barbara Walker Tarot. In dieser Deutung wurde das Haindl Tarot verwendet.

Die Karten werden in der Reihenfolge 3, 1, 2 gelegt. Die mittlere Karte zeigt die Rolle, die der Fragende im Augenblick ausfüllt. Der Vergleich des eigenen Verhaltens mit einer Gottheit öffnet den Blick für die eigene Person. Die rechte Karte zeigt den „Lehrer" des Fragenden, die linke seinen „Helfer". Die Gottheiten verkörpern bestimmte Charakterzüge. Aphrodite etwa bedeutet Liebe. Wer Aphrodite zur Lehrerin hat, lernt Verlangen und Leidenschaft kennen. Als Helferin führt sie den Fragenden an die Liebe heran und ermutigt ihn, sein Herz zu öffnen. Diese Bilder können auf vielen Ebenen interpretiert werden, von der psychologischen Metapher bis zum Synonym für real existierende Menschen. Dabei darf man nicht vergessen, dass Tarot-Deutungen nicht für die Ewigkeit gelten. Sie sind ein Spiegel der Kräfte und Einflüsse, die zum aktuellen Zeitpunkt wichtig sind. Diese Deutung galt einer Frau, die einen schwer kranken Elternteil pflegte. Es erschienen Vater der Steine (Old Man), Sohn der Schwerter (Osiris) und Sohn der Kelche (Parsifal). Osiris zeigte die archetypische Rolle der Frau, nicht nur als Kind, sondern als die Sorgende. Der ägyptische Gott Osiris ist der Herrscher über den Zyklus von Tod und Wiedergeburt. Er verkörpert Mitgefühl und Hingabe, aber auch den toten Vater im regierenden Pharao. Auch der Lehrer ist ein Sohn. Mit Schrecken sieht der Gralsritter Parsifal die Vision in seinem Kelch, denn sie verlangt von ihm, Verantwortung für etwas zu übernehmen, das über seine unmittelbaren persönlichen Bedürfnisse hinaus geht. Der Gralsritter zögerte lange, bevor er heilte. Die Lehrerkarte rät der Frau zum realistischen Blick auf die schwere Aufgabe, die vor ihr liegt.

Der Old Man ist die rätselhafte Gestalt aus einem indianischen Mythos, die den Menschen auf unscheinbare Art hilft. Er verzichtet auf den dramatischen Auftritt und zeigt seine Anwesenheit durch seine Taten. Die Karte verspricht der Frau innere Unterstützung in einer schwierigen Zeit.

OBEN Der Bube der Stäbe aus dem Mythic Tarot stellt Phrixos aus der griechischen Sage von Jason und dem Goldenen Vlies dar.

LINKS Hermann Haindl, der Schöpfer des Haindl Tarot, widmete jede Farbe einer bestimmten Kultur.

UNTEN Elaine, die Prinzessin der Kelche aus dem Barbara Walker Tarot.

DEUTUNGEN

DER LAUF DER UHR

* * * * * * * * * * * * * * * *

DER SPRUNG VON drei zu zwölf Karten mag gewagt erscheinen, aber das Bild ist eigentlich eine Zusammenstellung einzeln zu deutender Karten. Zu Jahresanfang oder am Geburtstag des Fragenden gelegt, zeigt es Leitbilder für jeden Monat.

Die Karten werden in Form eines Ziffernblattes gelegt. Januar liegt bei 1 Uhr, Februar bei 2 Uhr usw., der Dezember schließlich bei 12 Uhr. Man kann jede Karte für sich deuten oder nach Tendenzen und Rhythmen im kommenden Jahr suchen. Vielleicht zeigen die ersten paar Monate finanzielle Schwierigkeiten, die sich eine Zeit lang noch verschlimmern, im späteren Frühjahr aber beheben. Ist der Fragende im April und Mai in Geldnöten, weiß er aus der Erinnerung an das Kartenbild, dass die Situation sich im Juni wieder entspannen wird. So bleibt man in schweren Zeiten gelassener.

OBEN
Aus einem Zwölf-Karten-Bild, gelegt in Form eines Ziffernblattes, können Tendenzen für das kommende Jahr gelesen werden.

UNTEN Die Astrologie unterteilt ein Geburtshoroskop in zwölf Häuser.

Das Uhrenbild auf der nächsten Seite vermittelt beispielhaft einen kurzen Überblick über ein Jahr. Stäbe und Schwerter dominieren stark. Es verspricht ein sehr aktives Jahr zu werden. Am Anfang steht die 5 der Stäbe, Symbol für dynamischen Kampf. Im Februar fühlt der Fragende sich jung und kraftvoll – Bube der Stäbe, im März wächst sein Selbstvertrauen weiter – Ritter der Stäbe. Im April jedoch kommt der Einbruch – der Wagen, auf den im Mai die schmerzliche 3 der Schwerter folgt. Mit der 4 der Schwerter beginnt im Juni eine Zeit des Rückzugs, sie setzt sich im Juli mit der 4 der Münzen, also einer Konsolidierung der Ressourcen fort. Im August hat der Fragende sein Selbstbewusstsein wiedergewonnen – 6 der Stäbe, gerade rechtzeitig vor einer Zeit schwieriger Auseinandersetzungen im September – 5 der Schwerter. An diesem Punkt scheint sich etwas zu lösen, denn der Oktober bringt mit der Sonnenkarte eine Zeit der Neubelebung. Ihr folgen zwei Kelchekarten, die 6 im November und die 7 im Dezember. Die 6 führt das Thema der Sonne fort, die Kraft wird weitergegeben, die 7 öffnet den Blick für wunderbares Neues, das unmittelbar bevorsteht.

Das Uhrenbild kann man auch für andere, besonders für astrologische Systeme verwenden. Astrologen unterteilen ein Horoskop in 12 „Häuser". Jedes Haus hat ein eigenes Thema, das hier auf das Uhrenbild übertragen wird. Im Uhrenbild kann das erste Haus bei 1 Uhr liegen oder an der dem Horoskop (Geburts- oder aktuelles Horoskop) entsprechenden Stelle. Im Kasten rechts sind einige Häuserthemen aufgeführt.

DER LAUF DER UHR

LINKS Im Beispiel wird eine moderne Version des Tarot de Marseilles verwendet.

Themen der einzelnen Häuser

Erstes Haus – äußere Persönlichkeit, äußeres Erscheinungsbild.

Zweites Haus – Besitz, Wünsche, Talente und Neigungen.

Drittes Haus – Beziehungen (außer zu den Eltern), Kommunikation.

Viertes Haus – Vater, Organe, das Zuhause, Tradition.

Fünftes Haus – Kinder, Sexualität, kreativer Ausdruck.

Sechstes Haus – Gesundheit, Arbeit, soziale Einordnung.

Siebtes Haus – Ehe, Partnerschaft (auch berufliche), Streit und Versöhnung.

Achtes Haus – Tod, Wunden, Selbstüberwindung, Grenzerfahrungen.

Neuntes Haus – Reisen, Philosophie, höhere Werte und Erkenntnisse.

Zehntes Haus – Mutter, Verantwortung, Lebensziel, Beruf und Berufung.

Elftes Haus – Freunde, Sozialisation, Ideale.

Zwölftes Haus – unbewusste Kräfte, Geheimes, Opfer.

UNTEN UND LINKS Im Horoskop hat jedes Haus ein Thema. Diese Themen erfassen viele Aspekte des Lebens, auch das Zuhause und seine Umgebung und die Arbeit.

DEUTUNGEN

Das Keltische Kreuz

✶✶✶✶✶✶✶✶✶✶✶✶✶

Das Keltische Kreuz ist wohl das berühmteste Legesystem. Seine Bekanntheit verdankt es wahrscheinlich Arthur Waite, der es in seinem Buch *Der Bilderschlüssel zum Tarot* vorstellte. Seither enthält fast jedes Tarotbuch eine Variante des Keltischen Kreuzes. Seine Beliebtheit rührt aber wohl auch daher, dass es so außerordentlich nützlich ist, denn neben Karten, die Vorhersagen enthalten zeigt es zugleich solche, die auf die Wünsche, Ängste und Erfahrungen des Fragenden eingehen und damit deutlich machen, inwieweit er selbst Gegenwart und Zukunft mit gestaltet. Viele erfahrene Tarot-Deuter, die zahllose Kartenbilder kennen, greifen immer wieder auf das Keltische Kreuz zurück. Traditionell erfordert diese Art der Deutung einen Signifikator; eine Karte, die vorab gezogen und vor dem Mischen aus dem Deck genommen wird. Sie steht für den Fragenden. Meist ist es eine Hofkarte. Viele Deuter verwenden einen Buben, wenn die Karten für ein Kind gelegt werden sollen, einen Ritter für Jugendliche, eine Königin für eine erwachsene Frau und einen König für einen erwachsenen Mann. Andere unterscheiden König und Königin nicht nach Geschlechtern, sondern nach ihrer Symbolik. Die Farbe richtet sich nach dem Menschentyp (entspricht er Feuer, Wasser, Luft oder Erde?) oder nach dem astrologischen Sternzeichen. Jedes Zeichen gehört zu einem Element, und jedes Element gehört zu einer Farbe. So passen die Stäbe zum Beispiel zu Widder-, Löwe- und Schützegeborenen.

Eine gängige Methode des Keltischen Kreuzes soll hier vorgestellt werden:

RECHTS Ein lebendiges, „magisches" Portrait von Arthur Edward Waite.

OBEN Die Signifikatorkarte wird aus den Hofkarten gewählt.

SCHRITT 1 Den Signifikator legt man auf den Tisch. Die erste Karte, die sogenannte Deckkarte, wird deckungsgleich auf den Signifikator gelegt.

SCHRITT 2 Danach legt man die Kreuzkarte quer über die erste Karte (die Deckkarte). Diese beiden Karten bilden das Kleine Kreuz.

SCHRITT 3 Die dritte Karte, die Wurzel, wird unter das Kleine Kreuz gelegt. Diese Karte zeigt eine Erfahrung aus der Vergangenheit, die zur aktuellen Situation beigetragen hat.

DAS KELTISCHE KREUZ

Der Deutende wählt einen Signifikator und legt ihn auf dem Tisch aus. Danach mischt der Fragende die Karten. Der Deutende legt nun die oberste Karte deckungsgleich auf den Signifikator. Diese Karte ist die Deckkarte. Sie zeigt die Grundsituation. Die Kreuzkarte wird quer über die erste Karte gelegt; sie beleuchtet einen weiteren Aspekt der Situation. Diese beiden Karten zusammen bilden das Kleine Kreuz. Die dritte Karte, die so genannte Wurzel, wird unter das Kleine Kreuz gelegt. Die Wurzel zeigt eine Erfahrung aus der Vergangenheit, aus der die aktuelle Situation entstanden ist. Die vierte Karte legt man links von der Deckkarte aus. Sie beleuchtet die jüngere Vergangenheit und zeigt eine Erfahrung, die zwar vergangen ist, aber den Fragenden immer noch berührt. Karte fünf wird oberhalb des Kleinen Kreuzes ausgelegt. Sie steht für das mögliche Ergebnis, eine allgemeine Tendenz oder Richtung. Karte sechs legt man rechts neben das Kleine Kreuz. Die nähere Zukunft zeigt eine kommende Entwicklung, die wahrscheinlich nicht lange andauert. Diese sechs Karten bilden das eigentliche Keltische Kreuz. Die nächsten vier Karten werden in einer Reihe rechts neben das Kreuz gelegt. Man nennt sie Die Stütze und legt sie von unten nach oben. Karte sieben steht für das Ich. Sie zeigt den Beitrag des Fragenden zur Situation. Karte acht darüber, Umwelt, zeigt den Einfluss seiner Mitmenschen. Karte neun beleuchtet Hoffnungen und Ängste des Fragenden. Die letzte Karte, Ergebnis, zeigt, wohin alle Handlungen und Haltungen wahrscheinlich führen. Dieses Ergebnis ist kein unausweichliches Schicksal, sondern zeichnet eine mögliche Entwicklung für den Fragenden vor.

OBEN Ein keltisches Kreuz, das die Anregung zu diesem Legesystem gab.

SCHRITT 4 Karte vier wird links von der Deckkarte, Karte fünf über dem Kleinen Kreuz und Karte sechs rechts von der Deckkarte ausgelegt – das Keltische Kreuz.

SCHRITT 5 Die nächsten vier Karten werden in einer Reihe rechts neben das Keltische Kreuz gelegt. Man nennt sie Die Stütze und legt sie von unten nach oben.

Das Keltische Kreuz am Beispiel

DIESES BEISPIEL FÜR EIN Keltisches Kreuz wurde mit dem Light and Shadow Tarot von Michael Goepferd gelegt. Die Deutung galt einer Frau, die in langjährigem Zwist mit einem Familienmitglied stand. Als Signifikator wurde die Königin der Münzen gewählt.

Die Deckkarte war die umgekehrte 8 der Schwerter. Die Frau fühlte sich eingeengt und verwirrt, war aber bereits dabei, sich aus ihren unsichtbaren Fesseln zu lösen. Im Gegensatz dazu zeigt die Kreuzkarte, 10 der Kelche, die Vision einer harmonischen Familie. Sie spiegelt ihren großen Wunsch, dass alle gut mit einander auskommen und wieder (oder erstmals) eine glückliche Familie bilden. Darunter liegt die umgekehrte 4 der Münzen. Richtig herum zeigt diese Karte eine kräftige Gestalt, die sich in schwierigen Zeiten gut zu schützen weiß. Umgekehrt jedoch bedeutet sie, dass die Frau solchen Selbstschutz nie gelernt hat. An der Position Jüngere Vergangenheit aber liegt die Königin der Stäbe, Anzeichen für wieder erwachenden Optimismus und Liebe zum Leben. Das mögliche Ergebnis ist die umgekehrte 3 der Kelche. Vielleicht wird es in ihrer Familie nie die offene und liebevolle Atmosphäre geben, die sie sich wünscht. In Naher Zukunft lässt die 3 der Schwerter auf weitere schmerzliche Auseinandersetzungen schließen. Doch die Karte steht auch für das Akzeptieren des Schmerzes. Die umgekehrte 7 der Stäbe an der Position für das Ich sagt, dass sie nicht mehr kämpfen will. Sie will sich nicht mehr verteidigen und nicht mehr mit Krisen auseinandersetzen. In einer Deutung zu Konflikten ist die Karte Umwelt besonders wichtig, denn sie zeigt, inwiefern bestimmte Eigenschaften der anderen Beteiligten den Fragenden beeinflussen. Im Beispiel liegt hier der umgekehrte Turm. Das beteiligte Familienmitglied steckt selbst in einer Krise. Es hat Angst, seine Welt könnte einstürzen, und es könnte am Ende mit leeren Händen dastehen. Die umgekehrte Karte betont seine Versuche, das zu verhindern.

Für Hoffnungen und Ängste fällt das umgekehrte Ass der Münzen. Die Fragende befürchtet, dass aus der Situation nichts Gutes entstehen kann. Richtig herum kuscheln sich die Gestalten an die Münze. Umgekehrt bietet die Familie keinen Zufluchtsort. Die Karte Ergebnis führt wieder zum Befreiungsthema der Deckkarte. Die Hohepriesterin zeigt, dass die Fragende sich des Problems bewusst, aber nicht in es verstrickt ist. Sie lernt, sich von den Ängsten anderer, aber auch von ihrer eigenen enttäuschten Sehnsucht nach Perfektion zu lösen. Durch diese innere Distanz drückt sie das „liebevolle, verzeihende ethische Bewusstsein" aus, das Williams der Hohepriesterin zuschreibt.

KÖNIGIN DER MÜNZEN

OBEN Die Königin der Münzen trägt ein Hirschgeweih, Symbol ihrer Verbundenheit mit der Tierwelt.

RECHTS An der Position der Kreuzkarte zeigt die 10 der Kelche die Sehnsucht der Fragenden nach einem harmonischen Familienleben.

KELCHE

DAS KELTISCHE KREUZ

RECHTS Die umgekehrte 3 der Kelche ist das Mögliche Ergebnis.

UNTEN RECHTS Die 10 der Kelche ist die Kreuzkarte.

RECHTS Die Hohepriesterin ist das Ergebnis.

RECHTS Das umgekehrte Ass der Münzen steht für Hoffnungen und Ängste.

OBEN Die Königin der Stäbe ist die Jüngere Vergangenheit.

OBEN RECHTS Die umgekehrte 8 der Schwerter ist die Deckkarte.

OBEN Die 3 der Schwerter ist Die nahe Zukunft.

RECHTS Der umgekehrte Turm ist die Umwelt.

RECHTS Die umgekehrte 4 der Münzen ist die Wurzel.

RECHTS Die umgekehrte 7 der Stäbe ist das Ich.

DEUTUNGEN

Ein Beziehungsbild

Für Deutungen in Beziehungsfragen gibt es viele Kartenbilder, abgestimmt auf Fragen wie „Liebt sie mich?" bis „Wie werde ich ihn bloß wieder los?". Das folgende Bild aber behandelt die Beziehung wie eine dritte Person mit eigenen Bedürfnissen und Wünschen. Die Anregung dazu gaben die Karten aus dem Waite Deck, bei der eine Figur zwei weiteren übergeordnet zu sein scheint. Solche Karten sind Der Hierophant, Die Liebenden und Der Wagen aus den Großen, gefolgt von vielen Karten aus den Kleinen Arkana, darunter die 6 der Münzen. Die beiden Menschen am Rand der Karten könnte man als das Paar verstehen, die Gestalt in der Mitte als die Beziehung, die sie geschaffen haben.

Für die Deutung sollte das Paar am besten gemeinsam kommen. Die beiden können die Karten vierhändig mischen, der Deutende legt sie dann in drei Reihen aus, wobei es auf jede Frage drei Antworten gibt. Die Fragen wurden auf der Grundlage von Gailan Fairfields Buch *Choice Centered Tarot* entwickelt. In der ersten Reihe erfüllt der Mann zwar seine Verpflichtungen der Familie gegenüber, hält aber Distanz. Die Menschen unterhalten sich nicht, sie tragen Leid. Die Frau trägt die emotionale Last der Beziehung. Die Beziehung selbst hält ängstlich an allem fest, was sie trägt: die gemeinsam erlebte Zeit, die Familienrituale, das Geld.

In der nächsten Zeile, Wünsche, zeigt sich, dass der Mann sich Spannung und Aufregung wünscht, die Frau eine fröhliche Familie, in der sich alle wohl fühlen. Die Beziehung aber will kein Teufel sein, sie will nicht unterdrücken. Bei Waite ist der Teufel eine Verzerrung der Liebenden. Die Zeile Konkrete Wünsche fällt bescheidener aus. Der Mann will nicht daran arbeiten müssen. Für ihn hat die Beziehung bisher gut funktioniert. Die Frau wünscht sich eine Liebeserklärung, vielleicht einen Neuanfang. Die Beziehung möchte sich die Probleme vom Leib halten. In der Zeile Bedürfnisse jedoch zeigen sich dramatische Veränderungen. Die Magie, die der Mann braucht, ist eine ganz andere als er glaubt. Es ist eine sichere, fröhliche Umgebung, in der er das Gefühl hat, die Liebe sei Geschenk, nicht Bedingung. Die Frau muss mehr Verantwortung übernehmen, und die Beziehung braucht Hoffnung und bereitwillig geschenkte Gefühle.

Wie kann das Paar diese Bedürfnisse erfüllen? Der Mann sollte die Initiative ergreifen, offener über seine Bedürfnisse sprechen und seine Liebe zeigen. Die 8 der Stäbe heißt zuweilen auch „Liebespfeile". Die Frau kann die beiden aus dem tristen Beziehungsalltag herausführen. Wenn sie sich zum König der Stäbe (ihrer Bedürfniskarte) entwickelt, kann sie die ersehnte Liebe als Bube/Knappe initiieren. Und die Beziehung erfüllt ihre Bedürfnisse durch gelassenes Vertrauen.

UNTEN Paare, die sich ein Beziehungsbild legen lassen, sprechen miteinander ebenso über die Karten wie mit ihrem Deuter.

EIN BEZIEHUNGSBILD

	MANN	FRAU	BEZIEHUNG
1 Wie verhalten Sie sich?			
2 Was wünschen Sie sich?			
3 Was wünschen Sie sich konkret?			
4 Was sind Ihre Bedürfnisse?			
5 Wie können Sie diese Bedürfnisse erfüllen?			

DEUTUNGEN

Die Heilige Suche

✦ ✦ ✦ ✦ ✦ ✦ ✦ ✦ ✦ ✦ ✦ ✦ ✦ ✦ ✦ ✦

VIELE MENSCHEN wünschen sich vom Tarot Klarheit über ihren Lebensweg und Hilfe bei der Suche nach Erfüllung. Zwar geben die Karten keine exakten Gebrauchsanweisungen („Ziehen Sie aufs Land und eröffnen Sie eine antiquarische Buchhandlung"), aber sie vermitteln ein Gespür für die eigenen Bedürfnisse. Dieses Kartenbild orientiert sich an Mythen, in denen sich der Held auf eine Suche begeben muss. Die Karten werden in der Form eines sechszackigen Sterns mit einer abschließenden Karte in der Mitte gelegt.

Diese Deutung galt einer Frau, die mit ihrem Beruf unzufrieden war. Verwendet wurde das Arthurian (auch „Hallowquest" – Heilige Suche) Tarot, geschaffen von Caitlìn und John Matthews, gezeichnet von Miranda Gray. Es erschienen folgende Karten: 1. Steinkönig, 2. Gralskönig, 3. Heiliger Speer (Ass der Stäbe), 4. Guinevere (Herrscherin), umgekehrt, 5. Prydwen (Wagen), 6. Schwertermädchen, 7. Schwerterritter. Der archetypische Schwerpunkt der Deutung ist auf den ersten Blick erkennbar. Vier der sieben Karten sind Hofkarten, mythische Gestalten. Zwei weitere sind Große Arkana und die siebte ist ein Ass. Ziel der Suche ist der Steinkönig. Diese Gestalt verkörpert Macht und Verantwortung; er ist Hüter und Bewahrer des Wissens. Den Weg dorthin symbolisiert der Gralskönig selbst. Er unterstreicht nochmals das Streben nach Erkenntnis. Die beiden Karten deuten einen Weg zu großer Macht an, möglicherweise im Bereich der Esoterik. Dieser Weg führt die Fragende zum Heiligen Speer (Ass der Stäbe), eine Karte der Heilung durch Neubeginn. Will sie die beiden Könige verkörpern, muss sie etwas Neues beginnen, das für sie sehr wichtig wird, vielleicht das Studium spiritueller Lehren. Die umgekehrte Guinevere (Herrscherin) stellt sich ihr entgegen. Das lässt darauf schließen, dass sie von ihrer eigenen Kraft und Hingabe nicht recht überzeugt ist. Ihr Helfer aber ist Prydwen (Wagen), eine Karte des Selbstvertrauens, der Disziplin und der Stärke. Sie trifft auf Hindernisse (das sturmgepeitschte Boot), umschifft sie aber.

Für das Opfer steht eine andere Gestalt, das Schwertermädchen (Bube der Schwerter). Diese Figur verkörpert die Idee des Opfers an sich. Im Begleitbuch heißt es: „Schwierigkeiten überwindet sie durch Selbstaufgabe." Vielleicht muss die Frau ihre bisherigen Pläne und Ziele aufgeben, um ihrer Berufung folgen zu können. Tut sie das, wird sie zum Schwerterritter, einer heroischen Gestalt von intellektueller Brillanz.

UNTEN Vor Beginn ihrer Suche beteten die Ritter um Führung. Tarot-Deuter empfinden oft ähnlich.

RECHTS Der Camelot-Mythos war Inspiration zum Arthurian Tarot.

DIE HEILIGE SUCHE

1. Was ist das Ziel Ihrer Suche?

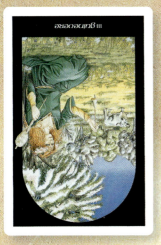

4. Was stellt sich Ihnen entgegen?

7. Wohin entwickeln Sie sich?

5. Was hilft Ihnen?

2. Auf welchem Weg befinden Sie sich?

6. Was müssen Sie opfern?

3. Wohin führt dieser Weg?

LINKS Mit den mythischen Bildern des Arthurian Tarot lässt sich eine Suche besonders gut nachzeichnen.

DAS KÖRPERBILD

DIESES FASZINIERENDE BILD stammt von der dänischen Tarot-Deuterin Anita Jensen. Der Körper des Fragenden ist dabei der Ausgangspunkt für die Erkundung komplexer Haltungs- und Verhaltensmuster. Ist der Fragende sehr aufgeschlossen, kann der Deutende ihn bitten, sich auf den Boden (oder einen Massagetisch) zu legen und die Karten direkt auf den entsprechenden Körperstellen platzieren. Anschließend werden sie neben den Körper gelegt, damit der Fragende sie sich ansehen kann.

Die erste Karte wird auf die Stirn gelegt und besagt, was der Fragende denkt. Die zweite Karte legt man auf den Mund, sie zeigt, was der Fragende sagt. Hier können Widersprüche deutlich werden. Die dritte Karte wird auf das Herz gelegt. Durch sie werden die Gefühle des Fragenden zum Thema erkennbar. Die vierte Karte legt man auf den Solarplexus. Sie zeigt inneres Wissen. Die fünfte Karte wird auf die Lendengegend gelegt, sie verdeutlicht das Verlangen (das nicht sexuell sein muss). Bevor die letzten vier Karten gelegt werden, sind „Haupt-" und „Nebenseite" des Klienten zu erfragen. Bei Rechtshändern sind rechte Hand und rechter Fuß die Hauptseite, linke Hand und linker Fuß entsprechend die Nebenseite. Für Linkshänder gilt das Gegenteil. Die sechste Karte gilt der Nebenhand, sie zeigt, was der Fragende zurückhält, Karte sieben gilt der Haupthand, sie zeigt, was er gibt. Karte acht liegt auf dem Nebenfuß, sie steht für frühere Erfahrungen. Karte neun liegt auf dem Hauptfuß, sie zeigt, wohin er geht.

Die Beispieldeutung galt einem Mann, der sich durch seine Freundin unterdrückt fühlte. Er wollte erfahren, wie er seine eigene Stärke entdecken und ausdrücken kann. Die umgekehrte Mäßigkeit auf der Stirn beschreibt seinen aufgebrachten Zustand. Er ist aufgewühlt und kann nachts aus Wut über das Verhalten seiner Freundin und seine eigene Schwäche nicht einschlafen. Auf dem Mund zeigt der Eremit, dass er den Wunsch nach Trennung ausspricht. Er kann seine Verstörung nur durch das Bedürfnis nach Alleinsein ausdrücken. Auf dem Herzen liegt der umgekehrte Sprecher der Flüsse (König der Kelche). Die Sprecherkarten machen anderen ihre Meisterschaft über das Element ihrer Farbe deutlich. Die Flüsse sind die Farbe des Gefühls und der Liebe, sehr passend für die Herzposition. Hier aber

RECHTS Sich die Tarotkarten auf den Körper legen zu lassen, kann eine spielerische oder sehr intensive Erfahrung sein.

UNTEN Tarot-Deuter, die auch aus der Hand lesen, können dieses Wissen beim Körperbild mit einbringen.

DAS KÖRPERBILD

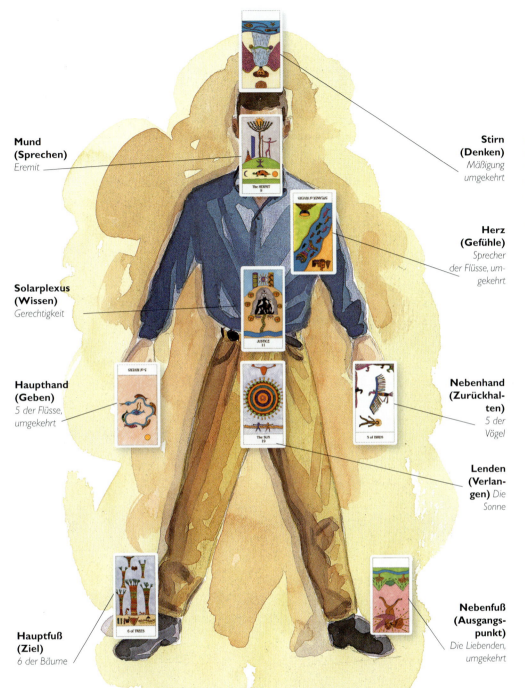

Mund (Sprechen)
Eremit

Stirn (Denken)
Mäßigung umgekehrt

LINKS Für diese Deutung wurde das Shining Woman Tarot verwendet, das die Verfasserin selbst entworfen und gezeichnet hat.

Herz (Gefühle)
Sprecher der Flüsse, umgekehrt

Solarplexus (Wissen)
Gerechtigkeit

Haupthand (Geben)
5 der Flüsse, umgekehrt

Nebenhand (Zurückhalten)
5 der Vögel

Lenden (Verlangen) *Die Sonne*

Hauptfuß (Ziel)
6 der Bäume

Nebenfuß (Ausgangspunkt)
Die Liebenden, umgekehrt

liegt sie umgekehrt, was zeigt, dass der Fragende nicht deutlich macht – nicht sagt – was er empfindet. Sein Wissen (Solarplexus) heißt Gerechtigkeit. Tief im Innern weiß er, dass er eine ungleiche Beziehung nicht leben kann. In der Lendengegend zeigt die Sonne seine Sehnsucht nach einer problemlosen, glücklichen Beziehung. Diese Sehnsucht steht im Widerspruch zu seinen Gedanken, Gefühlen und Überzeugungen.

Die 5 der Vögel (Schwerter) hält er zurück, die Überzeugung also, dass er sich nur durch Zerschlagen der Situation daraus befreien kann. Er gibt die umgekehrte 5 der Flüsse (Kelche), unsicher, ob die Beziehung nicht bereits gescheitert ist. Der Nebenfuß zeigt die umgekehrten Liebenden – das Gefühl, dass die Beziehung lieblos ist. Er geht auf die 6 der Bäume (Stäbe) zu. Furchtlos schreitet er durch eine düstere Landschaft.

DEUTUNGEN

Ihr persönliches Kartenbild

KARTENBILDER erleichtern die Klärung schwieriger Fragen. Mit zunehmender Erfahrung entsteht oft der Wunsch, für die Klienten individuelle Kartenbilder zu gestalten. Dazu muss man natürlich mit ihnen sprechen. Deutern, die das Thema nicht im vorhinein erfahren möchten, ist das nicht möglich. Auch bei Fragenden ohne große Probleme, die einfach nur neugierig sind, was die Karten ihnen zeigen, kann man so nicht vorgehen. Für Menschen mit einem konkreten Anliegen aber stellt ein individuelles Kartenbild sicher, dass alle Fragen angesprochen werden.

Am Anfang steht die Frage, was der Klient wissen möchte. Die Antwort sollte man sich in Stichworten notieren. Die meisten Menschen sagen nur ein oder zwei vage Sätze. Im nächsten Schritt sollte die Frage deshalb untergliedert werden. So sagt jemand zum Beispiel: „Ich möchte wissen, warum ich mein Verhalten nie ändere." Die erste Position gilt daher dem wiederkehrenden Verhaltensmuster. Auf die Frage, was denn konkret geschieht, antwortet er vielleicht: „Ich fange etwas voller Begeisterung an, und plötzlich löst sich alles in Luft auf. Ich habe schon fünf Mal den Arbeitsplatz gewechselt. Ich verliebe mich, und plötzlich langweilt mich die Frau." Eine Position im Bild könnte heißen: „Was geschieht am Beginn einer neuen Erfahrung?" eine weitere: „Was beendet die Erfahrung?". Eine dritte Karte kann die „Brücke" zwischen Anfang und Ende symbolisieren. Bitten Sie den Klienten, deutlicher zu schildern, was geschieht. Scheitern seine Vorhaben? Oder packt ihn die Angst? Vielleicht antwortet er: „Nein, es passiert nichts Schlimmes. Mich ödet einfach alles an. Zuerst werde ich träge, dann packt mich die Angst, und ich muss da raus." Nun kann eine Karte für die Langeweile und eine weitere für die Angst stehen. Sagt er dann:

RECHTS Es ist sehr wichtig, dass der Deutende herausfindet, was der Fragende aus der Deutung konkret erfahren möchte.

OBEN Die Bedeutung des Sterns aus dem Ukiyoë Tarot hängt ganz wesentlich von der Position ab, an der die Karte liegt.

Ein Bild entwerfen

Wenn die Fragen zwischen Deutendem und Klient geklärt sind, kann eine Form entworfen werden. Gibt es verschiedene Bedeutungsebenen, bieten sich Reihen an. Oder man fragt den Klienten, ob er lieber einen Stern oder einen Kreis mag. Die Punkte für den Mann, der nichts zu Ende führt, lauten:

1. Wiederkehrendes Verhaltensmuster
2. Was dem zugrunde liegt
3. Was er lernen muss
4. Enthusiasmus zu Beginn
5. Was am Ende geschieht
6. Was in der Mitte geschieht
7. Langeweile
8. Angst
9. Einflüsse aus der Kindheit
10. Was das Verhaltensmuster durchbricht
11. Was ihn blockiert
12. Was die Blockade löst
13. Was er sofort tun kann

IHR PERSÖNLICHES KARTENBILD

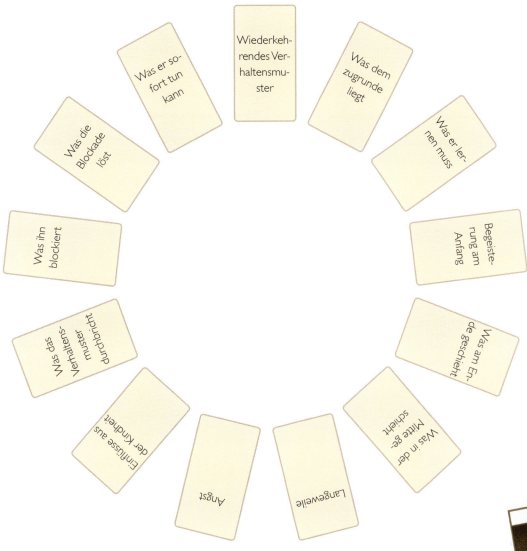

LINKS Sobald die Fragen für die Deutung feststehen, kann eine Form entworfen werden. Gebräuchlich ist ein Kreis.

UNTEN Die Position der Karten spielt eine wichtige Rolle. Wie würde sich die Bedeutung dieser beiden Karten je nach ihrer Lage ändern?

„So war ich schon als Kind", kann eine Karte „Kindheit" mit aufgenommen werden. Dem kann man weitere Fragen hinzufügen, die sich bei problematischen Themen allgemein als hilfreich erwiesen haben. „Was liegt dem Verhaltensmuster zugrunde?" „Was muss er lernen?" Weiter: „Was hindert ihn daran, etwas zu ändern?" „Was hilft ihm, sein Verhaltensmuster zu durchbrechen?".

Ein ähnliches Vorgehen bietet sich auch bei vielen anderen Fragen an, von kleinen Schwierigkeiten bis zu ganz grundsätzlichen Problemen. Benötigt jemand Hilfe bei der Entscheidung für ein Urlaubsziel, kann der Deutende ihn auffordern, die verschiedenen Möglichkeiten mit all ihren Vor- und Nachteilen zu schildern und für jeden Punkt eine Karte ziehen. Möchte ein Mann das Verhältnis zu seinen Kindern klären, bietet sich ein Gespräch über die konkreten Fragen an, die er zu seinem aktuellen und früheren Verhalten hat. Zu jeder Frage wird eine Karte gezogen, weitere Karten für seine Verbindung zu jedem Kind, für seinen Umgang mit den Kindern insgesamt, dafür, was jedem einzelnen Kind am ehesten gut tut usw.

DEUTUNGEN

TRAUMARBEIT

RECHTS Die oft verzerrten Bilder unserer Träume – etwa ein übergroßer Mond oder in der Erinnerung veränderte Orte – sind oft schwer zu verstehen. Das Tarot kann helfen, sie zu deuten.

UNTEN Notieren Sie Ihren Traum gleich nach dem Aufwachen.

Die Idee, persönliche Kartenbilder zu entwerfen, stammt von Gail Fairfield. Die Autorin mehrerer Tarotbücher entwickelte auch eine Methode, Tarotkarten zur Interpretation von Träumen zu verwenden.

Träume verwirren und beschäftigen uns. Was wollen sie sagen? Was bedeuten ihre Bilder? Dieselben Fragen stellt man auch bei Tarotkarten. Im Unterschied zu unseren Träumen aber werden Tarotkarten mit einem erklärenden Begleitbuch geliefert. Mit Hilfe der Karten können wir unsere Träume vielleicht besser verstehen. Die Methode ist einfach: Schreiben Sie Ihren Traum auf. Gliedern Sie ihn dann in einzelne Abschnitte. Notieren Sie auch, wenn vor dem Zubettgehen etwas passiert ist oder wenn Sie beim Aufwachen eine starke Reaktion spüren.

UNTEN UND RECHTS Was bedeutet es, von einem Flügel zu träumen? Oder von Spielzeug? Solch ein Traum kann Kindheitserinnerungen heraufbeschwören, die durch die Karten bewusst gemacht werden.

DER TRAUM

Eine Musikerin berichtet folgenden Traum: „Ich träume, ich stehe vor dem Haus, in dem ich aufgewachsen bin. Es ist ganz mit Schlamm bedeckt und mit Tüchern verhüllt. Aber in den Tüchern sind Löcher; darunter sehe ich meine Spielsachen. Es duftet nach Essen, und ich laufe in die Küche, weil ich dort meine Großmutter vermute.

Stattdessen komme ich aber in mein Zimmer. Wo mein Bett war, steht jetzt ein Flügel. Darauf sind Noten verstreut. Ich sammle sie auf und lese sie sorgfältig. Beim Aufwachen verspüre ich Angst."

Die Karten verdeutlichen die verschlüsselte Bildersprache des Traums. Die Träumerin kann nun weiterarbeiten. In der Meditation über eine bestimmte Karte, etwa den Hierophanten, sieht sie vielleicht, was Chiron in seiner Höhle verbirgt oder folgt Psyche auf der 8 der Kelche in die „Unterwelt" ihrer Kindheit. Oder aber sie zeichnet oder schreibt den Traum in einer neuen Variante, in die Figuren und Erkenntnisse aus den Karten einfließen.

SO WURDE DER TRAUM UNTERTEILT

1. Sie steht vor ihrem ehemaligen Zuhause.
2. Das Haus ist mit Schlamm bedeckt.
3. Sie geht hinein.
4. Alles ist mit Tüchern verhüllt.
5. Durch die Löcher erkennt sie Spielsachen.
6. Sie riecht Essen, sucht ihre Großmutter.
7. Sie geht in ihr Zimmer.
8. Ein Flügel ersetzt ihr Bett.
9. Sie liest die Noten.
10. Sie verspürt Angst beim Aufwachen.

TRAUMARBEIT

1. 2 der Stäbe: Jason steht vor der dunklen Höhle seines Lehrers, des Zentauren Chiron. Eben hat er von seiner königlichen Abkunft erfahren, die bisher vor ihm geheim gehalten wurde. Das Haus – der Traum – will etwas sagen, das die Frau nicht weiß.

2. Ass der Stäbe: Zeus, der Göttervater. Er trägt das goldene Vlies, das Jason suchen muss. Auch diese Karte zeigt den „Schatz" in dem verlassenen Haus.

3. Ass der Schwerter: Athene, Göttin der Gerechtigkeit. Beim Eintritt in das Haus begibt sich Athene auf die Suche nach der Wahrheit.

4. Ass der Münzen: Poseidon. Die Karte steht für Wohlstand und Erfolg. Die Tücher verhüllen ihre Kraft.

6. 6 der Stäbe: Jasons Sieg. Das Essen und ihre Großmutter bedeuten, dass sie bekommt, was sie sich vom Leben wünscht.

7. 8 der Kelche: Psyche begibt sich in die Unterwelt zu Persephone, der Göttin des Todes und der Wiedergeburt. Das „Essen" nach dem sie sich sehnt, kann sie erst bekommen, wenn sie sich mit ihren Kindheitserinnerungen auseinander gesetzt hat.

5. Der Hierophant: Chiron, wieder am Eingang zu seiner Höhle. Das Spielzeug steht für alles, was sie in ihrem Leben gelernt hat.

Verwendet wurde das Mythic Tarot, das auf die griechische Mythologie zurückgreift. Tricia Newell zeichnete die Bilder nach Anleitung von Juliet Sharman-Burke und Liz Greene.

10. Der Mond: Hekate, Göttin der Unterwelt. Angst zeigt hier, dass der Traum und sein „Schatz" noch nicht ganz erschlossen sind.

8. Die umgekehrte 10 der Scheiben: Eine glückliche Familie. Die umgekehrte Karte zeigt, dass der Flügel – ihre Musik – ihr Bedürfnis nach Verbindung zu ihrer Vergangenheit nicht befriedigt.

9. 4 der Stäbe: Jason und seine Begleiter bereiten sich auf die Suche vor. Das Studium der Noten zeigt, dass die Fragende bereit ist, sich auf die Suche nach Selbsterfahrung und Erkenntnis ihrer Vergangenheit zu begeben.

TEIL FÜNF
MÖGLICHKEITEN DES TAROT
★★★★★

In der Renaissance war das Tarot ein einfaches Kartenspiel. Später wurden die Karten in erster Linie zur Divination verwendet. Daher rührt der verbreitete Glaube, die mysteriösen Schöpfer des Tarot hätten es eigens dazu entworfen. Aber die Weisheit der Karten erschließt sich auf vielerlei Art, nicht nur aus ihrer verbalen Deutung heraus. Dieser Abschnitt des Buches beschäftigt sich mit der Verwendung der Karten in der kreativen Arbeit, in der Musik etwa oder beim Erzählen. Stellen Sie die Motive der Karten pantomimisch dar oder spielen Sie Rommee damit. Erfinden Sie Gymnastikübungen dazu oder imitieren Sie die Haltung der Figuren. Schaffen Sie Ihr eigenes Deck mit Bildern, die für Sie besondere Bedeutung haben. Lernen Sie die die tiefere Bedeutung der Karten in der Meditation kennen. Lernen Sie mithilfe der Karten sich durchzusetzen. Sie können die Karten auf vielerlei Weise erfahren – und wenn Sie es wünschen, werden die Karten Ihnen auch bei der Umsetzung von Deutungshinweisen behilflich sein.

OBEN Der Hierophant symbolisiert die Suche nach geistigen Inhalten. Auch der Umgang mit den Tarotkarten erschließt viele spirituelle Erkenntnisse.

MÖGLICHKEITEN DES TAROT

Mit den Karten Bekanntschaft schliessen

✶✶✶✶✶✶✶✶✶✶✶✶✶✶✶✶✶

RECHTS Auch beim Sport kann man die Gestalten des Tarot imitieren.

UNTEN Die Zahl der Tageskarte kann im Lauf des Tages auf vielerlei Weisen auftauchen.

UNTEN RECHTS Die Haltung des Magiers fördert den Energiefluss im Körper.

Wer sich zum ersten Mal mit Tarot beschäftigt, aber auch, wer gerade ein neues Deck erworben hat, möchte mit den Karten vertrauter werden. Normalerweise geschieht das durch die eingehende Beschäftigung mit ihrer Symbolik, durch das Studium ihrer Interpretation im Begleitbuch und in der praktischen Arbeit mit den Karten in der Deutung (wobei natürlich das Buch zur Hand genommen werden darf und soll). Was die Karten zu sagen haben, kann man aber auch auf kreativere Weise erfahren.

So kann man mit ein paar Freunden zusammen das eine oder andere der weiter unten erwähnten Spiele spielen oder einige Karten pantomimisch darstellen. Dabei hilft eine kräftige Prise Humor. Das macht viel Spaß, und man lernt eine Menge über die Karten. Die Reihenfolge der Großen Arkana kann man sich gut beim Fitnesstraining merken. Wer Aerobic macht oder eine andere Sportart ausübt, in der gezählt werden muss, kann die Zahlen durch die Karten ersetzen: „Narr, Magier, Hohepriesterin, Herrscherin ..." Versuchen Sie dabei, sich die Karte oder ihre Grundeigenschaften kurz vorzustellen. Noch direkter wird die Interpretation der Karten durch Körperhaltungen. Überlegen Sie sich eine Pose, die einer Karte entspricht. Imitieren Sie zum Beispiel die Figur auf dem Bild. Erheben Sie wie der Magier den rechten Arm (in der Hand etwas Stabähnliches) und weisen Sie mit dem linken nach unten. Oder stehen Sie wie die Welt mit ausbreiteten Armen auf dem rechten Bein und halten Sie das linke locker angewinkelt dahinter in der Luft. Geübte können den Gehängten durch einen Kopfstand aus dem Yoga darstellen (am einfachsten und sichersten gegen eine Wand gelehnt).

Zahlen im Alltag

Über das Ziehen einer Tageskarte (siehe S. 138) lernt man ein neues Deck gut kennen. Man kann beobachten, wie sie sich in den Ereignissen des Tages widerspiegelt, aber zum Beispiel auch nach der Zahl der Karte Ausschau halten. Bei der Welt etwa entdeckt man die 21 vielleicht auf Autokennzeichen, Hausnummern, Kapitelüberschriften, im Datum, im Fernsehen usw. Oder vielleicht zeigt sich die Karte im Verhalten anderer Menschen oder in Gesprächsfetzen. „Ich könnte die ganze Welt umarmen", sagt jemand oder ein Freund erzählt von einem beruflichen Erfolg oder einem anderen schönen Erlebnis.

Man kann sich auch dem Thema der Karte entsprechend verhalten. Etwa Tanzen gehen bei der Welt, spontan einer Neigung nachgeben beim Narren, seine Finanzen ordnen bei der 4 der Münzen. Je phantasievoller die Idee, desto besser prägt sich die Karte ein.

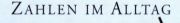

162

MIT DEN KARTEN BEKANNTSCHAFT SCHLIESSEN

Wer ein Deck näher kennen lernen will, kann es nach einer weiteren Methode auch zu sich selbst befragen. Die Karten werden gemischt und wie zu einer Deutung aufgedeckt. Die Fragen stellt man allerdings den Karten selbst. So zum Beispiel: „Welche besondere Botschaft hast du für mich?", „Was möchtest du mich lehren?", „Was brauche ich, um mit dir arbeiten zu können?".

Ich möchte diese Methode anhand eines ganz besonderen Decks, des William Blake Tarot, demonstrieren. Ed Byrn entwickelte dieses Deck aus der Malerei und den Gedichten des englischen Dichters und Mystikers.

Ich stellte die folgenden drei Fragen:
Was möchtest du mich lehren?
4 der Lyrik (4 der Stäbe), „Harmonie". Die Zeichnung zeigt einen Mann und eine Frau, die zu einem himmlischen Licht aufblicken. Der Text beschreibt, wie Liebe und Harmonie „unsere Seelen umwinden". Diese wunderbare Erfahrung also will das Deck mich lehren.

Was verlangst Du von mir?
2 der Lyrik, „Individualität".
Dieses Deck erwartet von mir, dass ich mich mit den Karten selbst auseinandersetze und nicht auf das Buch, meine Kenntnisse des Tarot oder gar wissenschaftliche Studien der Werke von William Blake zurückgreife.

Welche Beziehung können wir zueinander entwickeln?
4 der Musik (4 der Kelche), „Muße". Das Bild deutet eine Beziehung voller Freude an. Alte Männer musizieren und Kinder spielen vor einem Baum. Vielleicht stehen die alten Männer für William Blake, die Kinder für mich und alle Menschen, die das Deck aus ihrer Individualität heraus betrachten.

Der Untertitel „Muße" könnte auch eine Anspielung darauf sein, dass dieses der Kreativität gewidmete Deck mir zur Muse für meine Arbeit werden möchte.

OBEN Die Malerei des Dichters und Mystikers William Blake war die Inspiration zum William Blake Tarot.

UNTEN Manche Decks wollen sicher stellen, dass ihre Inhalte verstanden werden.

MÖGLICHKEITEN DES TAROT

TAROTSPIELE

NACH ÜBERZEUGUNG VIELER Historiker liegen die Anfänge des Tarot in einem Kartenspiel namens *Tarocchi* oder französisch *Les Tarots*. Dieses Spiel, ein Bridge-Vorläufer, wird heute noch gespielt. Man kann es sogar symbolisch spielen, das heißt, man spielt es zwar regelgerecht, betrachtet aber Spielverlauf und Endergebnis als eine Tarot-Deutung.

Inzwischen wurde eine ganze Reihe von Spielen entwickelt, die enger mit der symbolischen Bedeutung der Karten verbunden sind. Darunter sind zum Beispiel die Tarot-Charaden, die ein deutlich lebendigeres Verständnis der Karten ermöglichen. Beim Tarot-Rommee erhalten wir Informationen über uns selbst. Eine Tarot-Charade wird von zwei Mannschaften gespielt. Ein Mitglied jeder Mannschaft wählt willkürlich eine Karte. Es muss nun das Motiv der Karte schauspielerisch so darstellen, dass seine Mannschaft die Karte erraten kann. Dazu gibt es zwei Möglichkeiten. Die erste ist die pantomimische Darstellung von Motiv oder Inhalt der Karte. Das geschieht stumm. Bei der zweiten Möglichkeit darf die Darstellerin sprechen. Zieht eine Frau die 10 der Stäbe aus dem Rider Waite, kann sie entweder langsam und gebeugt gehen, die Arme erhoben, als trage sie zehn lange Stöcke. Nach der zweiten Möglichkeit sagt sie mit niedergeschlagener Miene: „Ach, ich hab's so schwer! Wenn ich doch bloß meine Last ablegen könnte!"

Bei einer anderen Variante der Tarot-Charaden, entwickelt von der dänischen Tarot-Deuterin Agathe Beierholm, spielen zwei Personen miteinander. Jede wählt eine Karte, zeigt sie aber der anderen nicht. Jede spielt nun ihre Figur im Dialog mit der anderen. Ein Beispiel: Die erste Person wählt Waites 7 der Kelche, die Karte der Phantasievorstellungen. Die zweite wählt die 5 der Münzen, die beiden zerlumpten Gestalten, die sich im Schnee vorwärts kämpfen. Die erste beginnt: „Was machen wir heute? Vielleicht gewinnen wir im Lotto. Dann sind wir reicher als in unseren kühnsten Träumen! Oder vielleicht beschäftigen wir uns mit der Kabbala? Lernen wir heute etwas über die Kabbala!"

Die zweite sagt zum Beispiel: „Ach, ich bin so schwach und hilflos. Aber du bist ja bei mir, auch wenn es uns noch so elend geht. Ich hoffe nur, wir kommen irgendwie durch." Die erste erwidert: „Bist du krank? Vielleicht hast du nur noch 14 Tage zu leben. Auf, machen wir eine Weltreise!" So geht das eine zuvor vereinbarte Zeit lang weiter (etwa zwei Minuten), dann muss jede die Karte der anderen erraten.

OBEN Mit den frühen Tarotdecks wurde *Tarocchi* gespielt.

UNTEN RECHTS Bei einer Tarot-Charade stellt die Spielerin die Karte entweder pantomimisch dar oder verhält sich entsprechend dem Charakter der Karte.

UNTEN Wie könnte man diese unterschiedlichen Posen schauspielerisch darstellen?

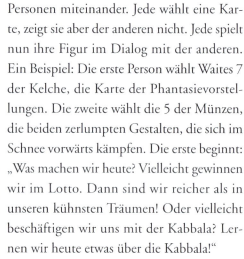

Weitere Tarotspiele

OBEN Tarot-Angeln wird mit verschiedenen Decks gespielt.

LINKS Tarot-Rommee ist ein einfaches Spiel, eine Art interaktiver Deutung, die großen Spaß macht.

Tarot-Rommee

Dieses interessante Spiel (das ich von Mary Greer gelernt habe) ist eine „interaktive" Deutung. Man braucht dazu mindestens zwei, am besten vier Mitspieler. Das Deck wird gemischt, und jeder Spieler erhält vier Karten. Davon gibt man eine an den linken Nachbarn, eine an den zweiten Nachbarn von links und eine an den rechten Nachbarn. So hat am Ende jeder Spieler vier Karten, eine von jedem Mitspieler und eine, die er für sich behalten hat. Jetzt kann einer nach dem anderen seine Karten zeigen und seine ganz persönliche Deutung schildern oder begründen, warum er welchem Mitspieler welche Karte gegeben und die eine behalten hat.

Tarot-Angeln

Mary Greer entwickelte dieses Spiel als „Eisbrecher-Variante des Rommee" wie sie es nennt. Es wird mit verschiedenen Decks gespielt, sodass Freunde ihre Tarots kennen lernen können. Alle Decks kommen in einen „Teich". Daraus angelt jeder Mitspieler zwei Karten. Eine behält er, die andere gibt er an seinen linken Nachbarn. Danach beschreibt jeder, was er in der behaltenen, in der weitergegebenen und in der erhaltenen Karte sieht. Oder man erzählt Geschichten. Die Mitspieler sitzen im Kreis um ein Deck in der Mitte. Der erste Spieler nimmt eine Karte und beginnt mit einer Geschichte. An einer spannenden Stelle bricht er ab, der nächste nimmt eine Karte und setzt die Geschichte mit deren Motiv fort (siehe *Tarot, Musik und Geschichten*, S. 170–171).

LINKS 7 der Kelche, Tarot de Marseilles und 10 der Schwerter, Morgan Greer Tarot. Tarotspiele kann man mit jedem beliebigen Deck spielen.

Persönlichkeits-, Wesens- und Jahreskarten

Im Unterschied zur Astrologie hat das Tarot kein Symbol, das ein ganzes Leben lang gilt, vergleichbar dem Sonnenzeichen im Horoskop. Viele Menschen schätzen jedoch ein symbolisches Bild, das ihnen Zugang zu ihren wiederkehrenden Verhaltensmustern vermittelt und sie im Leben begleitet. Nach der folgenden Methode lassen sich „Persönlichkeits-" und „Wesenskarte", aber auch eine individuelle Jahreskarte ermitteln.

Angeles Arrien erklärt diese auf Aleister Crowley zurückgehende Methode in ihrem *Handbuch zum Crowley Tarot*, ebenso Hajo Banzhaf in *Der Crowley Tarot, Das Handbuch zu den Karten von Aleister Crowley und Lady Frieda Harris*. Mary K. Greer entwickelt sie in *Tarot-Konstellationen* weiter. Man schreibt sein Geburtsdatum nach Tag, Monat und Jahr in drei Zeilen untereinander und bildet die Summe. Nun addiert man die einzelnen Ziffern dieser Summe zur Quersumme. Eine Quersumme von 22 oder darunter ergibt die Persönlichkeitskarte. Die Quersumme 20 im ersten Beispiel entspricht der Tarotkarte Das Gericht. Die Wesenskarte ergibt sich aus der Addition der beiden Ziffern der Persönlichkeitskarte. Bei der 20 ergeben 2 + 0 = 2, die Karte der Hohepriesterin. Besteht die Quersumme aus nur einer Ziffer, sind Persönlichkeits- und Wesenskarte gleich. Das zweite Beispiel hat die Quersumme 9, den Eremiten. Der Eremit ist sowohl Persönlichkeits- als auch Wesenskarte. Ist die Quersumme eine Zahl größer als 22, wird daraus wieder eine Summe gebildet. Im dritten Beispiel wird die Quersumme 25 noch einmal in sich addiert: 2 + 5 = 7, Der Wagen, der dann Persönlichkeits- und Wesenskarte ist.

UNTEN Die Persönlichkeitskarte ergibt aus dem addierten Geburtsdatum, das auf eine Quersumme unter 23 reduziert wird.

Wie man seine Karten findet

Dazu schreibt man sein Geburtsdatum in drei Zeilen untereinander auf. Hier drei Beispiele:

22. Januar 1950	18. Juni 1983	17. Mai 1974
22	18	17
1	6	5
1950	1983	1974

Diese Zahlen werden addiert

22	18	17
1	6	5
1950	1983	1974
1973	2007	1996

Aus der Summe wird die Quersumme gebildet.

| 1+9+7+3=20 | 2+0+0+7=9 | 1+9+9+6=25 |

PERSÖNLICHKEITS-, WESENS- UND JAHRESKARTEN

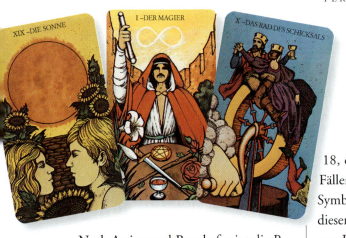

Nach Arrien und Banzhaf zeigt die Persönlichkeitskarte, „den äußeren Eindruck, die Begabungen, Talente und Möglichkeiten". Die Wesenskarte enthüllt „den tiefsten Wesenskern". Eine Zahl hat zwei Quersummen: 19 wird zu 1 + 9 = 10 und 10 zu 1 + 0 = 1. In diesem Fall ist 19 (Die Sonne) nach Arrien die Persönlichkeitskarte, 1 (Der Magier) die Wesenskarte und 10 (Das Rad des Schicksals) das Symbol der Kreativität.

Mit dieser Methode entstehen interessante Kombinationen. 17 und 8, Stern und Kraft, harmonieren. Was aber ist mit 16 und 7, dem Turm und dem Wagen? Oder 15 und 6, dem Teufel und den Liebenden? Zeigen diese Paarungen einen Widerspruch zwischen dem äußeren Eindruck und dem Wesen des betreffenden Menschen? 22 und 4 sind ein besonderes Paar. Nach dieser Methode steht die 22 für die zweiundzwanzigste Karte, den Narren. Der Narr ist eine freie und spontane Persönlichkeit, das Bild des ewigen Kindes. Aber 2 + 2 = 4: Der Herrscher, Symbol der Reife, des Verantwortungsgefühls, des rationalen Denkens und der Kontrolle. Die Karten zeigen einen Menschen, der sich nach außen kindlich gibt, darunter aber ein reiferes Verständnis von sich und seiner Stellung in der Welt besitzt.

Ergibt sich aus dem Geburtsdatum eine einzige Zahl für Persönlichkeits- und Wesenskarte, kann man eine implizierte höhere Zahl annehmen. So hat der 18. Juni 1983 die Quersumme 9, den Eremiten. 9 impliziert 18, den Mond, denn 1 + 8 = 9. In diesen Fällen ist die „unsichtbare" höhere Zahl ein Symbol der Herausforderungen, denen sich dieser Mensch im Leben stellen muss. In ihrem Buch *Tarot-Konstellationen* nennt Mary Greer diese implizierten Zahlen und ihre zugehörigen Karten den „verborgenen Faktor".

Die vier niedrigsten Zahlen schließen zwei höhere ein. 19 und 10 bei der 1, 20 und 11 bei der 2, 21 und 12 bei der 3 und 22 und 13 bei der 4. Die Zahl, die nicht die Quersumme ist, steht für die Herausforderungen. Ist etwa die 21, Die Welt, Persönlichkeitskarte, so ist Die Herrscherin die Wesenskarte und Der Gehängte die Herausforderung. Die Karten der implizierten höheren Zahlen sind auch hier der verborgene Faktor.

OBEN LINKS Die Zahl 19 bildet zunächst die Quersumme 10, dann 1. Damit sind drei Karten angesprochen: Die Sonne, Der Magier und Das Rad des Schicksals.

UNTEN Mit der numerologischen Methode lässt sich auch eine Jahreskarte ermitteln.

STERNZEICHEN

Wer sich in der Astrologie und den astrologischen Beziehungen innerhalb der Großen Arkana auskennt, kann nachsehen, ob Persönlichkeits- und Wesenskarte mit dem eigenen Horoskop korrespondieren. Meine Wesenskarte ist die Kraft, mein Sternzeichen Löwe. Beide verstärken sich gegenseitig. Ein Fischegeborener mit der Wesenskarte Kraft, muss sich auf komplexere Wasser-Feuer-Interaktionen einstellen.

Mit dieser numerologischen Technik lässt sich auch eine Jahreskarte bestimmen. Statt des Geburtsjahres wird das laufende Jahr addiert. Für das Jahr 2000 addiert ein am 22. Januar Geborener also

```
22
1
2000
2023 = 7 Der Wagen
```

Mit dem 22. Januar 2000 beginnt für diesen Menschen ein Wagen-Jahr, in dem es um Wille und Durchsetzungskraft geht. Im nächsten Jahr, 2001, wechselt das Thema zu 8, Kraft.

MÖGLICHKEITEN DES TAROT

Ihr persönliches Deck

Das Tarot gilt als bunte Zusammenstellung von Symbolen. Noch vor der Interpretation aber rangieren die Motive selbst. Auch bei einem Tarot, das nach feststehenden Ideen und Symbolvorgaben gestaltet ist, betrachtet man zuerst die Bilder, bevor man das Buch liest. Und in diesen Bildern liegt eine Inspiration, die alles ursprünglich Beabsichtigte übertrifft.

Viele Menschen, die sich nie die Karten legen würden und keinerlei Interesse an der Kabbala haben, schätzen das Tarot dennoch als ansprechende Kunstform. Stuart Kaplan, Autor der *Tarot Encyclopedia*, hat nicht nur die meisten modernen Decks verlegt, darunter auch solche, die er selbst in ganz unterschiedlichen Stilen in Auftrag gab, zum Beispiel das japanische Ukiyoë Tarot, er besitzt auch eine der größten und repräsentativsten Sammlungen von Tarotkunst im Original. Robert O´Neill, der Verfasser des Standardwerks *Tarot Symbolism*, betrachtet die Großen Arkana als mystischen Bauplan der Welt. Seit vielen Jahren verbindet ihn eine große Liebe mit dem Tarot, doch hat er sich nie die Karten gelegt. Stattdessen macht er etwas ganz Besonderes damit: Er entwirft Decks. All seine Decks entstehen aus sorgfältig arrangierten Fotos, mit prächtigen Kostümen, dramatischem Licht und verblüffenden Effekten.

UNTEN Die Königin der Stäbe und der König der Kelche aus dem Ukiyoë Tarot, das im Auftrag von Stuart Kaplan entstand.

Ein Deck gestalten

Sollte man ein eigenes Deck entwerfen? Wer der Überzeugung ist, die Wahrheit des Tarot liege ein für alle Mal in einem festgefügten Symbolkanon, sollte es wohl besser bleiben lassen. Andererseits vertrat der Golden Dawn genau diese Auffassung, und dennoch zeichneten alle Mitglieder ihr eigenes Deck. Sie kopierten das Original von Mathers oder Kopien der Kopien. Wer ein ideales Deck für sich gefunden hat, kann es kopieren und es sich damit ganz zu eigen machen. Vielleicht ist die künstlerische Gestaltung dann etwas unvollkommener (oder sogar besser), aber es ist ein ganz persönliches Tarot. Oder man folgt der Idee von BOTA und malt sein Lieblingsdeck nur aus. Dazu gibt es zwei Möglichkeiten. Man kann das Original in Schwarz-Weiß kopieren und dann ausmalen oder sogar direkt auf die Karten malen.

Es gibt eine Reihe neu kolorierter Rider-Waite-Karten. Bei Frankie Albano sind sie heller, beim Universal Waite von Mary Hanson-Roberts zarter und pastelliger. Carol Herzer, Malerin vieler abstrakter Decks, schuf mit ihrem Illuminated Rider eine konsequent psychedelische Version.

Wer ein Deck kopiert oder farbig ausmalt,

Kopie einer Tarotkarte

OBEN Man kann die Kopie einer Originalkarte selbst ausmalen.

IHR PERSÖNLICHES DECK

möchte es vielleicht verändern. Man kann kleine eigene Symbole hinzufügen, Tiere etwa oder Schlüsselbegriffe. Vielleicht will man auch etwas weglassen. Eine ganze Reihe von Leuten, denen die Harris-Crowley-Karten gefallen, aber deren Untertitel nicht, ließen sie einfach weg.

Oder man kreiert ein ganz neues Deck. Am besten wählt man sich dazu ein Thema. Wer zum Beispiel seit jeher Märchen mag, kann ein Deck mit Motiven aus seinen Lieblingsmärchen gestalten. Oder mit Themen aus seinem kulturellen Umfeld, vielleicht sogar aus der eigenen Familiengeschichte.

Spielkartenkarton gibt es im gut sortierten Künstlerbedarfshandel. Der Karton wird in unterschiedlichen Stärken und Farben in großen Bögen verkauft, die im Laden auf Kartengröße zurechtgeschnitten werden können.

Wer glaubt, er könne nicht malen (als Kinder malen wir alle ganz selbstverständlich) kann seine Karten auch mit Fotos oder Collagen gestalten. Für Fotos bieten sich Stilleben aus symbolhaften Objekten an oder man steckt seine Freunde in Kostüme und nimmt sie in den entsprechenden Posen auf. Jennifer Moores Fotos für ihr Deck The Healing Tarot entstanden in mehreren Jahren sorgfältiger Arbeit. Robert O'Neill und Jennifer Moore sind hochqualifizierte Fotografen, doch es braucht kein jahrelanges Studium der Techniken und Spezialeffekte, um ein Deck zu gestalten. Mit Phantasie und Experimentierfreude lässt sich sehr viel erreichen.

Für ein Collagedeck sammelt man am besten ansprechende Bilder aus Zeitschriften und Büchern. Wer mag, fügt kleine Objekte mit ein, einen schön gezeichneten Stein etwa, einen alten Schlüssel oder eine gepresste Blüte. Für das Deck kann man entweder die einzelnen Collagen selbst verwenden oder Fotos davon machen, damit die Karten einheitlich wirken. Fotos haben sich auch als Kopien von handgemalten Decks bewährt, die man Freunden schenken oder selbst zum täglichen Gebrauch verwenden möchte.

Wer sein eigenes Deck gestalten will, sollte sich Zeit lassen und Freiheit zum Experimentieren gönnen. Man kann dabei lernen, seinen Instinkten und seiner eigenen Weisheit zu vertrauen.

OBEN LINKS Das BOTA Tarotdeck ist so gestaltet, dass man es selbst ausmalen kann.

OBEN RECHTS Aus Bildausschnitten und kleinen Objekten kann ein Collagedeck entstehen.

UNTEN Wer sein eigenes Deck zeichnet, sollte persönliche Symbole mit aufnehmen.

Tarot, Musik und Geschichten

MIT DEM TAROT KANN man auch kreativ umgehen, wenn man kein eigenes Deck gestalten will. Die Musik bietet zum Beispiel interessante Möglichkeiten. Paul Foster Case, der Gründer des Ordens Builders of the Adytum (BOTA), ordnet jeder Karte der Großen Arkana einen Ton zu. Das Thema eines Liedes oder einer klassischen Komposition lässt sich entwickeln, indem man die Karten mischt und eine vorgegebene Anzahl zieht. Oder man schreibt eine Melodie aus den Großen Arkana, die sich in einer Deutung gezeigt haben. Umgekehrt ist es auch spannend, zu entdecken, welche Großen Arkana sich in einer Lieblingsmelodie verbergen. Im Bild unten Cases Zuordnungen:

UNTEN Seit Pythagoras glauben die Menschen an die mystischen Eigenschaften der einzelnen Musiktöne.

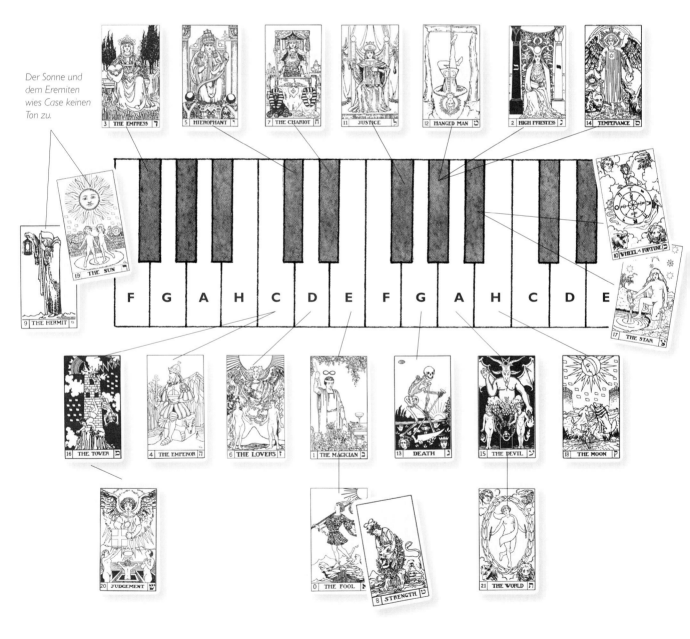

Der Sonne und dem Eremiten wies Case keinen Ton zu.

TAROT, MUSIK UND GESCHICHTEN

9 der Kelche

König der Kelche

9 der Kelche

Ritter der Schwerter

GESCHICHTEN ERZÄHLEN

Der italienische Schriftsteller Italo Calvino nannte das Tarot eine „Geschichtenmaschine". Er erwähnt diesen Begriff im Nachwort seines Romans *Das Schloss, darin sich Schicksale kreuzen*. In dieser Erzählung finden Menschen, die sich nicht kennen, in einem Schloss Unterschlupf. Wegen eines Fluches jedoch können sie nicht sprechen. Aber sie finden ein Spiel Visconti-Sforza-Tarotkarten. Einer nach dem anderen decken sie die Karten auf und zeigen sie ihren Schicksalsgenossen. Für jede Figur interpretiert der Erzähler die Karte in Form einer Geschichte. Hier ein kurzer Auszug: „‚Willst Du Reichtum (Münzen), Stärke (Schwerter) oder Weisheit (Pokale)? Wähle augenblicklich!'

Ein gewappneter und strahlender Erzengel (Schwerterreiter) war's, der so fragte und unser Mann rief: ‚Den Reichtum (Münzen) wähle ich!'

‚Stäbe bekommst Du!' war des berittenen Erzengels Erwiderung, während Stadt und Baum sich in Rauch verflüchtigten und der Räuber auf einstürzende Äste im Walde herunterstürzte."

Calvino hat die Karten, um die sich die Geschichten ranken, die er erzählen wollte, wohl absichtlich gewählt. Andere Autoren, mich eingeschlossen, improvisieren aus den Karten ganz neue Geschichten. Dazu mischt man die Karten und zieht dann einige willkürlich. Statt sie aber zu deuten, schaut man, welche Charaktere oder Handlungsstränge sich daraus entwickeln lassen. Wer das einmal versuchen möchte, sollte die traditionelle oder offizielle Interpretation der Karten dabei möglichst völlig vergessen und stattdessen seiner Phantasie freien Lauf lassen, damit Geschichten entstehen können.

Vor etlichen Jahren entwickelte ich auf diese Weise eine Erzählung aus dem Waite-Tarot. Die erste Karte war die 9 der Kelche. Daraus entstand die Idee eines Seelenräubers. Er war ein unsterblicher Magier, der seine Opfer zu festlichen Bällen in seinen Palast lud. Dort raubte er ihre Seelen. Fortan mussten sie ohne Gefühle und Wünsche leben. Eine andere Karte, der König der Kelche, gab die Anregung zur Figur des Traumwandlers. Er bekämpft seinen Feind ausschließlich in den Träumen der gefangenen Seelen. Aus den weiteren Karten entwickelte ich die übrigen Figuren und die Handlung.

Bestimmte Decks eignen sich besser für derlei als andere. Am besten sind Decks wie Waite-Smith mit lebendigen Szenen auf jeder Karte. Beim Ziehen sollte man seiner Phantasie freien Lauf lassen. So können einen die Karten in ungeahnte Welten entführen.

Calvino entwarf eine Reihe von Erzählungen nach dem Tarot. Thema sind die Karten aber auch bei anderen Autoren. Charles Williams nutzt die mystischen Qualitäten des Tarot in seinem Klassiker *Das Siegel der Arcana* für einen Thriller in der Welt des Übernatürlichen. Und in *Magier und Herrscherin* erzählt Manfred Miethe 22 Geschichten zu den Großen Arkana.

8 der Kelche

8 der Münzen

6 der Schwerter *5 der Stäbe*

RECHTS Aus einer kurzen Deutung kann ein ganzer Roman entstehen.

Geschichten deuten

RECHTS
Rabbinische Lehren greifen immer wieder auf wichtige Geschichten zurück.

Das Tarot und die Kunst des Erzählens finden noch auf eine andere ungewöhnliche Weise zusammen. Statt sich von den Karten zu neuen Geschichten anregen zu lassen, kann man auch mit ihrer Hilfe klassische Erzählungen interpretieren. Nach dieser Methode geht man bei einer Sage oder einem Märchen vor wie bei einem Traum. Das heißt, zuerst wird die Geschichte in Abschnitte gegliedert, dann mischt man die Karten und zieht eine Karte für jeden Abschnitt. Durch die Symbole auf der Karte wird die Geschichte verständlicher.

Im Folgenden eine kurze aber berühmte jüdische Legende, die ich mit Hilfe des Shining Woman Tarot interpretiere. In der Erzählung geht es um vier berühmte Rabbis, die vor 2000 Jahren lebten. Sie studierten und meditierten, bis sie ins Paradies eintreten und Gott sehen konnten. So kurz die Geschichte ist, die Interpretationen dazu füllen viele Bände und inspirierten zu modernen Romanen. Die hier verwendete Version ist Howard Schwartz' Anthologie *Gabriel's Palace: Jewish Mystical Tales* entnommen.

Zur Deutung der Legende stellte ich den Karten zwei Fragen: „Was ist das Paradies?" und „Wie kommen wir hinein?". Zusätzlich zog ich eine Karte für jeden Rabbi. „Was ist das Paradies?" – 9 der Vögel.

Diese Karte ist als Antwort ein Paradox. Statt eines Bildes der Freude oder der Unsterblichkeit zeigt sie ein Grab. Eine Göttin schreitet daraus hervor, darauf sitzt eine Eule. Die Göttin steht für die Wiedergeburt, das Grab wird damit zum Weg in die Transformation. Die Eule symbolisiert das Mysterium. Das Paradies wird so zum Mysterium der Dunkelheit, wo all unser vermeintliches Wissen transformiert wird. „Wie kommen wir hinein?" – Mäßigkeit. Wir müssen das innere Gleichgewicht wahren, selbst wenn wir zu den Engeln aufsteigen. Die Mäßigkeit steht nach dem Tod am Ende der zweiten Ebene der Großen Arkana. Wir durchlaufen verschiedene Erkenntnisstufen, bis wir bei der Mäßigkeit bereit sind für die große Aufgabe der letzten Trumpfreihe, bereit zum Eintritt ins Paradies.

Nach diesen beiden allgemeinen Fragen zog ich eine Karte für jeden Rabbi.

Ben Azzai – 9 der Flüsse. Dies ist eine der beiden „jüdischen" Karten im Deck. Ihr Bild geht auf einen kabbalistischen Schöpfungsmythos aus dem 16. Jahrhundert zurück. Als Gott die Welt schuf, so sagt Rabbi Isaac Luria, sandte er Sein Licht in Gefäße. Die unteren Gefäße

> *Vier Weise betraten das Paradies – Ben Azzai, Ben Zoma, Aher und Rabbi Akiba. Ben Azzai schaute und starb. Ben Zoma schaute und verlor den Verstand. Aher wandte sich von seinen Vätern ab und starb. Nur Rabbi Akiba betrat das Paradies und verließ es wieder in Frieden.*

TAROT, MUSIK UND GESCHICHTEN

9 der VÖGEL

MÄSSIGKEIT 14

9 der FLÜSSE

SPRECHER der BÄUME

ASS der VÖGEL

4 der FLÜSSE

OBEN Die Eule auf der Karte 9 der Vögel symbolisiert den Blick hinter den Schleier des Mysteriums.

LINKS Das Shining Woman Tarot stützt sich auf 50.000 Jahre alte Überlieferungen.

UNTEN Diese indische Miniatur zeigt zwei Frauen, die Schlangen beschwören; das Symbol der Kundalinienergie.

jedoch waren dieser Macht nicht gewachsen und zerbrachen. Deshalb leben wir in einem zerstückelten Universum. Ben Azzai ist so ein Gefäß. Seine Hingabe führte ihn zu einer Erfahrung, der er nicht gewachsen war. Sie überwältigte ihn, sodass er daran zerbrach und starb.

Ben Zoma – Sprecher der Bäume (König der Stäbe). Die Bäume sind die Farbe des Feuers, des Elements exstatischen Erlebens. Eine Schlange windet sich am Baum des Lebens empor und trifft auf ein golden strahlendes Gesicht mit violettem Schein. Im Yoga symbolisiert die Schlange die Kundalinienergie. Wir erleben „das Paradies", wenn diese Energie entlang der Wirbelsäule emporsteigt und sich im violetten „Kronenchakra" entfaltet. Im Yoga weiß man, dass dies nicht ohne ausreichende Erdung – ohne Mäßigkeit – geschehen darf, weil es zum Wahnsinn führen kann. Das geschah dem Rabbi Ben Zoma.

Aher – Ass der Vögel. Eine Eule blickt starr in eine Richtung. Aher, so heißt es, sah den Engel Metatron auf einem Thron neben Gott sitzen. Er dachte, dies zeige, dass es zwei Mächte im Himmel gäbe, nicht nur eine. Da der Glaube an den einen Gott den Juden aber alles bedeutet, verlor Aher seinen Glauben. Auf dem Ass der Vögel wirft er einen tiefen Blick in dieses Mysterium, aber ihm fehlt die Mäßigkeit echten Verstehens.

Akiba – 4 der Flüsse. Die zweite jüdisch inspirierte Karte. Abgebildet ist ein Mann in einem hebräischen Gebetsschal. Ihn überströmt goldenes Licht aus dem Widderhorn (zum jüdischen Neujahrsfest). Im Licht fliegt eine Taube. Ein zerschlissenes Kleid, Symbol des abgelegten Lebensstils, treibt flussabwärts. Seine Fähigkeit Neues anzunehmen gestattet Rabbi Akiba, das Paradies in Frieden zu verlassen.

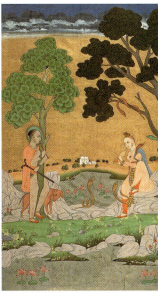

SEELENFRAGEN

DAS TAROT HILFT NICHT nur bei der Interpretation von Träumen und Mythen, es kann auch Fragen über das Leben beantworten. Aus dem Tarot kann man auch schöpfen, wenn man Fragen stellen will, die über persönliche Belange hinausgehen. Ich nenne solche Fragen „Seelenfragen", nach meiner ersten Deutung dieser Art, bei der ich das Shining Woman Tarot fragte: „Was ist die Seele?" (Die Antwort war das Ass der Vögel.) Für dieses Beispiel wähle ich das Greenwood Tarot von Chesca Potter und Mark Ryan.

WAS IST TAROT?

3 der Kelche – „Freude" Drei Reiher breiten ihr Gefieder um die irische Dreifachspirale aus prähistorischer Zeit, später Symbol der zahlreichen dreifaltigen keltischen Gottheiten. Im Begleitbuch heißt es: „Feier innerhalb einer Gemeinschaft oder Familie, Begrüßung neuen Lebens oder Glücks." Tarot ist ein Fest für das Leben. Obwohl man meist alleine damit arbeitet, verbindet man sich dabei einer Jahrhunderte alten Gemeinschaft, die Erkenntnis in Symbolik kleidet.

WOHER KOMMT ES?

Die Geborstene Eiche. Diese Karte der Großen Arkana verbindet den Gehängten – „das göttliche Opfer" – mit dem Turm, „gebrochen vom Sturm, der Illusionen wegfegt und verbrennt." Das Bild führt uns vor Augen, dass die Verwendung des Tarot zur Divination es unabhängig von seinem historischen Ursprung in die Tradition der Prophezeiungen der Seher und Schamanen reiht. Was als zufällige Aneinanderreihung allegorischer Bilder erschien, ist ein Weg zur Selbsterkenntnis.

Die Geborstene Eiche

WIE LEHRT ES?

Bube der Stäbe – „Hermelin". Die Hofkarten im Greenwood Deck zeigen Tiere. Das Hermelin hat einen „scharfen Jagdinstinkt" und kann „unter der Erde leben". Das Tarot „erjagt" die Erkenntnis, indem es uns unter die Oberfläche unseres vermeintlichen Wissens und Glaubens führt. Auf meine Frage „Was ist die Seele?" bedeutete das Ass der Vögel, die Seele sei Jägerin der Weisheit in der dunklen Nacht der Erfahrungen.

WAS SIND TAROT-DEUTUNGEN?

Die Bogenschützin. Auch sie ist eine Karte der Großen Arkana. Dieses Bild beschreibt Deutungen als Pfeile, gerichtet auf eine verborgene Erkenntnis. Verborgen ist diese Erkenntnis, weil sie in der Zukunft liegt, aber auch weil wir blind sind für unser wahres

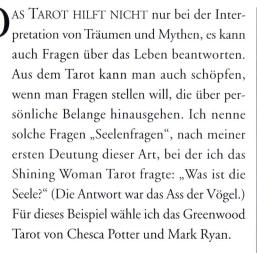

OBEN Die dreifache irische Spirale, Symbol der dreifaltigen Götter der Kelten.

OBEN RECHTS Die Geborstene Eiche aus dem Greenwood Tarot.

UNTEN LINKS So sieht die 3 der Kelche im Greenwood Tarot aus.

UNTEN RECHTS Die Hofkarten des Greenwood Tarot nehmen die prähistorische Verbindung zwischen Mensch und Tier wieder auf.

3 der Kelche – Freude

Bube der Stäbe – Hermelin

SEELENFRAGEN

Die Bogenschützin

3 der Stäbe

Erfüllung

Ich. Das Begleitbuch verbindet die Karte mit dem klassischen Wagen. Deutungen sind ein Willensakt, der aus dem Wunsch nach Erkenntnis entsteht. Die Bogenschützin in Begleitung ihrer Hunde ist ein Hinweis auf Artemis/Diana, eine Mondgöttin, eine Göttin der intuitiven Verständnissprünge also. Auch bei einer Tarot-Deutung liegt „der Schlüssel zum exakten und eleganten Abschuss des Pfeils in körperlicher wie seelischer Ruhe und Ausgeglichenheit".

WIE FUNKTIONIEREN DEUTUNGEN?

7 der Pfeile (Schwerter) – „Unsicherheit". Dieses erschreckende, geisterhafte Bild führt uns vor Augen, dass die meisten Menschen in Zeiten großer Angst, Sorgen oder Hoffnung um eine Deutung bitten, kurzum in Zeiten starker Unsicherheit. Die Deutungen „funktionieren", weil in diesem Zustand die normale Skepsis und die übliche Lebenseinstellung brüchig sind. (Ein Skeptiker könnte behaupten, das Bild auf der 7 der Pfeile stelle die Illusion dar, was hieße, dass Deutungen überhaupt nicht funktionierten. Fragende und Deutende projizierten nur ihre Phantasien auf die Bilder. Das wäre allerdings paradox, denn die Karte der Täuschung erscheint in einer Deutung.)

7 der Pfeile

Unsicherheit

WIE NUTZT MAN EINE DEUTUNG?

3 der Stäbe – „Erfüllung". Der Ursprung des Tarot liegt im Splittern der Geborstenen Eiche. Es arbeitet mit der inneren Unsicherheit und erfordert das Jagen der Erkenntnis im „Mondlicht" des Instinkts. Im Kern aber bleibt es die „Freude" der 3 der Kelche. Das Beste macht aus einer Deutung, wer darin Selbstheilung und „Erfüllung" findet. Das Buch schreibt zu dieser Karte: „Nahrung aus einer spirituellen Quelle, die innere Ruhe und Freude schenkt." Die Deutung nutzt, wer ihre nährende Wirkung zulässt, damit die Unsicherheit, die zuvor bestand, aufgelöst werden kann. Auf derlei Fragen gibt es keine „richtigen" Antworten. Wer mag, stellt sie dem eigenen Deck und begibt sich auf seine persönliche Suche nach Erkenntnis.

GANZ LINKS Die mächtige Bogenschützin wirkt, als wolle sie ihren Pfeil zum Mond schießen.

LINKS Die 3 der Stäbe zeigt einen Caduceus im Menschen, Symbol der friedlichen Vereinigung innerer Gegensätze, der Erfüllung.

UNTEN LINKS In Visionen von einer Reise zu den Göttern begegnen Schamanen oft Skelettgeistern.

UNTEN Das Tarot erfordert die Jagd nach Erkenntnis im „Mondlicht" des Instinkts.

MÖGLICHKEITEN DES TAROT

Umgang mit einer Karte

MITTE OBEN Man kann Ohrringe oder eine Kette tragen, die die gewählte Karte symbolisieren.

MITTE UNTEN Der Wagen hilft bei der Konzentration der Willenskraft.

UNTEN Man kann seine Karte in Hosentasche, Geldbörse oder einem besonderen Beutel bei sich tragen.

Manchmal hat man das Gefühl, dass eine bestimmte Karte oder vielmehr ihre Bedeutung genau dem entspricht, was man gerade brauchen kann. Entweder man erkennt das aus einer Deutung oder stößt einfach beim absichtslosen Betrachten des Decks darauf. Natürlich möchte man dann nicht nur den Stoßseufzer tun: „Ach, könnte ich doch so ruhig bleiben wie die Mäßigung!" oder „Hätte ich doch bloß so viel Willenskraft wie Der Wagen!" Unser Seufzen gilt hier bestimmten Eigenschaften. Möglicherweise wünschen wir uns aber auch ein konkretes Ergebnis. „Ich will, dass jemand sich in mich verliebt und die 2 der Kelche in Erfüllung geht." Oder: „Warum kommt kein Ass der Münzen aus einer Wolke und gibt mir Geld?" Zur Erfüllung solcher Wünsche bedarf es einer Mischung aus direktem Handeln und Magie. Zur Magie komme ich später. Zunächst geht es darum, sich die Eigenschaften einer bestimmten Karte zunutze zu machen, sich selbst zu verändern und damit eine Veränderung im Leben zu bewirken.

Eine einfache Methode ist, die Karte bei sich zu tragen, am besten an einer Stelle, an der man sie immer wieder sieht, im Geldbeutel etwa oder im Notizkalender. Immer wenn man die Karte sieht, kann man sich sagen: „Dieser Wagen hilft mir, meinen Willen zielgerichtet einzusetzen." Oder „Diese 2 der Kelche hilft mir, mich für die Liebe zu öffnen." Im Laufe des Tages kann man sie immer wieder einmal in die Hand nehmen, einen Augenblick die Augen schließen und sich auf die Eigenschaften konzentrieren, die die Karte für einen symbolisiert.

Auch durch kleine Handlungen, die ihre Qualität unterstreichen, können die Eigenschaften der Karte umgesetzt werden. Das bedeutet nicht, sich seltsam aufzuführen. Ist zum Beispiel Gelb die vorherrschende Farbe im Bild, kann man an den Tagen, an denen man mit der Karte arbeitet, etwas Gelbes tragen. Für eine Tarotgruppe, die ich leitete, entwickelte ich die Idee, im Januar eine Karte für einen Vorsatz zum Neuen Jahr zu wählen. Die Karte, für die ich mich entschied, Das Geschenk der Flüsse aus dem Shining Woman Tarot, zeigt eine tanzende Fischgöttin vor einer Schlange. Die ganze Woche lang schrieb ich etwas zu dieser Karte in mein Tagebuch, meditierte darüber und vollzog ein Ritual dazu. Aber ich versuchte auch, die fröhlichen Inhalte aktiv umzusetzen, für die diese Karte steht. Ich trug deshalb fischförmige Ohrringe oder eine Kette mit Schlangenanhänger.

Wer das für sich auch tun möchte, sollte zu Beginn einer solchen Zeit seine Interpretation der Karte aufschreiben. Abends liest man das Geschriebene noch einmal durch und fügt neu gewonnene Erkenntnisse hinzu, ebenso alle Möglichkeiten, wie die Karte im Alltag umgesetzt werden konnte. Wenn zu Beginn alles sehr negativ klingt, eine Aufzählung all dessen wird, was einem fehlt, sollte man bewusst versuchen, den Blick auf alles Positive zu lenken.

Über einen längeren Zeitraum lässt sich eine positive Lebenseinstellung durch Affirmationen unterstützen. Affirmationen sind Worte, die man an sich selbst richtet und durch die man die Eigenschaften und Einstellungen, die man an sich fördern möchte, verstärkt. Ihre Wirkung beruht auf der Vorstellung, dass wir uns selbst ständig „Glaubenssätze" eintrichtern, wer und wie wir sind. Oft sind diese Glaubenssätze negativ, zum Beispiel. „Ich bin hässlich, mich kann einfach keiner lieben." Oder „Mir misslingt immer alles." Durch Affirmationen kann man diesen Sätzen bewusst entgegenwirken, bis sie schließlich ins Unbewusste übergehen. Über die Liebenden könnte man zum Beispiel schreiben: „Sie drücken ihre Gefühle frei und offen aus. Sie nehmen und geben Liebe ungezwungen und bedingungslos. Die Engel segnen ihre Liebe." Daraus wird die Affirmation: „Ich zeige meine Gefühle. Mein Leben ist mit Liebe gesegnet." Affirmationen sollten immer positiv formuliert sein. Also nicht: „Ich habe keine Angst vor der Zukunft", sondern „Ich freue mich auf die Zukunft." Diese Affirmation wiederholt man morgens und abends mehrfach. Manche schreiben sie auf eine Karteikarte, die sie an den Badezimmerspiegel stecken, damit sie sie unmittelbar nach dem Aufstehen sehen.

Das Herz, Symbol der Liebe.

Die Eigenschaften der Karte schreibt man spontan auf und bezieht sie dann auf die eigene Person.

Die Liebenden

OBEN LINKS Die Eigenschaften der Karte werden in eine Aussage über die eigene Person umformuliert.

Die Affirmation wiederholt man, sooft man sie sieht.

Meditation mit dem Tarot

Die Meditation eröffnet einen sehr direkten Zugang zu den Karten. Weil es viele Formen der Meditation gibt, hier eine „Einweisung" in die Bilderwelt der Karten.

Sie beginnt mit einer Entspannungsübung. Entspannt löst man sich leichter vom Alltag. Setzen Sie sich bequem auf einen Stuhl, sodass Sie Ihre Haltung nicht mehr verändern müssen. Versuchen Sie dabei aber ihre Wirbelsäule gerade zu halten. Legen Sie die Karte, die Sie näher kennen lernen wollen, in Reichweite, sodass Sie ohne Mühe danach greifen können. Damit Sie die Meditation nicht durch einen Blick ins Buch unterbrechen müssen, können Sie den Ablauf mit ruhiger Stimme auf Kassette sprechen.

Setzen Sie sich bequem hin und schließen Sie die Augen. Spüren Sie, wie Sie innerlich zur Ruhe kommen. Lassen Sie alle Gedanken, Pläne und Probleme von sich gleiten. Atmen Sie tief und entspannt. Spüren Sie, wie Ihr Atem bis tief in Ihre Körpermitte strömt. Lassen Sie den Atem beim Ausatmen ganz aus sich heraus, im Vertrauen darauf, dass der nächste Atemzug kommt, wenn Sie dazu bereit sind. (Kurze Pause). Spüren Sie, wie beim Einatmen tiefe Ruhe in Sie strömt. Diese Ruhe breitet sich im ganzen Körper aus. Geben Sie Ihrem Atem beim Ausatmen alles mit, was Sie belastet oder ablenkt. Lassen Sie beim Einatmen das Licht der Sterne in sich strömen. Es erfüllt Sie und strahlt in Ihnen. Senden Sie dieses Licht beim Ausatmen in die Erde – durch Zimmerboden, Erdreich und Gesteinskern tief in die Erde hinein. Mit jedem Atemzug werden Sie Bindeglied zwischen den Sternen und der Erde. (Pause) Nehmen Sie nun mit geschlossenen Augen und ruhig weiteratmend die Karte zur Hand. Halten Sie sie in beiden Händen und spüren Sie ihre Energie. Öffnen Sie nun die Augen und betrachten Sie das Motiv als sähen Sie es zum ersten Mal. Nehmen Sie alle Details, Farben und Figuren in sich auf. Schließen Sie die Augen wieder und stellen Sie sich die Karte vor. (Kurze Pause)

Öffnen Sie die Augen und betrachten Sie die Karte noch einmal. Welche Details sind Ihnen entgangen? Welche Gestalt, welche Geste haben Sie übersehen? Schließen Sie nun die Augen wieder und legen Sie die Karte weg. Denken Sie noch einmal an ihre Erscheinung. Lassen Sie das Bild größer werden: wie ein Buch, wie ein Fenster, und immer noch größer, bis es zu einem Tor wird. Ein Tor zu einer lebendigen Welt.

Bleiben Sie weiter ruhig und mit geschlossenen Augen auf

OBEN RECHTS Sprechen Sie die Anleitung zur Meditation auf Band, bevor Sie zu meditieren beginnen.

UNTEN Setzen Sie sich bequem mit geschlossenen Augen und geradem Rücken hin.

OBEN Das Bild wird für Sie zum Tor in eine lebendige Welt.

dem Stuhl sitzen. Was geschieht, spielt sich nur vor Ihrem inneren Auge ab. Sie stehen jetzt vor diesem Tor. Sie gehen hindurch. Sie befinden sich jetzt in dieser Welt.

Sehen Sie sich einen Moment lang um. Die Welt ist über das Bild hinaus gewachsen. Spüren Sie den Boden unter Ihren Füßen, die sanfte Brise. Riechen Sie die Luft und lauschen Sie dem Gesang der Vögel. Hören Sie auf die Geräusche der Menschen oder des Windes. (Kurze Pause) Noch während Sie sich umsehen, entdecken Sie die Figuren aus dem Bild auf der Karte. Sie sind lebendig, bewegen sich und sprechen miteinander. (Pause)

LINKS Halten Sie die Karte in beiden Händen und spüren Sie ihre Energie.

Sie fühlen sich zu ihnen hingezogen und gehen auf sie zu. Eine Figur (ein Mensch, ein Objekt oder ein Tier) zieht Sie in ganz besonderem Maße an. Sie fühlen sich dieser Figur, diesem Freund verbunden. Spüren Sie diesem Gefühl nach. (Pause)

Nun bittet Sie diese Figur ganz nah zu sich heran. Sie kommen näher, das Wesen gibt Ihnen ein Geschenk. Betrachten Sie es und nehmen Sie es an. (Pause) Jetzt geben auch Sie Ihrem Freund ein Geschenk. (Kurze Pause) Sie spüren, dass es Zeit ist zu gehen. Verabschieden Sie sich von Ihrem Freund und gehen Sie zum Tor zurück. Dabei verändert sich die Szene und wird wieder wie sie war, als Sie diese Welt betraten. Sie sehen das Tor und gehen hindurch. Das Tor wird kleiner – so klein wie eine Karte. Jetzt löst sich das Bild vor Ihrem inneren Auge auf.

Bleiben Sie noch einen Augenblick ruhig sitzen. Atmen Sie dann tief ein und öffnen Sie beim Ausatmen die Augen. Schreiben oder malen Sie Ihr Erlebnis in Ihr Tagebuch.

UNTEN Das Aufschreiben des Erlebnisses eröffnet häufig neue Perspektiven.

MÖGLICHKEITEN DES TAROT

Meditation über mehreren Karten

✶ ✶ ✶ ✶ ✶ ✶ ✶ ✶ ✶ ✶ ✶ ✶ ✶ ✶ ✶ ✶ ✶ ✶

DIE VORANGEGANGENE METHODE war eine geführte Meditation zur Begegnung mit einer Karte. Die besonderen Eigenschaften einer Karte lassen sich aber auch meditierend mit Hilfe des eigenen Atems erkunden. Beim Narren kann man sich von überkommenen Regeln oder Auffassungen lösen und frei werden, sich mit tänzerischer Leichtigkeit in jeder beliebigen Richtung zu bewegen. Beim Magier sieht man sich vielleicht in strahlendem Licht, als Kanal der Macht, damit das Leben Dynamik bekommt. Die Hohepriesterin ruft dazu auf, sich in Stille zu versenken – im Bewusstsein um die Mysterien.

Mit dieser Meditationsmethode ist es möglich, mehrere Karten zugleich zu erleben. Man legt dazu einige wenige – am besten drei – Karten auf den Boden oder den Tisch, zum Beispiel Narr, Magier und Hohepriesterin. Dabei liegt der Narr in der Mitte, etwas höher als die anderen beiden. Begeben Sie sich nun in die Meditation. Wenn Sie die innere Ruhe gefunden haben, öffnen Sie die Augen ein wenig und betrachten Sie den Narren. Schließen Sie die Augen wieder und atmen Sie sich in den Geist dieser Karte hinein. Mit jedem Atemzug begeben Sie sich tiefer in das Gefühl von Freiheit und kindlicher Neugier. Wenn Sie zur nächsten Karte übergehen wollen, lösen Sie sich innerlich von dieser Karte und danken Sie ihr. Öffnen Sie dann die Augen und betrachten Sie den Magier. Lassen Sie sich von Ihrem Atem in seine Macht und seinen Glanz führen. Lösen Sie sich wieder von dieser Karte und gehen Sie zur Hohepriesterin über. Öffnen Sie dann mit einem abschließenden Atemzug die Augen.

Die Übergänge zwischen den Karten können offen, das heißt der eigenen Intuition überlassen bleiben. Es gibt aber auch Methoden, wobei man nicht überlegen muss, wann die Zeit für einen Wechsel gekommen ist. Dazu gehört das Zählen der Atemzüge. Sobald Sie innerlich ruhig geworden sind, atmen Sie fünfmal ein und aus. Begeben Sie sich mit jedem Atemzug tiefer in die Welt der Karten als solche. Öffnen Sie nach dem fünften Atemzug die Augen zum Blick auf die erste Karte. Tauchen Sie

OBEN Die Meditation über den Narren kann ein Gefühl tänzerischer Leichtigkeit vermitteln.

RECHTS Man kann mehr als eine Karte zur Meditation verwenden. Begleitkarten können das zentrale Bild ergänzen.

MEDITATION ÜBER MEHREREN KARTEN

nun zehn Atemzüge lang immer tiefer in das Wesen des Bildes ein. Wiederholen Sie das bei jeder weiteren Karte. Kommen Sie mit fünf abschließenden Atemzügen wieder in die Alltagswelt zurück. Die Vorstellung, seine Atemzüge zu zählen, mag unnatürlich erscheinen. Dennoch haben viele Menschen den Eindruck, das gerade dies eine besonders tiefe Begegnung mit den Karten ermöglicht.

Nach dieser Methode kann man auch über einem „Mandala" aus den Karten einer Deutung meditieren. So auch die Frau, der die Deutung im Abschnitt Das Keltische Kreuz am Beispiel *(siehe S. 148–149)* galt. Zuerst wählt man eine Karte, die das erhoffte Ergebnis der Deutung ausdrückt. In diesem Fall wählte die Frau die Hohepriesterin, weil sie die Fähigkeit zu Liebe und Vergebung besitzt, ohne dabei ihre innere Distanz aufgeben zu müssen. Dann sucht man sich Karten, die das Ausgangsthema unterstützen. Die Frau wählte beide Königinnen, die Königin der Münzen,

ihren Signifikator, wegen ihrer Bodenständigkeit und die Königin der Stäbe wegen ihres Optimismus. Diese Eigenschaften verhindern den emotionalen Rückzug der Hohepriesterin. Zur Unterstützung der zentralen Karte wurden diese beiden Karten rechts und links davon gelegt. Im nächsten Schritt wählt man eine Karte, die langfristige Ziele symbolisiert. Die Frau wählte die 10 der Kelche. Zwar erschien die Vision von der glücklichen Familie momentan unrealistisch, aber sie hoffte, dass sie später doch einmal wahr werden könnte. Diese Karte legte sie über die Hohepriesterin.

Wenn die Karten so liegen, meditiert man von der zentralen Karte aus zu den unterstützenden Karten, dann wieder zurück. Man kann sich auch die Beziehungen zwischen den Karten ansehen, wie sich die Verbindungen ändern und wie sich deshalb die gesamte Deutung erweitert.

OBEN Buddhistische Mandalas verbergen tiefe Weisheit in harmonischen Bildern.

LINKS Die Karten im Mandala öffneten den Frauen den Blick für ihren Wunsch nach Liebe.

KELCHE

KÖNIGIN DER MÜNZEN

DIE HOHEPRIESTERIN

KÖNIGIN DER STÄBE

MÖGLICHKEITEN DES TAROT

Magie und Tarot

Man kann die Karten also deuten und daraus erkennen, was man an sich selbst und seiner Lebensweise ändern möchte. Man kann über die Karten meditieren und Tagebuch führen, um sie immer besser kennen zu lernen. Kann man sie aber auch für magische Zwecke verwenden, durch sie die Realität verändern?

Rituelle Magier wie die Nachfolger des Hermetischen Orden des Golden Dawn definieren Magie als die Fähigkeit, die äußere Welt nach dem Willen des Magiers zu verändern, nicht nach seinen Wünschen, denn Wünsche sind Phantasiegestalten. Magie erfordert entschlossenes Handeln. Diese Definition verzichtet auf den Glauben an Geister, Dämonen oder allgemein Übernatürliches. Magier glauben zwar vielleicht tatsächlich, dass sie bei ihren Ritualen in Kontakt mit Wesen der „Astralebene" kommen, das ist aber nicht das Entscheidende. Der Kern der Magie liegt im zielgerichteten Willen.

Das Tarot kann dabei helfen, den eigenen Willen zu stärken und sich zu konzentrieren. Die Deutung der Karten vermittelt größeres Verständnis für einen selbst und alle prägenden Einflüsse, ein wesentliches Element des Willens, denn wie soll man seinen Willen üben, wenn man sich selbst nicht kennt? Die Karten bieten Bilder und Symbole zur Klärung vager Vorstellungen.

Folgendes Beispiel macht das deutlich: Eine Deutung hat zwar alle Themen angesprochen, aber die Karten lagen anders als erhofft. Die 8 der Schwerter zeigt das Gefühl der Hilflosigkeit und Verwirrung. Viel schöner wäre es doch, läge sie anders herum, und man hätte bereits begonnen, sich daraus zu lösen und den ersten Schritt zur Veränderung getan. Die 10 der Kelche hingegen, die für die Erfüllung aller Wünsche steht, liegt umgekehrt und wird so zum Symbol all dessen, was das Leben zu verweigern scheint. Was geschieht, wenn man diese Karten einfach umkehrt? Wer das leichtfertig tut, zeigt damit höchstens sein Wunschdenken. Was aber, wenn es sehr bewusst und in wohl erwogener Absicht geschieht, als erster Schritt zur Veränderung der Realität?

Eine Tarot-Deutung zeichnet ein symbolisches Bild des Netzes aus unterschiedlichen Einflüssen, das uns an die Welt bindet. Dieses Bild ist aber nicht statisch, sondern steht in aktiver Verbindung zum Leben. Wenn man also das Bild verändert, verändert man damit auch das Leben? Bevor man die Karten dreht, atmet man tief wie in der Meditation und versenkt sich in das zugrundeliegende Netz aus Verhaltensmustern. Erst dann kehrt man die Karten um.

Komplexere magische Handlungen sind meist in ein Ritual eingebunden. Im Ritual werden Energie und Wille auf ein Niveau angehoben,

OBEN Magie hat mehr mit Vorstellungs- und Willenskraft zu tun als mit phantastischen Geistern.

RECHTS Bevor man die Karte anders herum legt, sollte man sich tief mit ihr verbinden.

MAGIE UND TAROT

auf dem alle ausgesprochenen Absichten die Kraft erhalten, die eigene Persönlichkeit und die Umwelt zu verändern. In Büchern (bzw. Gruppen und Seminaren) über Magie werden ausführliche Anleitungen zu Ritualen gegeben. Kurz gesagt, es soll ein „heiliger Raum" eröffnet werden, in dem das Gefühl entsteht, dass sich Ort und Zeit des Rituals vom Alltag abheben. Das erreicht man durch Kerzen oder Räucherwerk, durch Meditation und Tiefenatmung, durch rhythmische akustische Begleitung, durch Anrufung von Göttern und Göttinnen und so weiter.

Die Karten kann man einbeziehen, indem man zum Beispiel die vier Asse nach den vier Himmelsrichtungen und Elementen auslegt. Es herrscht allerdings Uneinigkeit über die Zuordnung. Eine Anordnung kann sein: Stäbe/Feuer im Osten, Kelche/Wasser im Süden, Schwerter/Luft im Norden und Münzen/Erde im Westen. Das Auslegen ist zugleich eine Anrufung der Himmelsrichtung und ihres Elements und intensiviert das Ritual. Ist der Raum eröffnet, kann das eigentliche Ritual vollzogen werden. Mit den gewählten Karten zeichnet man das Bild einer Realität. Am besten wählt man die Karten vor Beginn des Rituals bewusst aus, nicht zufällig wie für eine Deutung. Sie zeichnen die Realität, die der Wille schafft. Man sollte sich dabei auf ein einziges Thema konzentrieren – besser die 2 der Kelche mit unterstützenden Karten als die 2 der Kelche begleitet vom dem Ass der Münzen und der Welt. Unterstützende Karten malen die Vision detaillierter aus.

Sind die Karten gelegt, kann man seine geistigen Helfer bitten, bei der Umsetzung der Vision in die Realität behilflich zu sein. Mit magischen Utensilien und Gesten wird das Ritual besiegelt. (So leitet die Geste des Magiers mit dem Stab Energie in die Realität.) Am Ende dankt man allen geistigen Helfern und entlässt sie, schließt den heiligen Raum und legt die Karten in das Deck zurück.

RECHTS Schwerter/Luft im Norden.

OBEN Räucherstäbchen schaffen eine rituelle Atmosphäre, die sich vom Alltag abhebt.

OBEN LINKS Kerzen sprechen die alles verwandelnde Energie des Feuers an.

UNTEN Stäbe/Feuer im Osten.

OBEN Münzen/Erde im Westen.

RECHTS Kelche/Wasser im Süden.

UNTEN Ein Zauberstab kann helfen, magische Energie zu lenken.

Schlusswort – Ein Leben in den Karten

Dieses Buch hat das Tarot aus vielen Blickwinkeln betrachtet. Es ging seinem mystischen Ursprung und den vielen Mythen und Geheimnissen nach, die sich darum ranken. Es erforschte seine Symbole, seine Allegorien und seine Ethik. Es hat zu zeigen versucht, welche wunderbaren Welten diese schlichten Bilder erschließen können, von den mystischen Lichtern der kabbalistischen *Sephiroth* über die Götter und Göttinnen vieler Kulturen, über Religion und Rituale von Völkern aus der ganzen Welt, über die Konstellationen der Sterne bis hin zur alchemistischen Transformation.

Dieses Buch hat erläutert, wie eine Deutung ein Bild der Realität zeichnet und wie ein Ritual sie verändern kann. Es hat Deutungen vorgestellt, die Vergangenheit und Zukunft veranschaulichen, die auf die eigenen Herausforderungen aufmerksam machen, die unsere Beziehungen beschreiben, unsere spirituelle Suche, unsere Vergangenheit im Elternhaus und unsere Zukunft in der Liebesbeziehung. Es hat die Karten nach dem Geheimnis der Seele befragt, hat einen Blick auf die Märchen der Welt und auf Träume geworfen und dazu angeregt, eigene Bilder und Geschichten zu entwerfen.

Das Tarot ist eine kleine Welt für sich und zugleich das Tor zu weit größeren Welten. Wie bei Paul Foster Case, dem Gründer der Founders of the Adytum – „Sagen Sie Case, was meinen Sie, woher die Spielkarten kommen?" Diese kindliche Neugier erschließt die Welt des Tarot – und verändert das Leben. Wer sich von den Bildern angezogen fühlt und wem sie ihre symbolischen Geheimnisse enthüllen, entdeckt bald, wie viel man aus den Karten lernen kann.

Der Volksmund will dem Schicksal „in die Karten" schauen. Als sei es vorherbestimmt und unveränderlich. Das Buch stellt klar, dass die Karten eine mögliche Entwicklung zeigen, aber nicht erzwingen.

Aber das Schicksal oder das Leben „in den Karten" lässt sich auch anders verstehen; als die unendlich vielen Möglichkeiten nämlich, die sich in der Welt des Tarot auftun.

Ein Leben in den Karten bedeutet unaufhörliche Entdeckung und Erkenntnis. Durch die Ideen und Bilder, die im Laufe der Jahrhunderte in das Tarot eingegangen sind, ist es in der Tradition verwurzelt, bringt aber zugleich stete Neuerung und Veränderung, denn das Tarot entwickelt sich laufend weiter, erschließt ständig Neues.

RECHTS Das Tarot ähnelt einem tragbaren Baum des Wissens.

UNTEN Entdecken Sie die zahlreichen Welten, in die Sie mit nur drei Karten eintauchen können.

GLOSSAR

Albigenser Gnostische Vereinigung in Frankreich in der Zeit vor Bekanntwerden der ersten Tarotspiele, von der Kirche verfolgt.

Alchemie Im Mittelalter entstandene Wissenschaft von der Verschmelzung zweier Ausgangsmetalle zu Gold. Dieser Prozess wird häufig allegorisch als Umwandlung des Menschen verstanden. Alchemistische Symbole könnten die Entwicklung des Tarot beeinflusst haben.

Arkana Von Lateinisch *arcanus* – geheim.

Baphomet Angeblicher Götze der Tempelritter. Die Darstellung des Teufels im Tarot geht häufig auf Baphomet zurück.

Bembo Bonifacio Galt lange als der Maler der ersten Tarotspiele, auch des Visconti-Sforza.

BOTA Builders of the Adytum, ein Nachfolgeorden des Golden Dawn, gegründet von Paul Foster Case. Seine Lehrbriefe hatten großen Einfluss auf das moderne Tarot.

Buch Thot So nannte Aleister Crowley das Deck, das er entwarf und das Lady Frieda Harris während des Zweiten Weltkriegs zeichnete. Der Name geht auf ein Buch zurück, das der Gott Thot seinen menschlichen Jüngern gegeben und das alle Geheimnisse der Schöpfung erklärt haben soll.

Divination Wahrsagen: Aus willkürlich geschaffenen Mustern soll Wissen erlangt werden, das mit gewöhnlichen Mitteln nicht verfügbar ist.

Dualismus Die Idee, dass das Universum aus Gegensätzen besteht. Licht und Dunkel, Gut und Böse, Leben und Tod. Nach gängiger Auffassung besteht das spirituelle Ziel des Tarot in der Harmonisierung solcher scheinbarer Gegensätze.

Elemente Grundeigenschaften der Existenz. Im Tarot (und in der Astrologie) sind das Feuer, Wasser, Luft und Erde.

Eliot, T. S. Englischer Dichter und Nobelpreisträger. Sein berühmtestes Gedicht, „Das wüste Land" fußt auf der Gralslegende und erwähnt eine Tarot-Deuterin.

Etteila Französischer Okkultist des 18. Jahrhunderts, Schöpfer des Grand Eteilla Tarot.

Farben Die vier Sätze der Kleinen Arkana. Jede Farbe steht für bestimmte Eigenschaften und wird einem Element zugeordnet. Die Bezeichnungen der Farben im modernen Tarot variieren.

Freimaurerei Eine esoterische Bewegung mit komplexen Ritualen. Das Rider Waite Tarot enthält viele Symbole der Freimauer.

Gnostizismus Frühe christliche Glaubensrichtung, die später von der Kirche verfolgt wurde. Gnostiker lehrten, die physische Welt sei das „Gefängnis" der Seele, der Weg der Befreiung führe über die „Gnosis", also Erkenntnis.

Große Arkana Die 22 benannten und nummerierten Karten, die das Tarot von gewöhnlichen Spielkarten unterscheiden. Sie symbolisieren große spirituelle Themen.

GLOSSAR

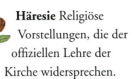

Häresie Religiöse Vorstellungen, die der offiziellen Lehre der Kirche widersprechen.

Heiliger Gral Kelch, den Christus beim Letzten Abendmahl verwendet haben soll. Der Gral symbolisiert Vollkommenheit. Die Bilderwelt der Gralslegende gilt als Quelle des Tarot, besonders der Zahlenkarten.

Hermetischer Orden des Golden Dawn Magischer Zirkel gegen Ende des 19. Jahrhunderts. Entwickelte ein komplexes esoterisches System und verwendete das Tarot als symbolischen Schlüssel zu einer umfassenden Lehre.

Hermetizismus Esoterische Lehre der Selbsttransformation, dem griechischen Philosophen Hermes Trismegistos zugeschrieben.

I Ging , „Buch der Wandlungen", Buch und alte chinesische Methode der Divination. Aus Stäben und Münzen wird ein Hexagramm gelegt, dessen Bedeutung der Wahrsagende im Buch nachschlägt.

Ifa Traditionelle Wahrsagemethode in Westafrika. Ifa ist zugleich Mittel zu persönlicher Beratung wie Offenbarungsinstrument der Orishas, der Götter.

Kabbala Hebräisch „Überlieferung", Sammelbegriff für jüdische mystische und magische Lehren. Gilt als einer der Ursprünge des Tarot.

Kelche Wasser – Liebe, Gefühle, Phantasie, Träume.

Kleine Arkana Die vier Farben des Tarot. Jede Farbe enthält die Zahlenkarten Ass Zehn und die Hofkarten Bube, Ritter, Königin, König.

Le Monde Primitif Umfangreiches Werk von Court de Gébelin aus dem 18. Jahrhundert. Darin wird das Tarot zum ersten Mal erwähnt, erklärt als altägyptische Geheimlehre.

Meditation Methode, Körper und Geist zur Ruhe zu bringen, um ein spirituelles Bewusstsein zu erlangen.

Münzen (auch Pentakel, oder Scheiben) Erde – Geld, Natur, Arbeit, Zuhause.

Rider Waite Tarot Das bekannteste Tarot der Welt. Entworfen von Arthur Waite und gemalt von Pamela Colman Smith. Der Name „Rider" bezieht sich auf den ersten Verleger, der es 1910 veröffentlichte.

Schwerter Luft – Verstand, Konflikt, Leid.

Sephiroth (Singular Sephirah) Zehn Kreise göttlicher Energie am Baum des Lebens.

Stäbe Energie, Aktivität, Begeisterung.

Taras Manifestationen der Göttin in der tantrischen Religion Indiens.

Taro Fluss in Norditalien, in dessen Nähe die ersten Tarotspiele entdeckt wurden.

Tarocchi Der ursprüngliche italienische Name der Tarotkarten und des Spiels. Der Name ist ungewissen Ursprungs.

Tarock Österreichische Variante der Tarocchi, wird mit nur 54 Karten gespielt.

Tempelritter Ritterorden, ursprünglich zum Schutz der Pilger in Palästina gegründet. Ihre Feinde warfen den Templern okkulte Praktiken vor, darunter Wahrsagerei und die Verehrung des Götzen Baphomet.

LITERATUR

LITERATUR

BRAEM, Harald
Das Blaue Land, 2000.

CALVINO, Italo
Das Schloss, darin sich Schicksale kreuzen, 2000.

ELIOT, T. S.
Das wüste Land, in Zwischen Feuer und Feuer, 1998.

MIETHE, Manfred
Magier und Herrscherin, 22 Tarotgeschichten, 1998.

WANLESS, James
Voyager Tarot, Handbuch, 2000.

WILLIAMS, Charles
Das Siegel der Arcana, 1990.

HISTORISCHES

DEUTSCHES SPIELKARTENMUSUEM
Tarot – Tarock – Tarocchi, 1988.

DOUGLAS, Alfred
Ursprung und Praxis des Tarot, 1988.

GILBERT, R. A.
Arthur E. Waite, Ein Magier besonderer Art, 1998.

GRAAK, Karl
Künstlerspielkarten des 20. Jahrhunderts, 1985.

GRAF, Eckhard
Die Magier des Tarot, A. Court de Gébelin, Etteila, E. Lévi, P. Christian, Papus, Golden Dawn, A. E. Waite, A Crowley, O. Wirth, 2000.

Mythos Tarot. Historische Fakten, 1989.
Lexikon des Tarot, (ohne Jahr).

KAPLAN, Stuart
The Encyclopedia of Tarot, o. J.

U.S. Games Systems, 1990.
Der Tarot. Geschichte, Deutung, Legesysteme, 1988.

SYMONDS, John
Aleister Crowley, Leben und Werk, 2000.

TEGTMEIER, Ralf
Tarot – Geschichte eines Schicksalsspiels, 1986.

WALKER, Barbara
Die Geheimnisse des Tarot: Mythen, Geschichte und Symbolik, 1994.

WANG, Robert
Der Tarot des Golden Dawn, 1988.

DEUTUNG

ANRATHS, Renate
Tarot – Dem Leben in die Karten schauen, 1995.

BANZHAF, Hajo
Das Arbeitsbuch zum Tarot, 1993.
Schlüsselworte zum Tarot, 1990.
Das Tarot-Handbuch, 1993.
Tarot-Deutungsbeispiele, 1992.

BENZ, Claudia
Tarot, 78 meditative Texte zum Rider-Tarot, (ohne Jahr).

BÜRGER, Evelin und
FIEBIG, Johannes
Das Sonne-Mond-Tarot, Deutungs- und Erlebnisbuch für alle Tarotsorten, 1999.
Tarot für Einsteiger/innen, 1994.
Das Kleine Buch der Tarot-Legemuster, 1998.
Tarot-Praxis, 1995.

CASE, Paul Foster
Schlüssel zur ewigen Weisheit des Tarot, 1992.

CORELLO, Faye
Tarot – Schule der Emotionalen Intelligenz, 1998.

CROWLEY, Aleister
Das Buch Thoth. Eine kurze Abhandlung über den Tarot der Ägypter, 1992.

GREER, Mary K.
Tarot-Konstellationen, 1989.

GUEKOS-HOLLENSTEIN, Marion
Quellen des Tarot, Unbekannte Schätze in den 22 Großen Arkana, 2000.

HAMAKER-ZONDAG, Karen
Tarot als Lebensweg, 1998.

LEUENBERGER, Hans-Dieter
Schule des Tarot, 3 Bde., 1997.

NOBLE, Vicky
Mythen, Musen und Tarot, 1991.

POLLACK, Rachel
Das Tarot-Übungsbuch, 1987.
Tarot – 78 Stufen der Weisheit, 1985.

RODIK, Belinda
Das Tarot Lexikon, Grundbegriffe und Schlüsselworte zu Symbolik und Deutung, 1998.

WAITE, Arthur, Edward
Der Bilderschlüssel zum Tarot, 1989.
Der Geheime Tarot Schlüssel, 1999.

ZIEGLER, Gerd B.
Tarot – Spiegel Deiner Bestimmung, 1993.
Tarot – Spiegel Deiner Beziehungen, 1993.

REGISTER

A
Acht 49, 51, 110 f., 148, 150, 159
Ägypten 17, 18 f.
Äpfel 62
Aeskulapstab 60
Affirmationen 177
Albano, Frankie 168
Albigenser 28
Alchemical Tarot 27, 95
    Acht 110, 111
    Drei der Kelche 100
    Drei der Münzen 101
    Fünf 104, 105
    Herrscher 76
    Neun 112, 113
    Sechs 106
    Sieben 108, 109
    Vier 102, 103
    Zehn 114, 115
    Zwei 98
Alchemie 26 f.
Aleph 46, 72
Aliette, Jean-Baptiste 33
Altes Ägypten 17, 18 f.
Ando, Arnell 138
Andromeda 37
Anubis 61
Aphrodite 61, 75
Aromatherapie 63
Arrien, Angeles 166, 167
Artemis 74
Arthurian Tarot 23, 152
Ass (Eins) 22, 49, 50, 58, 73, 96 f., 183
    Kelche 22, 96, 141
    Münzen (Scheiben/Pentakel) 96 f., 148, 159
    Schwerter 96 f., 159
    Stäbe 96, 152, 159
    Vögel 173
Astrologie 56–59, 128 f., 144 f., 146, 167
Astrop, John 95
Atlantis 17, 21

B
Baphomet 29, 87
Baum des Lebens 31, 37, 46–49, 64, 71, 96
Bäume 62
Bayley, Harold 28
Beierholm, Helle Agathe 164
Bembo, Bonifacio 24, 25
Beorc 14 f.
Bergson, Henri 35
Bergson Mathers, Moina 35, 36
Berrill, Roland 22
Bestiarium 64 f., 116
Bewusstsein 44, 46, 66, 74
Beziehung 77, 87, 98
    Die Liebenden 78
    Kartenbild 150
Beziehung zwischen Deutenden und Fragenden 134 f.
Bilderbuch des Teufels, das, 25
Binah 48, 100 f.
Bogenschützin 174 f.
BOTA siehe Builders of the Adytum
Bube 52 f., 118 f., 144, 152, 174
Buch allen Wissens 18, 19, 32
Buch Thoth 32, 39
Builders of the Adytum (BOTA) 39, 63, 65, 76, 168, 170
Buryn, Ed 163

C
Caduceus 60
Calvino, Italo 171
Case, Paul Foster 39, 92, 170, 184
Cassari, Elisabetta 15
Charaden 164
Chesed 48, 102 f.
Chokmah 46, 48, 98 f.
Christian, Paul 19
Constant, Alphonse Louis 34
Court de Gébelin, Antoine 18 f., 21, 24, 32
Crowley, Aleister 38 f., 95
Crowley Tarot 36, 57, 65
    Acht 110, 111
    Drei 100
    Fünf 104, 105
    Hofkarten 117, 119, 120, 123, 125
    Kleine Arkana 95
    Neun 112, 113
    Sechs 106, 107
    Sieben 108, 109
    Vier 102, 103
    Zehn 114, 115
Cupido 9, 60

D
Dalì, Salvador 14
Daughters of the Moon 13
Decker, Ronald 20
Delphi, Orakel von 8
Demeter 61, 62, 75
DePaulis, Thierry 20
Deutungen, 127–159
Divination 7–9, 32 f.
Drei 43, 49, 50, 100 f., 144, 148, 174, 175
Drei-Karten-Bilder 140–143
Dualität 27, 46
Dummett, Michael 20

E
Eakins, Pamela 142
Ehe 77
Eins, siehe Ass
Einsiedler 27, 81, 154
Engel 60, 86
El Gran Tarot Esoterico 93
Elemental Tarot 95, 98, 99
    Acht 110, 111
    Drei der Schwerter 101
    Fünf 105
    Neun 112, 113
    Sechs 106, 107
    Sieben 108, 109
    Vier 103
    Zehn 114, 115
Elemente 52, 54 f., 58
Eliot, T. S. 23
Entscheidungen 78, 140
Erbarmen, Säule des 46
Erde 52, 54 f., 58, 66, 98, 103
Erkenntnis 101
Eros 60
Erzulie 106
Etteila 33
Expansion, Seite der 46

F
Fairfield, Gail 49, 51, 135, 150, 158
Farben 54 f.
Fehlschlag 109
Feministinnen 15, 20 f.
Feuer 52, 54 f., 58, 63, 66, 98, 102
Fisch 65
Fitnesstraining 162
Fixe Zeichen 58
Flüsse
    Neun 172
    Vier 173
Freier Wille 130
Fruchtbarkeit 75
Fünf 49, 50, 104 f., 144, 155, 164
Fundament 48, 112 f.

G
Gabriel 9, 60, 92
Garten Eden 62
Geborstene Eiche 174
Geburah 48, 104 f.
Gefühle 98 f.
Gehängte, der 23, 42 f., 45, 84, 142
Genetti, Alexandra 141
Genuss 106
Gerechtigkeit 45, 61, 67, 80, 83, 155
Gerechtigkeit, Säule der 46
Gericht 48, 60, 67, 92, 104 f.
Geschichten erzählen 165, 171
Gier 103
Glanz 48, 110 f.
Gleichgewicht 99
Glück 115
Gnostiker, die 28, 29, 62, 64
Goepferd, Michael 148
Golden Dawn, Orden des 12, 34 f., 56, 80
Golden Dawn Tarot 36 f.
    Farben und Elemente 55
    Hofkarten 13, 52, 116, 117, 119, 120, 123, 125
    Kleine Arkana 94
    Nachfolger 38 f.
    Sieben 108
Gonne, Maud 35
Granatäpfel 61, 62
Grand Etteila Tarots Egyptiens 33
Grausamkeit 113
Gray, Miranda 23, 152
Greenwood Tarot 138, 174
Greer, Mary K. 63, 132, 134, 165, 166, 167
Große Arkana 10, 23, 42–45, 56 f., 66 f., 70–93
Große Muttergöttin 75
Guglielma (Wilhelmine) of Bohemia 29
Guglielmeter 29

H
Hades 61
Häresien 28 f.
Haindl, Hermann 23
Haindl Tarot 13, 23, 65

Herrscher 76
  Hofkarten 117, 118, 120, 121, 123, 125
  Lehrer und Helfer 143
Hanson-Roberts, Mary 168
Harmonie 48
Harris, Frieda 38, 39, 95, 117
Haupthand/fuß 154
Healing Tarot 169
Heiliger Gral 22 f.
Heilige Suche, Kartenbild 152 f.
Herakles 60, 80
Herbal Tarot 63
Hermes 60
Hermetischer Orden des Golden Dawn siehe Golden Dawn
Herr der Niederlage 105
Herr der Tapferkeit 108
Herr der Trauer 101
Herrscher 70, 76
Herrscherin 61, 70, 75, 152
Herzer, Carol 56, 168
Hexenkult 15
Hierophant 45, 67, 70, 77, 159
Hobdell, Michael 22
Hod 48, 110 f.
Höheres Bewusstsein 44, 66
Hofkarten 11, 12 f., 52 f., 58, 59, 116–25
Hohepriesterin 29, 45, 61, 67, 70, 74, 77, 148
Horniman, Annie 35
Hurukan 115

I
Iamblichus 19
Ibis 65
Ifa 8, 9
I Ging 8, 9, 14
Illuminated Rider 168
Illusion 87
Isis 61, 67, 74, 119
Islamische Karten 25

J
Jackson, Michele 163
Jahreskarte 166 f.
Jensen, Anita 154
Johnson, Cait 165
Joker 11
Jüngstes Gericht 9
Jung, C. G. 129
Justitia 61, 83

K
Kabbala 30 f., 32, 34, 36, 46, 94 f.
Kaph 91
Kaplan, Stuart 24, 168

Karcher, Stephen 8
kardinale Zeichen 58
Kartenbilder 136–157
Kartenlegen 7
Katharer, die 28
Kelche 11, 50, 54 f.
  Acht 111, 159
  Ass 22, 96, 141
  Bube 118
  Drei 50, 100 f., 148, 174
  Fünf 104 f., 155
  Heiliger Gral 22
  König 124, 154
  Königin 122
  Neun 113
  Ritter 120
  Sechs 106 f., 144
  Sieben 109, 144, 164
  Sohn 143
  Vier 103, 163
  Zehn 51, 115, 148
  Zwei 50, 98
Kelche und Stäbe 22
Kelsey, Fara Shaw 62
Keltisches Kreuz 146–149
Kether 31, 46, 48, 96 f.
Kleine Arkana 10, 12 f., 50–55, 94–115
  Siehe auch Hofkarten, Zahlenkarten
  Astrologie 58 f.
  Golden Dawn Tarot 37
  Heiliger Gral 22, 23
  Vier Bäume 48 f.
  König 13, 52 f., 116, 124 f., 150, 154, 173
  Königin 13, 52 f., 116, 122 f., 141, 148
  Königreich 46, 48, 114 f.
König von Frankreich 33
Körperbild 154 f.
Körperhaltungen 162
Kontraktion, Säule der 46
Knutson, Ken 117
Krone 31, 46, 48, 96 f.
Kundalini 64

L
La Scala d'Oro Tarot 14
Lauf der Uhr 144 f.
Lehrer und Helfer 143
Lenormand, Mlle 33
Lévi, Eliphas 34
Liebe 48, 102 f.
Liebenden, die 37, 45, 60, 62, 78, 155
Light and Shadow Tarot 148
Lilien 63
Löwen 60, 65, 80
Lotus 63
Luft 52, 54 f., 58, 98

M
Macht 97
Mäßigkeit 60, 86, 154, 172
Magier 45, 64, 70, 73
magisch 182 f.
Malkuth 46, 48, 114 f.
Mandala 181
Mandala Astrological Tarot 58
Mann, A. T. 58
Mantegna, Andrea 26
Marokkanische Weise 22
Marseilles Tarot de 10, 37, 60, 93, 116
  Hofkarten 119, 120, 122, 124
  Magier 73
Mathers, MacGregor 35, 36
Matthews, Caitlín 23, 152
Matthews, John 152
Meditation 178–181
Mem 84
Merkur 56
Michael 60, 86
Mischen 136
Moakley, Gertrude 26
modernes Tarot 14 f.
Mond 65, 67, 71, 90, 159
Mondphasen 20, 43, 74
Moore, Jennifer 169
Motherpeace Tarot 15
Münzen (Pentakel/Scheiben) 11, 54 f.
  Acht 111
  Ass 96 f., 148, 159
  Bube 119
  Drei 50, 101
  Fünf 105, 164
  Heiliger Gral 22
  König 125
  Königin 123, 148
  Neun 65, 113, 138
  Ritter 121, 141
  Sechs 107
  Sieben 109
  Vier 95, 103, 144, 148
  Zehn 51, 115, 139, 159
  Zwei 64, 98 f.
Musik 170
Mutter 116
Mutter-Vater-Kind, Deutung 141
Mythological Tarot 13

N
Narr 11, 72
  Anordnung 31
  Dreikartenbild 142
  Grallegende 23
  Haindl Tarot 23
  Pfade 46
  Reise 21, 42, 43, 66 f., 70–93
  Tiersymbolik 65
  Trionfi 26
Native American Tarot 14
Nebenhand/fuß 154
Netzach 48, 108 f.
Neun 49, 51, 65, 112 f., 138, 172
Newell, Tricia 159
Nike 106
Niki de St. Phalle 14
Noble, Vicki 15
Norman, Marsha 171
Norse Tarot 65

O
Odin 65
okkult 10, 14, 18, 27, 32 f., 34
Oktaven 45
O'Neill, Robert 28, 168, 169
Optimismus 104
Osiris 143
Oswald Wirth Tarot 86

P
Papst 45, 77
Päpstin 29, 61
Päpstin Johanna 29
Parke, Jesse Burns 39
Parzifal 23
Pauli, Wolfgang 129
Pentagramm 49, 62
Pentakel, siehe Münzen
Persephone 61, 62, 89
Perseus 37
Persönlichkeitskarte 166 f.
Pfade 46 f.
Pflanzen 62 f.
Place, Robert 95
Pomo Tarot 15
Posaune 92
Potter, Chesca 138, 174
Powers, Tim 171
Prinz 13, 52, 116
Prinzessin 13, 52, 116
Pythagoras 43

Q
Qabalistic Tarot 31
Quälerei 105
Quersumme 166

R
Raben 65
Rad des Schicksals 42, 61, 82
Radiance (Strahlen) 112
Regenbögen 66
Raphael 60
Rapunzel 88, 89, 91
Realität 97
Renaissance Tarot 10, 15

Resh 91
Rider-Waite Tarot 12, 36, 37, 38
   Acht 110 f.
   Ass 96, 97
   Drei 100 f.
   Drei der Kelche 100
   Engel 60
   Fünf 105
   Gericht 92
   Herrscher, der 76
   Hierophant, der 77
   Hofkarten 116, 118, 119, 120, 123, 125
   Kleine Arkana 94 f.
   Liebenden, die 37, 62, 78
   Magier, der 64, 73
   Neu kolorierte Ausgaben 168
   Neun 112, 113
   Rad des Schicksals 61
   Sechs 106 f.
   Sieben 108, 109
   Sonne, die 91
   Stern, der 65
   Teufel, der 87, 150
   Tod 85
   Vier 102 f.
   Zehn 114, 115
   Zwei 50, 98 f.
Ritter 52 f., 120 f., 139, 141, 144
Rituale 136, 182 f.
Roma 20
Rommee 165
Rosen 63
Rosetta Stone 18
Royal Fez Moroccan Tarot 22
Rückzug 74, 81, 103
Runen 14 f.
Ryan, Mark 138, 174

S

Salvador Dali Tarot 14
Säulen 67, 77
Scheiben, siehe Münzen
scheinbare Bewegung 49
Schmetterlinge 65
Schlangen 64, 80
Schnelligkeit 110
Schönheit 48, 106 f.
Schwartz, Howard 172
Schwerter 11, 54 f.
   Acht 51, 111, 148
   Ass 96 f., 159
   Bube 119, 152
   Drei 50, 101, 144, 148
   Fünf 105, 144, 155
   Heiliger Gral 22
   König 125
   Königin 123

   Neun 113
   Ritter 121
   Sechs 12, 107
   Sieben 109, 175
   Sohn 143
   Vier 103, 144
   Zehn 51, 115
   Zwei 50, 98 f.
Sechs 12, 49, 51, 106 f., 144, 159
Seelenfragen 174 f.
Sefer Yetzirah 30
Seide 133
Sephiroth 31, 37, 46–49
Set 61
Sexismus 53
Shaw, Maura 165
Shining Woman Tarot 13, 89, 172, 174
Sieben 43, 49, 51, 108 f., 144, 148, 164, 175
Sieg 51, 79, 106, 108 f.
Smith, Caroline 95
Smith, Pamela 107
Smith, Pamela Colman 12
Societas Rosicruciana 35
Sohn 116
Sonne 10, 63, 67, 71, 91, 144, 155
Sonnenblumen 63
Sphinxen 61
Spiele 25, 26, 164 f.
Spielkarten 10 f., 25
Spirituelle Herausforderung 142
Sprengel, Anna 35
Stäbe 11, 54 f.
   Acht 110, 150
   Ass 96, 152, 159
   Bube 118, 144, 174
   Drei 50, 100, 175
   Fünf 104, 144
   Heiliger Gral 22
   König 124, 150, 173
   Königin 122, 141, 148
   Neun 112
   Ritter 120, 139, 144
   Sechs 106, 144, 159
   Sieben 108, 148
   Vier 102, 159, 163
   Zehn 51, 114, 164
   Zwei 98, 159, 163
Stärke 45, 60, 65, 71, 80, 138 f., 142
Steine, Vater der 143
Stern 61, 65, 66, 71, 89
Sternzeichen 167
Struktur 102 f.
Symbole 60 f.
Synchronizität 129

T

Tantra 21
Taras 21
Tarocchi 24, 26, 164
Tarocchi dei Mantegna 26
Tarot-Angeln 165
Tarot de Mantegna 26
Tarot de Marseilles siehe Marseilles, Tarot de
Tarot of the Orishas 14
Tarot of the Spirit 142
Tavaglione, Giorgio 14
Tempelritter 29, 87
Tetragrammaton 31
Teufel 9, 29, 45, 66, 71, 87, 150
Thoth Tarot, siehe Crowley Tarot
Tiere 64 f., 116
Tiphereth 48, 106 f.
Tochter 116
Tod 9, 43, 85
Turm, der 64, 66, 71, 88, 148
Trägheit 111
Träume 158 f.
Transformational Tarot 138
Trionfi 26
Trümpfe 10, 26

U

Übergang zwischen den Karten 180
übersinnliche Fähigkeiten 130
Uhrenbild 144 f.
Umsicht 111
Unbewusstes 44, 46, 66, 74
Unendlichkeitszeichen 80
Universal Rider 168
Universal Waite 116
Universum 93
Unterdrückung 114

V

Vater 116
Venus 62, 63, 75
Veränderliche Zeichen 58
verborgener Faktor 167
Verderbnis 108, 109
Vergangenheit-Gegenwart-Zukunft, Deutung 140
Vergeblichkeit 109
Verständnis 48, 100 f.
Verstand-Körper-Geist, Kartenbild 140
Vier 49, 50, 102 f.
   Flüsse 173
   Kelche 103, 163
   Münzen (Pentakel/Scheiben) 95, 103, 144, 148
   Schwerter 103, 144
   Stäbe, 102, 159, 163

Visconti, Filippo Maria 24
Visconti, Maria 29
Visconti-Sforza-Karten 10, 27, 84, 94
Vögel 64, 65
   Ass 173
   Neun 172
Vogel, Karen 15
Voyager Tarot 13, 117, 118, 119, 121, 123, 124

W

Waagschalen 83
Wagen, der 70, 79, 144, 152
Waite, Arthur Edward 12, 28, 146
Waite Deck, siehe Rider Waite Tarot
Walker, Barbara 21, 25
Wang, Robert 37, 118
Wanless, James 117
Wasser 52, 54 f., 58, 63, 66, 98, 103
Wasserman, James 38
Weise 22
Weise Frauen 21
Weisheit 46, 48, 98 f.
Welt, die 27, 45, 66, 71, 93
Wesenskarte 166 f.
Westcott, Wynn 35
Weston, Jesse L. 23
Wheel of Change Tarot 141
Wicca 15, 20 f.
Wille 79, 130
William Blake Tarot 163
Williams, Brian 15, 148
Williams, Charles 171
Woodman, William R. 35

X

Xultun Maya Tarot 14

Y

Yeats, William Butler 35
Yesod 48, 112 f.
Yods 96

Z

Zahlen 50 f.
   Macht 49
   Symbolik 43
   Verbindung mit den Karten 45
Zahlenkarten 12, 59, 94
Zehn 49, 51, 114 f., 139, 148, 159, 164
Ziegen 65
Zigeuner 20
Zohar 30, 31
Zwei 49, 50, 64, 98 f., 159, 163

BILDQUELLENNACHWEISE

Illustrationen der folgenden Tarotdecks werden abgedruckt mit freundlicher Genehmigung von US Games Systems Inc., Stamford, CT 06902, USA.
Astrological Tarot © 1983 S. 56 l., 56 u. l.
Barbara Walker Tarot © 1986 S. 20 r., 143 u. r.
Cary-Yale Visconti Tarot © 1985 S. 24 l., 24 u. M., 74 l., 75 o. r., 76 u. M., 80 u. M. l., 81 o. r., 132 u. l.
Tarot of Ceremonial Magic © 1994 S. 65 o. r., 89 o. r.
Egipcios Kier Tarot © 1984 S. 17 l., 84 u. M. r.
Golden Dawn Tarot © 1982 S. 3 l., 3 M., 3 r., 12 l., 13 M. o., 35 l., 35 o. r., 35 M., 36 l., 37 M. o., 50 o. l., 52 u. l., 52 u. M. l., 52 u. M. r., 52 u. r., 65 u. M., 66 o. l., 82 r., 94 l., 100 o. l., 116 o. l., 116 l., 117 M. o., 122 r., 124 M. l., 124 r., 125 r., 146 o. l., 146 l., 146 u. l., 146 u. M. l., 146 u. M. r., 146 u. r., 147 u. l., 147 u. r., 182 u. M., 187 o. l.
Haindl Tarot © 1991 S. 13 u. l., 23 u. r., 64 u. l., 76 M., 77 o. l., 81 M. o., 84 u. l., 86 u. M., 88 u. M., 117 u., 118 M. l., 120 M. l., 120 r., 122 M. l., 122 M. r., 123 M. l., 124 l., 132 u. M. l., 143 u. l., 143 u. M. l., 143 u. M. r.
Herbal Tarot © 1990 S. 62 l.
1JJ Swiss Tarot © 1974 S. 94 u. M., 180 l., 187 u. r.
Tarot de Marseilles © 1986/Carta Mundi S. 11 M., 12 M. o., 37 o. l., 43 M., 43 o. r., 44 (alle), 54 u. M., 54 u. r., 55 u. l., 55 u. r., 72 o. l., 73 M. o., 74 u. l., 75 M., 76 M., 77 o. r., 78 u. l., 79 M. o., 82 o. r., 88 u. l., 93 M. o., 118 o. l., 119 o. r., 120 o. l., 125 u. r., 131 r., 131 u. r., 132 u. M., 133 u. r., 139 u. r., 145t (alle), 165 u. l., 176 u. M., 177 u. r., 186 u. l.
Morgan-Greer Tarot © 1993 S. 23 o. r., 53 u. M., 53 u. r., 70 M. o., 70 l., 70 M., 70 u. r., 71 o. l., 71 M., 71 u. r., 86 u. l., 91 o. r., 129 u. M., 129 u. r., 165 u. M., 166 l., 166 u. l., 166 u. M. l., 167 o. l., 167 u. M., 167 o. r., 167 r.
The Royal Fez Moroccan Tarot © 1975 S. 22 M. o.
Motherpeace Tarot © 1996/Motherpeace Inc. 1981, 1983 S. 15 u. l., 73 r., 75 M. o., 86 l., 87 o. r., 90 r., 132 u. M.
Oswald Wirth Tarot © 1976 S. 7, 42 u. r., 69 l., 86 o. r., 104 o. l., 180 u. l., 180 u. M., 180 u. r.
Papus Tarot © 1983 S. 19 u. r.
Renaissance Tarot © 1997
Tavaglione Stairs of Gold Tarot © 1982 S. 14 u. l.
Tarot of the Spirit © 1996 S. 88 u. M. l., 142 u. l., 142 u. M., 142 u. r.
Ukiyoë Tarot © 1983 S. 14 r., 42 M. o., 80 u. r., 94 M., 156 l., 157 l., 157 u. r., 168 l., 168 u. l., 186 o. l., 186 l.
Universal Waite Tarot © 1990 S. 12 u. l., 28 M., 37 o. r., 41 l., 42 u. l., 45 o. r., 45 r., 45 l., 45 u. M., 50 u. l., 50 u. M., 51 u. r., 61 u. M., 67 u. M., 72 M., 74 u. M., 75 o. l., 78 u. M., 79 r., 80 u. M., 82 l., 83 u. r., 85 l., 87 u. M., 95 o. l., 96 o. r., 96 u. r., 96 l., 97 r., 97 u., 98 o. r., 98/99 u., 99 o. l., 99 l., 99 M., 100 o. r., 100 u. r., 101 M., 101 u. M. l., 102 o. r., 103 o. l., 103 r., 103 u. l., 104 o. r., 105 o. l., 105 o. r., 105 u. M., 106 M. o., 107 o. l., 107 u. l., 108 M., 109 o. l., 109 o. M. r., 109 u. M., 110 u. r., 111 o. l., 111 u. l., 111 r., 112 o. r., 113 o. l., 113 o. l., 113 r., 114 o. r., 115 o. l., 115 r., 115 u. l., 115 u. M., 116 M. u. r., 116 u. r., 118 l., 118 M. r., 119 l., 119 M. r., 120 l., 120 M. r., 121 l., 121 M. r., 122 l., 123 l., 123 M., 124 M. r., 125 l., 125 M. r., 151 (alle), 162 u. r., 164 u. l., 164 u. M. l., 164 u. M. r., 171 o. r., 171 r.
Visconti-Sforza Tarot © 1975 S. 4, 11 u. r., 29 u. r., 73 o. l., 84 o. l., 91 o. l., 94 o. r., 127 l., 164 o. l., 171 o. l., 171 l., 171 M., 171 u. l., 171 u. M. l., 171 u. M. r.
Alchemical Tarot: © HarperCollins Publishers Ltd, UK. S. 90 o. r., 95 r., 98 u. l., 101 o. r., 101 u. M., 104 u. l., 108 o. l., 111 u. r., 114 o. l., 123 r., 161 r., 183 (alle), 184 l., 184 u. l., 184 u. M.
The Aleister Crowley Thoth Tarot®: Mit freundlicher Genehmigung von AGM AGMüller, CH-8212 Neuhausen, Schweiz. © AGM, Switzerland/OTO, USA. S. 39 M. o., 39 o. r., 57 (alle), 77 M. o., 80 u. l., 87 M. o., 91 M. o., 95 M. o., 102 o. l., 104 u. r., 105 o. M. r., 105 u. r., 106 o. l., 107 M. o., 107 o. r., 108 r., 109 o. M. l., 109 u. r., 110 u. r., 111 M. o., 111 u. M. r., 112 u. l., 113 M. o., 113 u. M., 113 u. l., 115 M. o.,

117 u. M., 119 M. l., 121 M. l., 125 M. l., 132 u. r.
The Angels Tarot: © Robert Michael Place/HarperCollins Publishers Ltd, UK. S. 60 u. l., 60 u. M., 60 u. r.
The Arthurian Tarot: © Caitlin und John Matthews/HarperCollins Publishers Ltd, UK. S. 23 u. M., 153 (alle)
De Hierofant's Alchemisten Tarot: De Hierofant, Steenweg op Heindonk 34, 2801 Heffen-Mechelen. S. 27 o. l., 27 M. o.
BOTA (Builders of the Adytum): Mit Dank an Adytum, 5105 N. Figueroa Street, Los Angeles CA 90042, USA für die Abdruckerlaubnis S. 39 u. r., 169 o. l., 169 o. M. l., 169 o. M. r., 170 (alle)
Charles VI Tarot: Bibliothèque National, Paris S. 9 r., 90 M. o., 92 l.
Cosmo Tarot: © 1986 Carol Herzer, 4 Broadview Road, Woodstock NY 12498, USA. S. 58 u. l., 58 u. M., 58 u. M. r., 58 u. r.
Elemental Tarot: © 1988 Caroline Smith, South Molton, North Devon, UK. S. 10 l., 59 (alle), 81 o. r., 92 u. l., 95 u. r., 99 r., 101 u. r., 103 M. o., 105 r., 107 u. r., 108 u. r., 110 u. l., 110 u. M. l., 112 u. l., 112 u. M., 114 u., 115 M. r., 115 u. r.
El Grand Tarot Esoterico: © Naipes Heraclio Fournier, Vitoria, Spain. S. 27 u. r., 72 u. r., 82 M., 89 M. o., 93 o. r., 103 u. r.
Grand Etteila Tarot: © J.-M. Simon 1977. Ets. J.-M. Simon-France-Cartes, 27 Avenue Pierre 1er de Serbie, 75116, Paris. S. 33 u. l., 33 u. M., 33 u. r.
Gipsy Tarot (Zigeuner): Illustrationen mit Genehmigung von AGM AGMüller, CH-8212 Neuhausen, Schweiz. © AGM AGMüller, Switzerland. S. 20 M. o., 27 u. M.
The Greenwood Tarot: © Mark Ryan und Chesca Potter/HarperCollins Publishers Ltd, UK. S. 138 o. r., 174 o. r., 174 u. l., 174 u. M., 175 o. l., 175 M. o., 175 u. l.
Tarot Jacques Vieville: Heron Boechat, Maitres Cartiers à Bordeaux. S. 10 M., 85 M. o.
Kashmir Tarot: Nicholas Van Beek, Balthasar Florisztraat 55, 1071 VB Amsterdam. Vertrieb: Outer Order Productions, S.O. Box 5461, Santa Monica, CA 90405, USA. S. 19 o. l.

The Light and Shadow Tarot von Brian Williams und Michael Goepferd, Destiny Books, Inner Traditions, Rochester, VT 05767, USA. Zeichnungen © 1997 von Michael Goepferd. S. 83 u. M., 148 l., 148 u. r., 149 (alle), 181 M., 181 u. l., 181 u. M., 181 u. r.
The Merlin Tarot: © R. J. Stewart und Miranda Gray/HarperCollins Publishers Ltd, UK. S. 84 u. l.
The Mythic Tarot: © Karten des Mythic Tarot von Liz Green und Juliet Sharman-Burke. Zeichnungen © Tricia Newel l. S. 61 u. l., 65 r., 67 u. r., 84 u. M. l., 143 o. r., 159 (alle)
The New Golden Dawn Ritual Tarot von Sandra Tabatha Cicero: © 1991 Llewellyn Worldwide Ltd, S.O. Box 64383, Saint Paul, Minnesota 55164, USA. S. 36 M., 37 u. r.
PoMo: © Brian Williams/HarperCollins Publishers Ltd, UK. S. 15 M. o.
Shining Woman: © Rachel Pollack/HarperCollins Publishers Ltd, UK. S. 13 u., 78 l., 89 o. l., 155 (alle), 173 o. l., 173 M. o., 173 l., 173 M. l., 173 M. r., 173 r.
Transformational Tarot: © 1995 Foolscap Press, 1809 Ward Street, Berkeley, CA 94703, USA. S. 138 l., 138 u. M.
Tarot of Transition: © Carta Mundi of Belgium, Turnhout, Belgium. S. 19 u. M., 42 u. M.
Tarot Universal Dali: © DACS 1999. S. 14 r., 84 u. M. r., 86 u. M.
Voyager Tarot von James Wanless und Ken Knutson/Merrill-West Publications, Carmel CA, USA. S. 118 r., 119 r., 121 r., 123 o. r., 123 M. r.
The Wheel of Change Tarot von Alexandra Genetti, Inner Traditions International, Rochester, VT 05767, USA. Copyright © 1997 von Alexandra Genetti. S. 50 u. r.–51 r. (alle), 140 u. l., 140 u. M., 140 u. r., 141 o. l., 141 M. o., 141 o. r., 141 u. l., 141 u. M., 141 u. r.
The William Blake Tarot: © Ed Buryn/HarperCollins Ltd, UK. S. 163 u. l., 163 u. M., 163 u. r.
The Witches Tarot: von Ellen Cannon Reed und Martin Cannon: © 1989 Llewellyn Worldwide Ltd, S.O. Box 64383, Saint Paul, Minnesota 55164, USA. S. 88 u. r.
Xultun Tarot Deck von Peter Balin, Arcana Publishing, Lotus Light Publications, S.O. Box 325, Twin Lakes, WI 53181. © 1976. S. 15 r.